世紀映像叢書 55

都門讀書記往

謝其章　著

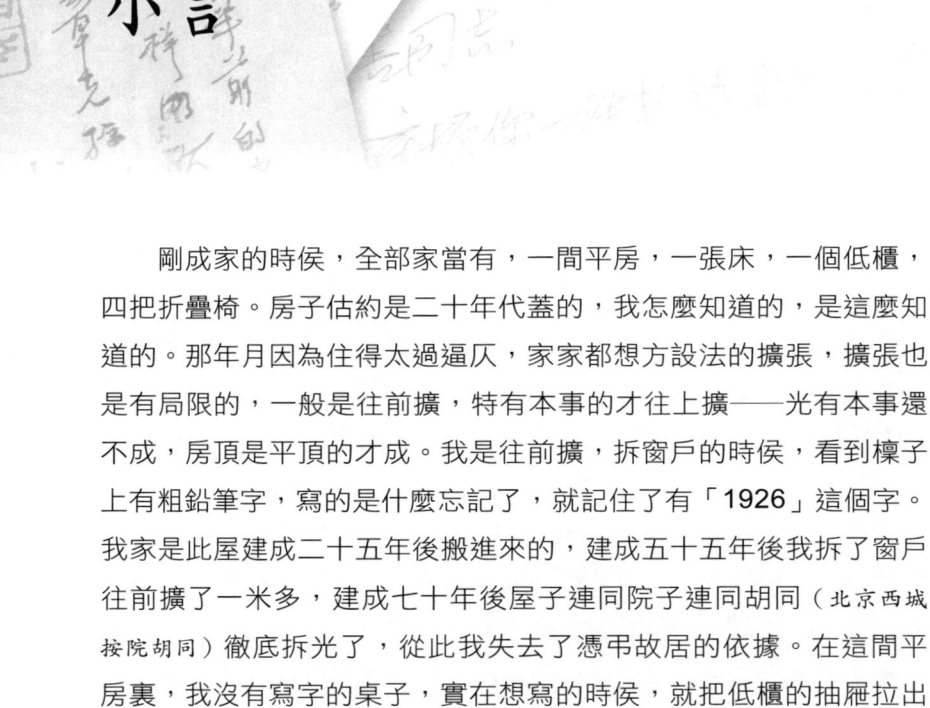

小言

　　剛成家的時侯，全部家當有，一間平房，一張床，一個低櫃，四把折疊椅。房子估約是二十年代蓋的，我怎麼知道的，是這麼知道的。那年月因為住得太過逼仄，家家都想方設法的擴張，擴張也是有局限的，一般是往前擴，特有本事的才往上擴——光有本事還不成，房頂是平頂的才成。我是往前擴，拆窗戶的時侯，看到檁子上有粗鉛筆字，寫的是什麼忘記了，就記住了有「1926」這個字。我家是此屋建成二十五年後搬進來的，建成五十五年後我拆了窗戶往前擴了一米多，建成七十年後屋子連同院子連同胡同（北京西城按院胡同）徹底拆光了，從此我失去了憑弔故居的依據。在這間平房裏，我沒有寫字的桌子，實在想寫的時侯，就把低櫃的抽屜拉出來，上面放塊三合板，這就是我最初的書桌。

　　連書桌都沒有，別奢談書房了。我理解的書房，就是一間純粹的放置圖書的單獨房子。現在這個理解也有歧義，譬如現在很多人住的是樓房，其中的一間闢為「書房」，即與平房時代的書房不大一樣，——情調上的差異——樓房的書房窗外沒有樹更沒有花草。從哪個意義上說，我都沒有純粹的書房，前半生已經沒有，後半生亦不大可能有。我有一個看法，環境太糟糕和環境太優越，都會影響寫東西的品質與數量。大家都在談書房，可是我卻很少看到有人談書房裏的書桌，書桌乃書房第一寵物。於梨華說過「兩年後我

我的書窩一角落。

走入了第二個婚姻,也走入了一個偌大的住宅,還有一間明亮的書房。我在書桌前坐下,兩手輕撫光潔的桌面,默默地説:希望我不負你」。每天我不是在使用書房,就是在看著它。曾經有個朋友讓我去他的空房子裏寫東西,他以為那裏安靜比較適合寫作。他不明白,我離開了我的這個書窩是一個字都寫不出來。

我對西洋書房有興趣,這興趣多不在書,而在書桌、書櫃的樣式上,在我看來一張古董級的經過幾代人使用的書桌堪與珍本等值。我們的藏書家在書房的陳設,家具的選擇上大都缺乏起碼的美學常識,很不夠精心。我看外國電影,第一遍看情節,第二遍第三遍就是只關注室內陳設了。《蝴蝶夢》裏德文特夫人的書房給我印象很深,臥室的衣櫃門設計獨出心裁,我至今沒看到第二件。《坐擁書城》有幾處提到了書桌,但均未給出特寫的照片。倫佐・蒙賈爾迪諾那架「仿米開朗基羅風格的書桌」簡直就是一座宮殿的小模型;布拉斯有一張18世紀的書桌,我從照片上看,它是推拉式的桌子,推進去是一張長桌,拉出來即是方桌,那個黃銅大拉手隱約可見,桌上的那塊斜面是怎麼與桌子勾連的就猜不出來了。魯迅有張折疊書桌瞿秋白使用過。木製書桌盡可施展木工的奇思佳構,其他材質就難比木材。菲茨傑拉德有一張長桌子靠著牆,他稱此桌為

「煉獄」——出版商贈閱的新書在此桌等候或被閱讀或被丟棄的命運。麥克萊恩爵士的書桌被滿桌的書覆蓋著,他坐在桌前,桌前還有書堆,但還是有五個大拉手露了出來,可知此桌之闊綽。書桌一般只能端坐在正面讀書寫字,這是為了節省地方,地方夠大的話,還是四面可用的大書桌氣派。特肯夫婦的書房原是磨坊,改造為書房後,中間攤一張19世紀的英國書桌,四面皆可坐人。書房必不可少的家具還有書櫃、書架、座椅等。我逛了二十年的家具店,沒有一款書房家具是十全十美的,倒是現在的仿古傢具非常之不錯,只有一點不相匹配,古典傢具不大適宜攤平裝書,顯得不倫不類。很少有人想到期刊雜誌在書房中如何安置,《坐擁書城》裏有張圖片,那個書架是專為幾百本《國家地理》製作的,在一本雜誌一公斤重與一平米房價一萬元的今天,給它們安家足夠傷腦筋。

周作人說過一句很流傳的話——「自己的書齋不可給人家看見,怕被看去了自己的心思。」這和大多數文人的想法不一致,文人們還是願意向來客或媒體展示自己的書房,也願意撰寫大談自己書房如何如何的文章。條件好的有專門的書房,一排排書櫃貼著牆壁莊嚴地延伸與環繞,暗示著:書多學問也多。條件差的沒有專職書房,臥室攤書會客吃飯睡覺混用,也會酸溜溜地表示:沒有書房我照樣寫出傳世之作。

周作人為什麼說書房不能給外人看呢,他舉一例——「前代老儒在《四書章句》底下放著一冊《金瓶梅》,給學徒看破。」書房裏百書雜陳,檔次參差不齊,誰都願意把自己好的一面亮相給人看,掩飾陰暗的一面。觀其人先觀其書房,一個人的學識素養,經濟實力通過書房大致推斷個八九不離譜。越是有名份的人越怕別人看穿心思。說歸說,周作人還是寫了《書房一角》這樣的一本書,知堂老人用另一種方式顯示自己書房的內容,寫書或作文章是文人的利器,禦客於書房之外。

《書房一角》，一九四四年五月初版，新民印書館印製。新民印書館舊址在北京阜成門外北禮士路路西，今為新華書店總店所在地。此書從屬「藝文叢書」，另有畢樹棠的《賊與其他》，常風的《棄餘集》，聞國新《落花時節》，廢名《談新詩》等十數種。版權頁貼有一枚版權票，上鈐「知堂」印，這是舊時出版的一個不得已辦法，版權票起兩個作用，一，作者可以通過版權票掌握真實印數，防止出版社在印數上作手腳，保護作者的稿酬利益；二，對盜版具有遏制力。《書房一角》的封面不用一丁點兒圖案裝飾，只在漢字的組合上求變化，以簡勝繁，效果反而好。我的朋友楊小洲有一回在拍賣會上看到此書，他跟我說，「書房一角」這四個字不是現成的鉛字印上去的，而是找街頭隨便哪個刻字店現刻的，他還指著旁邊的幾本書，這幾本的書名也是刻字匠所為，是麼，我是頭一回聽說。現代書衣美學是否可以參照建築美學中的一個重要思路，即「極簡主義」。

　　這本書收入周作人的讀書感記一百九十一則，他説「讀書消遣，讀過之後或有感想，當取片紙記其大概，久之積一二百則，便是這些東西。」周作人讀書廣雜，從此書的內容可看出周氏的心思和偏好，像童謠、匈牙利小説、醫學史、畫譜、妖術史、西廂記酒令、詩話、七巧圖、山海經釋義、品花寶鑒、燒鵝、張惶親胡同……這些似乎不相關的學問都是周作人所喜歡過問的，流覽所及，他總能夠說出點什麼，而不像某些學者那樣「總想說點什麼」。周作人的讀書觀，在本書的序裏很坦然地流露「近幾年在家多閒，只翻看舊書，不説消遣，實在乃是過癮而已，有如抽紙煙的人，手嘴空閒，便似無聊，但在不佞則是只圖遮眼耳也。」

　　在我的書房之一角，我想把在我所謂的書房裏，在書桌前，在電腦前製造的文字，不論青紅皂白環肥燕瘦，都選收一點兒進去。有很早以前寫的，也有今天寫的。這裏面最讓我自己心裏為之一動

的,該是〈還鄉記〉這篇。寫它時動了真情,這情感中有很大一部分是對那段歲月刻骨銘心的記憶,還有一部分是傷感青春的流失。我甚至認為寫完此文之後,生活彷彿走到了盡頭,再也不會有什麼話題能夠激起我「寫下來」的衝動。

二〇〇九年六月八日於北京老虎尾巴

都門讀書記往

目次

黃萍蓀與《子曰叢刊》的結局

　　1936年10月19日凌晨5時25分，魯迅逝世於上海北四川路大陸新村內九號寓所。最早向外界發佈魯迅病逝消息的是上海《大滬晚報》：

　　　　中國文壇巨星殞落

　　　　　　魯迅先生今晨逝世

　　　　　　　　昨日起突發惡性氣喘症醫治罔效

　　　　　　　　今晨五時長逝遺體送萬國殯儀館

　　雜誌則是《生活星期刊》最先，時間是1936年10月25日。它刊出的悼念文章僅兩篇——胡愈之《魯迅，民族革命的偉大鬥士》和白危《記魯迅》。在逝世當月出版的刊物還有：《學生與國家》（10月25日），《通俗文化》（10月30日），《文化與教育》（10月30日），《現代青年》（10月30日）。5本雜誌共計刊登11篇悼念文章。（以上資料來自《魯迅研究學術論著資料彙編》）

　　我最近才發現，按出版日期計算的話，10月31日出版的《越風》（第21期）被漏掉了，它應該排在第六位。該期《越風》刊出主編黃萍蓀的悼文《魯迅是怎樣一個人》，第一句說的是「萬國殯儀館裏陳列著魯迅的屍體，說有五千青年去瞻仰遺容……」，另外

還刊出了魯迅的一篇舊文《談所謂的「大內檔案」》。黃萍蓀加了按語，可看作紀念的意思。由此，我感覺黃萍蓀對魯迅是敬重的，哀念之意是真誠的，後來對黃氏的評論很不夠公正。這一期《越風》的封面刊出了魯迅詩稿的手跡「禹域多飛將，蝸廬剩逸民。夜邀潭底影，玄酒頌皇仁。萍蓀先生教正　魯迅」，也是黃萍蓀出於紀念魯迅做的很於情於理的一件事，日後卻被許廣平痛斥一番，連基本的事實都不顧了。許廣平稱：「我告訴他，那小子（黃萍蓀）自稱是青年，請求魯迅給他寫字。凡有青年要求，魯迅是盡可能替他們辦的。待寄出不久，魯迅的字就被製版作雜誌的封面了，而這雜誌是替蔣介石賣力的。當時魯迅看到如此下流的人，這樣利用他的字來矇騙讀者，非常之忿恨，這忿恨之情，至今還深深印在我的腦海。」（1956年10月《上海文藝》）魯迅能看到他死後才出版的雜誌麼？

　　《越風》，文史掌故刊物，黃萍蓀主編，1935年10月於杭州創刊，第一卷為半月刊，自第二卷改月刊，出至1937年4月第二卷第四期停刊（鄙人另有〈從劫後餘存之《越風》終刊號說起〉小文）。《越風》有幾個要緊的地方。沒這幾個要緊，那它也就流於一般了。主編黃萍蓀聲名狼藉，印象分極低，這麼差的原因都是和魯迅有關的。《魯迅全集》的注釋這樣說黃萍蓀：

　　　　1902年生，浙江杭州人。1933年通過郁達夫向魯迅索字幅，魯迅為之書五絕一首。1935年編輯《越風》半月刊時將此詩手跡刊登於該刊封面，進行招搖撞騙。1936年又多次寫信向魯迅約稿，為魯迅拒絕。（1981年版《魯迅全集》）

　　這樣的注釋也太不講常理了。「招搖之心」人皆有之，並非多大的道德之劣。說黃萍蓀「招搖」不為過，說黃萍蓀「撞騙」則查無實據。魯迅詩稿原件最終毀於戰火抑或落入誰手，至今還是

個謎。如此說來，《越風》封面的魯迅手跡倒成了唯一的證物反而愈發珍貴了。除了這件公案，黃萍蓀還作過一件「落話把」之事。他化名「冬藏老人」寫了一篇《雪夜訪魯迅翁記》（載《越風》第五期），此文乃向壁虛造之作，糟糕的是文中還有這樣的句子：「他有一個非常寵愛的男孩子，今年較老人要少五十年，名字叫海嬰，起居食用，均極華貴。公子海嬰乃二夫人許氏所出；許為兩廣宿將許崇智侄女，年三十五六，態度大方，裝飾樸質，善治家，待老人眠食尤周。」寫許廣平為「二夫人」，也就是所謂「以妾視之」。作為新女性的許廣平見了這句話不怒何待？我們把前因後果一連，黃萍蓀後來走揹運的根子就找到了。他後來的努力表現也未能彌補這一缺口。

我以前寫過《黃萍蓀到底見過魯迅沒有？》，又收齊了黃萍蓀主編的《子曰》與《越風》，後來看到了一些新的材料，認為以前隨聲附和地講黃萍蓀是「招搖撞騙」之流，是欠道理的。直到80年代黃萍蓀才有機會寫《「禹域多飛將」落戶扶桑之謎》為自己說幾句話。

1948年5月，上海新出版了一本叫《子曰》的雜誌，主編與發行人是一個人：黃萍蓀。1948年這個年頭已很少有好看的雜誌了，時興的多是政論與新聞的刊物，也是八卦週刊風行一時的年頭。黃萍蓀在代發刊詞《卑無高論》中的一段話正可說明彼時文化人的心情：在這兵慌馬亂，求生不易求死亦難的年頭，一班搖筆桿的朋友，縱然是一等一的大作家（像胡適博士一樣）也只能應應景，考考古而已。不但談不上有什麼「震爍古今」「千秋不朽」的作品出現，就是數十數百的「處士」「橫議」也掀不起人們沉重的心田。蓋橫在眼前的一切，決不是報館裏的以及雜誌界裏的先生們所能辦得了的。所謂「金玉之言」，「經世之文」，在目前的中國，已是糞土狗矢之不如了。故讀書之士生於今日，較秦初漢末尤覺乏味。

黃萍蓀晚年照相。

因為那個時代比較單純，知識階級可走的路只有兩條：一條是聽皇帝的話，替他歌功頌德，一條就是準備「死」！

這樣的年頭，還是有路給文人走的，文裏的「考考古」就是一條放之各個朝代皆走得通的路。《子曰》其實是一本文史掌故的雜誌，既可以看作是黃萍蓀主編《越風》雜誌「談忠烈遺聞，名流軼事」（魯迅語）的延續；而《子曰》標榜的「不唱高調，不談主義，不說廢話，不阿時尚」又繼承了林語堂《論語》雜誌的「九不戒條」之衣缽。應對多變的時局，談幽默和談掌故，與「今天天氣哈哈哈」一樣是合宜的，寫作時是愉快的，同時也是安全的。

請看《子曰》第一期的目錄，這是一本什麼內容的雜誌就很明確了：《卑無高論》（同人）、《主義、高調、廢話、時尚》（記者）、《子曰》（集體小論）、《古城一角之展望》（梁秋水）、《湘軍與淮軍之別》（蕭一山）、《在海參葳招

募革命騎兵與張宗昌》（張西曼）、《龔孝拱與圓明園》（堯公）、《無冕皇帝曰》（徐凌霄）、《圖王越南之李揚才》（一士）、《小豐滿的毀滅》（徐盈）、《歇浦瑣談》（徐蔚南）、《清宮之寶》（金息侯）、《論詞心》（詹安泰）、《憶東大易長風潮中之楊銓》（靜觀）、《客去錄》（白蕉）、《劍樓詩話》（呂白華）、《革命黨人的書畫》（陸丹林）、《梁鴻志生前死後》（連城）、《斥火葬之謬》（夏敬觀）、《劉甫澄軍中有神仙》（姚蒸民）、《謝無量驚字之始》（巢章甫）、《復性書院山長馬一浮》（未知）、《悔廬聯語》（霄雷）、《寄昭實》（李拔可）、《醉春風》（夏劍丞）。這些作者裏，蕭一山、謝興堯（堯公）、徐凌霄、金息侯、陸丹林均為第一線的文史作家，有大量考據文章見諸報刊。他們集中出現在《子曰》上，再清楚不過地表明瞭黃萍蓀的辦刊宗旨。還有一點是猜測性的，黃萍蓀個人閱讀趣味亦著力於此。

　　《子曰》第2輯有黃萍蓀以「歇翁」之筆名寫的《魯迅與「浙江黨部」之一重公案》。文中稱，在魯迅逝世前一個月黃萍蓀曾於內山書店第一次見到魯迅，是託內山完造通電話告知魯迅，黃則在書店等候，二人不但見了面，說了一番話，魯迅還說：「×先生，今天我作小東，就在近邊找個館子再胡拉一陣兒吧，你看，吃中飯的時候了。」在去吃飯的路上，魯迅還對路邊的一群貧苦孩子因為摸了富人的汽車而挨了一手杖而憤憤不平，發了「要人碰不得，最好停到會館裏去」之類的氣話。在酒樓上，靠窗坐下，「魯迅要了一串白乾，一碟白雞，開始從杭州談到北平，從北平談到紹興，談到李茹客，也談到章太炎」。散席之後，黃萍蓀請魯迅寫《李茹客論》，並邀魯迅「翌歲春間，共作湖上之遊」。此次與魯迅的見面是否確有其事，現在只見到黃的一面之辭，魯迅日記中沒有記載。十幾年前黃萍蓀在《越風》上的虛構之作，雖無惡意，可是多少影響了讀者對他的信任──這回是真見到了魯迅嗎？見沒見過魯迅且

圖上：《子曰叢刊》的版面。
圖下：徐悲鴻為《子曰叢刊》做封面畫《奔
　　　馬》。

放一邊，黃萍蓀與魯迅通過信卻是真實的，魯迅的回信已收進《魯迅全集》假不了，而黃萍蓀將魯迅回信的手跡早已「茲特製版，附插文字間」地放進了《魯迅與「浙江黨部」之一重公案》之中。

《子曰》第3輯出版於1948年8月31日，此輯有一篇署「王壽遐」的文章《吶喊索隱》。後來大家才知道「王壽遐」就是周作人（從此往後，直到死，周作人再沒有用本名發表過文章）。止庵先生說：「該刊（《子曰》）第三輯所載《吶喊索隱》，乃是抗戰勝利後周氏首次發表文章。」（《歷史的複雜之處》）周作人在文章後面署的日期是「1948年7月」，這個時候他人還在獄中，稿子是通過什麼管道遞到黃萍蓀手裏的，至今未見到明確的資料。文章開頭說：「欠了《子曰》一筆文債，無法償還，心裏老是惦記著。忽然想到《阿Q正傳》要製電影上銀幕了，關於阿Q的性格想說幾句話，目的是湊成一篇文章，可以還債，並不是

有什麼新的意見發表，可以供製電影片之參考。」今天我們讀這段雲裏霧裏的話，方能明白當時作者和編者的用心。到了第4輯（1948年10月25日），又發表了王壽遐的文章《紅樓內外》，此時黃萍蓀膽子大了，「王壽遐」三字用的是周作人的手跡，也許普通讀者看不出個中奧妙，但是熟悉周作人筆跡的老讀者當會有所察覺，尤其明顯的是除了「王壽遐」是手跡製版，別的作者都不是。此文署的日期是「三十七年九月」。第5輯（1948年12月31日）發表的是《紅樓內外之二》，格式如前輯，寫作日期是「三十七年十一月」。第6輯（1949年4月1日）是《子曰》的最後一期，「王壽遐」發表的是《北平的事情》，格式如前，寫作日期「三十八（一月）」。黃萍蓀在周作人出獄之後倒不敢用手跡了。筆者以為這個細節不是無意無心的，黃萍蓀良苦用心，可憐見也。

《子曰》停刊之際，正值舊時代行將消亡、新時代呼之欲出，黃萍蓀以報人的敏銳捕捉住即將改寫歷史的滄桑巨變，趕緊籌辦創刊了《四十年來之北平》（約在1949年6月），大書法家鄧散木題寫刊名，大畫家吳湖帆作封面畫。黃萍蓀在代發刊詞的《怎樣寫「四十年來之北平」》中說：不戰而勝，為勝之上者，北平的解放，即是「勝之上者」的潛力之昇華。「四十年來之北平」的出版，說是為了慶祝與紀念，亦無不可，但是編印的動機並不在所謂「發思古之幽情」、「賦帝京之閎麗」，我們的要旨在想把這從君主到軍主、終於民主這一段過程中，作一個「集錦式」的紀錄。

1949年9月27日，中國人民政治協商會議決定改北平為北京。黃萍蓀反應迅速，馬上將《四十年來之北平》改為訂正再版本《四十年來之北京》，於1949年12月出版。新刊名由馬敘倫題寫，內容大體如前，增加了劉雁聲的《燕京訪古》、張伯駒的《略談四十年來之京劇》、鄭逸梅的《菜市口刑場與戊戌六君子》，更改篇名的有堯公的兩篇合併為《五四前後的北大》，邱吾一文改為

《從陳師曾齊白石說起》、《故都夢影》改為《北京的人情味》、王壽遐的《紅樓內外》改為《北大內外》（不用手跡了）。「集錦式」的20個設想也刪去了8項。黃萍蓀忙不迭地緊跟形勢，只有把這幾本雜誌放到一起細細比對，才能感歎黃萍蓀後來的遭遇真不夠公平。

訂正再版本問世不久，黃萍蓀於1950年2月出版《四十年來之北京》第二期，由李濟深題寫刊名，徐悲鴻特為自己的一幅舊畫新寫了題跋，用在封面上。刊物內容也呈現新面貌：白樺、田漢、沈尹默等人的詩詞《一面倒倒向北京》，歡欣鼓舞地歌頌新中國新北京的誕生。此外，還有徐然《建都北京的回溯》、黃炎培《天安門歌》、張篁溪《李大釗殉國記》、詒先《魯迅在北京教育部的時代》、寄庵《章太炎幽禁錢糧胡同的時候》、三五《四十年來北京之新聞界》、王壽遐《晨報副刊與孫伏園》、景孤血《四十年來北京之梨園界》、徐悲鴻《四十年來北京繪畫述略》、張伯駒《北京的收藏家與鑒賞家》、徐曙岑《燕京五憶》。第二期《四十年來之北京》僅印2000冊，被中央秘書處，各省、市、地委，教育文化團體、國營企業貿易機構定購一空。一刊處於新舊時代之分水嶺，自有其史料價值，可惜第二期出版後就停刊了。黃萍蓀心有不甘，馬上擬編《北京史話》叢書，直至獲禍，他這三年的編輯工作才徹底停了下來。他為我們留下了6本《子曰》、1本《四十年來之北平》、2本《四十年來之北京》，還有1本《北京史話》。

兩本叢刊停刊之後，黃萍蓀總結經驗教訓，努力拋棄舊思想，試圖團結一班舊的文史工作者來為新社會做點貢獻，在這樣的背景下，《北京史話》面世了。這次是書的形式而不是雜誌形式。《北京史話》1950年12月出版，印數寥寥，不足1000冊。它的封面構思非同一般，是6位書畫家集體創作的結晶：胡亞光畫毛主席人像，周圭畫毛主席衣褶，申石伽畫松樹，陳從周畫磐石與和平鴿，唐雲畫

芍藥，沈尹默題寫書名。黃萍蓀這樣解釋這張封面：毛主席肖像代表中央人民政府所在地──北京。主席是中華人民的舵手。松樹：盤根錯節，老幹虯曲，經霜雪而不屈，著風雨而不變，四季常青，高入雲際，象徵新中國之國運；主席足下的磐石：代表堅強固安；芍藥是首都名花，代表地方性。在松樹間的飛鴿，使人一望而知為一種和平的氣氛。畫面之所以如此表現者，即根據上項意義而成。

《北京史話》原計劃出「上中下」三編，但只出了一本「上編」即告結束。書中只有7篇文章，皆為資料性極強的長文，依次是：《從帝王之都到人民之都途中一瞥》（堯公）、《五四運動經過的真象與再認識》（五知）、《東交民巷與帝國主義》（江聲）、《北京的科學運動與科學家》（胡先驌）、《故宮最後一幕活劇之演出》（陳詒光）和《北府財經史話》（朱偰）。

作為舊社會的報人，黃萍蓀努力靠近新時代的意圖還是明顯的誠懇的。他總是擔心自己主持的出版物留有舊社會的尾巴，在每篇文章前面都要作一篇「編者識」，代替作者表明觀點。在《從帝王之都到人民之都途中一瞥》的「編者識」中，黃萍蓀甚至非常「超前」地引用了毛主席的詩句：「六盤山上高峰、紅旗漫捲西風，今日長纓在手，何日縛住蒼龍？」在《東交民巷與帝國主義》「編者識」中，黃萍蓀積極評價：「北京市人民政府自成立以來，有三項工作在他年國史上都應該鄭重地記載的：一，收回東交民巷使館界；二，拔八大胡同的妓女於火坑；三，疏通護城河。」

從《子曰》到《四十年來之北京》再到《北京史話》，黃萍蓀一步一步地積極靠近新政府，只是依然沒有達到目的，反而因為胡先驌的《北京的科學運動與科學家》這篇文章招致大禍。有讀者投書《人民日報》。《人民日報》1951年9月刊出這封讀者來信，全文如下：

《北京史話》內容有政治錯誤

編輯同志：

《北京史話》一書（黃萍蓀編，上海子曰社發行，一九五一年四月再版，上編）的內容有著嚴重的政治錯誤。就拿《北京的科學運動與科學家》（胡先驌作）這篇文章來說吧，它錯誤地介紹了胡適、傅斯年和翁文灝等反動人物。現在，我們看看作者是怎樣介紹這些敗類的吧！

胡適是一個什麼樣的人物呢，作者說：「北京大學諸教授中最知名者，當推胡適，其人其事，世多知者，不再介紹。……」最後說：「將來歷史上之評論，恐怕只是新文化運動之宣導人，而學術上之成就，則殊有限。……」對於胡適的妥協與反動的本質，只輕描淡寫地說了一句「至於其政治經濟思想，則甚落後」。究竟胡適「宣導」了什麼新文化運動呢？從「五四」開始的中國新文化運動，是新民主主義性質的文化運動，屬於世界無產階級的社會主義新文化革命的一部分。代表資產階級知識份子的實驗主義者胡適，憑什麼說他領導了這個新文化運動呢？對這個問題歷史早已有了定論。

而傅斯年呢，作者說是「胡適的大弟子，……為五四運動健將，曾至倫敦大學，德國柏林大學研究……」至於對這個反動人物的評語，卻是：「為人有手腕，喜弄權，人多畏之，善辯說，文筆犀利，曾為『立法委員』，甚露頭角，蓋非純粹專心治學之篤學士。」就這麼短短的幾句，也可看出作者對這個反動分子並不怎樣嫉惡；他所不滿意的只是傅斯年不「專心治學」。

至於翁文灝，則是：「翁氏學問廣博，富有行政才，……從政後任經濟部長時，對於抗日戰爭，裨益甚大。勝利以後，局勢日非，不能見幾而作，殊為可惜。……」翁文灝是國民黨政府的重要人員之一，而作者卻說他「對於抗日戰爭，裨益甚大」！這不是太令人奇怪嗎！

不但對國內反動派的人物是這樣介紹，而且關於美帝國主義對中國的文化侵略，作者也是「感恩備至」的。在這篇文章的最後一節中，作者特別介紹了「中華教育文化基金董事會」。這裏，作者告訴我們說，這筆基金是美國退回的庚子賠款餘額，並把美國董事孟祿、杜威等人的名字舉了出來。接著就敘述庚子賠款用途範圍是什麼「發展科學知識」，什麼「促進有永久性質之文化事業」，以及某年某月該會設立什麼圖書館，某年某月創辦什麼調查所……還有「資助青年科學家赴歐美各國留學」等等。最後作者給了一句衷心的讚語：「對於中國科學事業之發展，有莫大之幫助。」對於美帝國主義利用這些來進行文化侵略的事實，在這裏連影子也沒有！在他看來，美國是多麼的「慷慨」、「友善」！

王澈（1951.09.13）

黃萍蓀由此霉運連連，1957年鋃鐺入獄，赭衣胥靡，與老農老圃為伍，開荒畚耕，與世隔絕達20年之久，直到80年代才緩過來。

梅蘭芳「蓄鬚明志」時期的戲外事

一九四四年四月，上海尚處淪陷的苦難中，一本叫《古今》的雜誌上，文載道（金性堯）寫了一篇《三十三年三月三日三時》，記的是朱樸（《古今》主編）與梁鴻志的千金文若的婚典盛況。我是二十年前讀到此文的，我驚詫梅蘭芳竟亦「周旋於眾賓之間，彷彿萬綠叢中的一枝，顯出搖曳多姿之勝」。後來說與跟我年紀差不多大或稍長的朋友，他們也驚詫，──這似乎與「蓄鬚明志」不符。

陳凱歌導演的《梅蘭芳》正在全國熱映，一股梅蘭芳熱四處興起。我收集的舊資料中有關梅蘭芳的圖片和文字很是不少，我寫《文化人結婚記》時，很是不明白當年蓄鬚明志的梅蘭芳，為何要淌那道渾水，後來有著名學者譏諷我的不理解為「見者驚異」，並稱梅蘭芳「他的底線是不登臺，不唱戲，其餘都是小節，可不予計較。」若以梅蘭芳的底線來衡量另幾位名伶，問題就來了，馬良連，尚小雲，荀慧生，均於敵占時期登過台唱過戲，據此而推論他們的大節，難說沒有簡單化之嫌，更有擴大化之隱憂，──已有傅斯年「所有偽北大教員不予登用，不能給北大留下恥辱。」的一刀切作法。教員是恥辱，教員所教育之學生也該是恥辱，推而廣之，門房，役夫，搖鈴的做飯的，哪個不是戴罪之人。論及底線與大節，或許還真應該有因人而異，因事而異，因時而異之必要，不然

1943年梅蘭芳五十歲在家中的大合影。

的話，梅蘭芳前面的「蓄鬚明志」及稍後參與「祝捷演出」，有何
差別歟。也許，還須為普通人另設一底線——即有飯吃與沒飯吃，
常言「餓死事小，失節事大」，但真正具體輪到個人頭上，難免或
有顛倒「失節事小，餓死事大」。話不中聽，卻多有事例為證——
此處失節亦並非特指「賣國賣身」之大節焉。

　　谷林老人《檢得舊刊說因由》，講到俞平伯於淪陷時期北平
的《藝文雜誌》發表文章，被遠在昆明的朱自清知道了「他來信勸
我不要在此間的刊物上發表文字，原信已找不著了。我覆他的信有
些含糊，大致說並不想多做，偶爾敷衍而已。他閱後很不滿意，於
三十二年十一月二十二日又駁回了。此信尚存，他說：『前函述兄
為雜誌作稿事，弟意仍以擱筆為佳。率直之言，千乞諒鑒。』標點

中雖無嘆號，看這口氣，他是急了。非見愛之深，相知之切，能如此乎？」俞平伯説「北平淪陷期間，頗有欵門拉稿者，我本無意寫作，情面難卻，酬以短篇」。此類投稿給刊物的平常小事，在朱自清的眼裏都是大事，若設此為底線，怕沒有幾個人洗脫乾淨。朱自清是把小節視之為大節的知識份子，不然在美國救濟粉中餓死的就不會僅止他一人了。俞平伯到底還有些家底，雖然一度曾窮困到「余亦感經濟困難，余婦乃有在家創辦交賣會之舉，取家中及親朋處無用舊物標價售賣，酌取手續費。」的地步，正如谷林所論「此其所以尚可不寫文章還能養親而糊口歟？」淪陷八年之久，北平與上海不可能成為空城，留下來和走不了的人們，以各種方式謀生養家，就是為了能夠活下去希冀看到勝利的那一天。

另有《古今》編者周黎庵説的一段話，也是耐人尋味的——「太平洋戰起，梅蘭芳適避地香港，他的『蓄鬚明志』，恐

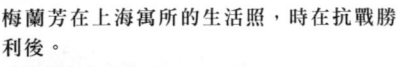

梅蘭芳在上海寓所的生活照，時在抗戰勝利後。

怕是在香港開始的。蓄了鬚表明不能再唱戲了，這對本國人無異是騙小孩的手法，但對日本人卻很有效力，所謂『君子可欺以方』，對那些蠢如豕鹿的日本軍人倒也『可以欺方』，居然蓄了鬚四年之久。」周黎庵還説了認識梅蘭芳的經過，時間和「文化人結婚」的時間對得上。

　　著名學者所説的「底線」，不適宜大多數人群；著名學者所説的「可不予計較」的「小節」，倒是應列入「底線」之一，欺人容易欺世難，齊白石在那八年不賣畫給日本人，但賣給中國人後中國人又轉賣（送）給日本人，他又能怎麼著。我從小受的教育是直線教育，非黑即白，非忠即奸，看問題憑直覺，橫看豎看我總覺得梅蘭芳不該摻和「文化人結婚」這樣的場合。雖説關於文化人結婚這等大事，在當時是上佳的新聞，在今日是上佳的資料，可是一旦將這樣的報導置回歷史現場，馬上會引起的爭論無疑就是「在歷史大翻覆之際的痛苦抉擇」的那些文人值不值得人們心懷「瞭解之同情」或「理解之同情」？此處先説這幾句不著邊際的話，實是因了此文在腹內打稿的當口，再適時不過的讀到了散木先生的大文《讀〈年譜〉》，散木先生讀的是《龍榆生先生年譜》（張暉撰，學林出版社2001年出版）。龍榆生是學界公認的詞學大師，又非常不幸地在那場「歷史大翻覆」中「賣身事偽」，終於成為像周作人一樣的「惜其不識相」（夏敬觀語）的文化名人，連累得一批真心喜歡他們學問的人在議論他們時，總要花費心思在「學問」與「道德」之間斟酌最適合的詞句，以至於我在讀此類文章時私心裏常常忘記了基本事實而被作者煞費苦心經營出來的「鳴冤抱屈」之詞句暗暗叫好。我們這一輩看過婚典場合裏那些人的名字後，自會有驚詫之感，僅是勝利後被處決的即有梁鴻志（1946年11月9日槍決），梅思平（1946年9月14日槍決）。

　　柳雨生的《文化人結婚記》刊在1943年4月號《雜誌》，記的是周黎庵穆麗娟婚典大場面，一年後又另有文載道版「文化人結婚記」刊在《古今》43‧44合期上（1944年4月），文章的題目卻是《三十三年三月三日三時》，記的是朱樸與梁鴻志的千金文若的婚典盛況。二文相比，柳文短得多，文文卻長得多（長出一倍還多），文載道喜歡把文章寫得盡可能得長，長文有長的好處，這樣的紀實文字越詳細史料價值越高。這裏有一個問題，由於朱樸迎娶的不是平民女子而是權傾一時的梁鴻志的千金，所以怎麼瞧文載道的行文口吻怎麼感覺有獻媚的味道，連題目也透著「討好」之意。後人評說文載道文風學得是周作人，此說只看到了文字的表面，周無論如何是不會去寫此類品格的文字的。儘管我特別覺得這篇文章有用有意思，可是我仍然認為這是文載道的一次大的敗筆，替他惋惜，為此他損失不小，此文從不收入他的新舊集子裏，也許他也意識到看到的人越少越好，但終於還是有好事者於六十多年後在網路上給抖落出來了（詳情見拙文「古今雲物真悠悠──《古今》休刊特大號」）。對於自己幾十年前的舊作，有人的態度是「愧則有之，卻並不悔」，另有人該是「愧悔交加」亦未可知，乃或「悔則有之，卻並不愧」也不奇怪。《雜誌》的面目現在比較清楚了，不能算作漢奸刊物，而《古今》定性為漢奸刊物，似乎已成鐵案，陳平原教授最近有篇文章提到《古今》，措詞是「漢奸所辦雜誌《古今》」（《燕山柳色太淒迷》），直接把朱樸漢奸了。小漢奸娶大漢奸的女兒，這水有多渾。

　　《古今》的創辦者朱樸二十年代末便開始追隨汪精衛，並由汪介紹認識了陳公博。1939年8月汪偽「六大」朱樸被選為中央監察委員，後擔任中央宣傳部副部長。1940年3月「國府還都」，朱樸被任命為交通部政務次長，後來還擔任過組織部副部長。朱樸的這些職務日後足夠定重罪的。有一點應說明，辦《古今》時，朱樸已

辭掉了這些職務，可是在我們眼裏，漢奸是終身制，一朝失足，百身難贖。要想知道朱樸不辦《古今》以後的情形和他到了香港以後的情形，過去是不大容易的，能看到的書刊很有限。我湊來幾條資料，仍是大概的輪廓，再細的就尋不到了。一條來自朱樸的記敘，他在《勝利那天在北京》（1955年8月）中說道：「一九四四年冬天，我在上海結束了古今出版社的事務之後，舉家遷往北京去。路過南京，到西流灣橫廬去與（周）佛海道別；兩人對飲了三杯白蘭地之後，我下意識地似乎體會到將來的『後會無期』，心中引起了莫名的感傷，而幾乎下淚。……在北京，我實行過我的『寓公』生活，飽食終日，悠然自得。當時我所交遊的人，大概可分為三類：第一類是文字之交，如苦雨齋主人周知堂，以及瞿兌之，徐一士，謝剛主，王古魯諸氏；第二類是書畫同志，如百硯室主人許修直，以及陶北溟，邵厚夫諸位；第三類是酒肉朋友，這裏面包括的人物可就多了，男男女女，紀不勝紀。」

朱樸1957年5月（與曹聚仁同行）回內地，受到規格很高的待遇，留下來的人好像倒沒有享受過。5月16日朱樸記「十二時，譽老（葉恭綽）以國畫院院長名義邀我在南河沿文化俱樂部（舊歐美同學會）午餐，陪客有文化部夏衍副部長，國畫院副院長于非闇，暨徐燕孫，王雪濤，胡佩衡，惠孝同，吳鏡汀，朱丹，啟功諸先生，都是當代名畫家，（只有齊白石與陳半丁二位老先生因病未到，躊躇蹌踉，頗極一時之盛。）朱樸念舊，除了尋遊舊跡，飽覽宮藏古畫，暇時便走訪《古今》舊友，在《北京十日》中他記著：5月11日「驅車前往西城八道灣拜訪周啟明先生，相見驚喜，恍如隔世。原來他近患高血壓症，三月前幾瀕於危，現雖已好轉，可是醫生仍嚴囑他見客談話不能超過二十分鐘，因此略談後即行告辭，約他日再來。」——5月19日「得徐一士先生書，即往宣外校場四條拜訪，他亦患高血壓症，似較知堂老人更為嚴重。相見興奮，暢談不盡。我在他那裏獲

知老友王古魯，瞿兌之，周黎庵，金性堯諸位的近狀並地址，更為欣喜。」自北京再到上海，朱樸遂有《上海一周》之日記。5月21日記有「打了一個電話給（吳）湖帆，一個給（周）黎庵，他們聽了電話後又驚又喜，都立刻說晚上來看我。下午六時，黎庵先來，相見興奮，一時幾乎話都說不出來。不久，有人叩門，以為是湖帆來了，開門一看，不料卻是（瞿）兌之；原來他剛才遇見湖帆，湖帆告訴了他，所以他就捷足先來了。最後，等到七時有餘，湖帆才姍姍而來；大腹便便，好像一隻航空母艦！與十年前相較，幾乎判若兩人。可是，風趣天真，固依然如故也。他們不能免俗，硬要為我『洗塵』，卻之不恭，就一同去老正興館。這裏的菜都是我平昔所最愛吃的家鄉菜，今晚所點的如生扁炒頭，紅燒甲魚，蛤蜊鯽魚湯等，真是百吃不厭，可稱得是天下無敵，並世無二，這決不是海外各處同名的所謂老正興館，所可同日而語的。餐畢，他們三人搶著付賬，結果則由湖帆包辦了。」朱樸也許是《古今》人物譜裏結局最好的一個。

　　兩篇結婚記都詳細記錄了前來賀婚的貴客，朱樸婚典嘉賓名單可堪玩味的地方更多一些，能夠出席如此錯綜背景的場合，表明的是不是一種難以言說的態度？最典型的是梅蘭芳，人們多知道他彼時的「蓄鬚明志」，但卻不知道他竟也出席了這種沸沸揚揚的大場合（不止一二回。另見朱樸《樸園日記》1944年10月27日）（載1945年2月《藝文雜誌》第三卷第三期）有云：「晨赴中行，得悉今日係馮幼老壽辰，下午五時往賀，便訪其鄰居梅思平。久不見思平矣，容光煥發，益轉豐腴，心寬體胖，信不誣也。晚在馮宅飲壽酒，同席有吳震老梅畹華等多人，甚為熱鬧。飯後有餘興，由畹華之子女清唱，首由小九（葆玖）唱金鎖記一段，繼由小七（葆玥）唱烏盆記一段，俱博得熱烈掌聲。小九僅十一歲，容貌舉止，無一不酷肖畹華，將來克傳衣缽者，捨此子莫屬也，小七年十三，具鐵嗓，他日其將為

女劉鴻聲乎？一笑。今晚操琴者為王幼卿，名伶鳳卿之子，夙工青衣，亦有聲於藝壇者也。」，並不忌諱與汪偽頭面人物一道拋頭露面，這就不容易讓人理解了。婚典前二個月的訂婚（周黎庵稱「如此盛會，誠近年來海上所罕見云。」）梅蘭芳也到場了（周黎庵云「更有可述者，則梅畹華博士亦翩然蒞止，擁護左右者，梅黨元勳馮耿光與珍重閣主人趙叔雍兩氏也。」）訂婚嘉禮的證明人為周佛海，本來結婚大典的證婚人也是周佛海──「但這天周氏因在京政務羈身，不克趕來，特托梅思平氏代表主持。」文載道這樣描述三月三日的梅蘭芳──「周旋於眾賓之間，彷彿萬綠叢中的一枝，顯出搖曳多姿之勝，猶憶去歲甲午五旬同庚，博士也躬往參加於魏家花園，但是日相見之下，風神卻依然如此俊朗明徹，變成了『眾矢之的』，無怪當年蕭伯納翁要請教他的駐顏術了。」梁鴻志也曾說「目前『梅』姓之傑出者，在政界有思平先生，在藝界有畹華博士。」仍舊要感謝文載道的詳筆，那天吳湖帆，劉承幹，夏敬觀，唐生明與夫人「標準美人」徐來，丁默村夫人，周佛海夫人楊淑慧，陳公博夫人李勵莊，金雄白，周化人，樊仲雲，都出現在名單，使得後人對歷史現場有了立體的感覺，是不是小節，該不該設為底線，簡而言之，梅蘭芳到底該不該參加梁鴻志之女的婚宴。

老愛書家的書邊夢憶

十五年前臨近年根的一天，我很幸運地，一次性地從設在中關村體育場裏的民間星期舊書市場淘到幾乎全套的《文學》雜誌，厚厚地一大摞，那時侯遛書攤是不多帶錢的，是跟朋友借了錢才買回來的。回家後馬上就把這好消息彙報給藏書家姜德明先生。後來姜先生在去上海探望巴金時還提到了此事——「在北京的一位青年書友，花了四百元，在地攤上買了差不多全套的《文學》。巴老很有興趣地聽著，並説：『那很便宜』，他還告訴我，他有全套的《文藝復興》，《文學》大概不全了。」（姜德明《流水集》第38頁）

我記得姜先生當時就寫信問我「這套《文學》有沒有最後那兩個小本的？」我説沒有，而且很奇怪姜先生為什麼這麼問。後來我才知道這兩個小本何其重要，也知道遛書攤時應留意那些薄薄的不起眼的小東西了。原來《文學》在上海「八・一三」事變後被迫停刊，最後出了兩本「戰時版」的《文學》（九卷三期、四期），開本變的很小很薄，存世極少，連姜先生都沒有。

上世紀四十年代，紀果庵在《篁軒記》裏提到過它「大約是去年，看見一個極熟的書店收來許多本《東方雜誌》，説是要論斤出售了，因為零賣不合算，我心中有不少珍惜之意，順手取四十餘冊，有的是廿六年八月出版，亦是在北京不曾看到的，而且有一

冊裏竟夾著一小本《文學》的戰時版，這都使人有意外的高興。」
（1944年7月《風雨談》第13期）

文載道在《期刊過眼錄》裏也提到過這稀有的「戰時版」。文載道說「古書有版本，刊物也有版本。不過這版本不定在於紙張的優拙年代的先後等，而是有點歷史性故事的成分。例如《文學》就有過戰時的小型版。而這時也由『原任』傅東華先生收回自辦。一共出了兩本，版式是三十二開，每本封面的用紙都不同，大約容納了八九篇文字。」（1944年5月《古今》第47期）紀果庵和文載道（金性堯）都是像阿英一樣的注重古舊期刊版本的藏書家。

《文學》被譽為「三十年代第一刊」，（二十年代第一刊是《小說月報》，四十年代第一刊應是《文藝復興》）由茅盾、鄭振鐸等發起創辦。上海「一‧二八」事變之後，文壇一片寂寥的形勢下，《文學》橫空出世，迅速恢復了文學界的士氣，團結了一切可以團結的各派作家，發表了許多傳世的名作。在《文學》中既有「銅琶鐵板，豪放激越」的作品，也有「娟娟群松，下有漪流」式的文字。

《文學》應該算是現代文學期刊史上的頂尖之物了，卻一直沒有像其他重要期刊（譬如《現代》譬如《光明》）那樣得到影印，這事挺奇怪的。北京德寶拍賣公司去年11月搞了一場「新文學專場拍賣」，拍品中有一套近乎全份的《文學》（我看了，缺「戰時版」），書況很好，底價只有5000元，卻無人應價。沒影印過的期刊它的價值應當在影印過的期刊之上，流標說明行家少或行家未到現場。范用先生收藏有一套完整的《文學》，連最後兩期「戰時版」也在，正是我缺的兩期。范用當時說給我複印這兩期，後來他老人家可能給忘記了。

《書邊夢憶》是姜德明先生的新書，姜先生今年秋天就滿八十歲了，他說給我寄一本，我說天太熱，還是我自己去取吧。就在去姜宅之前，我竟然在舊書網上淘到了一本《文學》「戰時版」（選

2008年7月，姜德明與大家的合影（前排左五）。

是最後的那本九卷四期，應該算是《文學》的終刊號了。）我當時就把這個好消息彙報給姜先生，姜先生說「真不錯，這書當年就很難找，我的那本還是複印本啊。」十五年一輪迴，此事也可列入我的書邊夢憶了。十五年來我得到過姜先生很多的教誨。前幾天的一個悶熱的晚上和趙兄，去姜宅，幾年未來，一樓的一叢矮竹，已竄到姜宅二樓的書房，無竹令人俗，真對。從書房往外看竹影，真有意境。陸昕教授說他家養過竹子，竹喜厚肥，大糞最宜。趙兄坐在背窗的椅子，我坐的正對著窗竹，一邊聽姜先生說舊書的往事，一邊想古時竹林七賢的佳話。先生這晚說話富情感，我很感動，趙兄不知有否此感，往事依稀渾似夢，都隨風雨到心頭的感覺，除了熱，這是難忘的一夕。

　　我明智地知道自己不管多麼多麼地努力，也不可能達到姜先生藏書哪怕是百分之一的程度，三十年的時差隔斷了一切書緣。姜先生說那時在國子監內部舊書店裏，每次碰到的人不會超過三個，舊書多極了，你可以隨心所欲地挑選。《書邊夢憶》裏就記下了很多久覓終得的書遇。譬如他寫到「沈從文先生戰後回到北平，曾經主編過一種文藝刊物《現代文錄》。我尋訪多年，終未得見，早就不存奢望了。沒想到最後還是讓我在舊書肆發現，欣喜之情，不盡言表。」還如「我尋覓此刊頗久，無所得。絕望多時，忽於申江意外發現，不禁大喜。（《朱湘編《新文》）；還有「我在上海書店還找

到一本久想一見的書，那是窄條本／灰色封面的一本小書，田間的《未明集》。」姜先生對上海頗有好感，因為上海的舊書店圓了他許多的書之夢。我讀此書，還發現與姜先生交往過的作家很多都是生活在上海的，譬如巴金、黃裳、鄧雲鄉、趙家璧；有的是從上海遷居北京的大藏書家，像唐弢、阿英。姜德明的藏書事業能有今日之最高地位，除了他自少年時即喜歡買書的個性之外，後來定居北京這樣的大都市，便是得了「地利」；能直接得到阿英、唐弢這個級別的藏書家的指導，便是得了「人和」。

姜德明搜求舊書刊似乎少了唐弢所說的「潔癖」，我說過姜先生淘書的範圍不受意識形態的束縛，這是那個時代很稀缺的個性。姜德明的個性也使得他比同時代的藏書者高明很多，譬如對待老電影刊物，老漫畫刊物，淪陷時期書刊姜德明都有收集。我寫過一本關於老電影的書，姜先生看了之後，對我說「李琳就是孫維世啊！」，我真臉紅，拿著李琳的影照，卻說了一堆不著邊際的話。有時候我在電話裏向他彙報又淘到了什麼老的電影雜誌，姜先生馬上說這個刊物什麼樣子出版了多少期他以前有過，進北京工作前在天津都賣掉了。我在《書邊夢憶》裏果然找到了賣掉的《新影壇》、《上海影譚》、《青青電影》、《電影雜誌》。我哪裡想到，我的喜滋滋的彙報，卻觸動了姜先生一段不願回首的往事。

書中有一篇《賣書記》，我以前讀過，重讀彷彿是新讀，仍舊是衝擊心底的如臨其境，許久地設想：這種事倘若發生在我身上，我會怎樣？姜德明說他賣過三次書，尤以最後一次令人動容——「第三次賣書是在文革前夕的一九六五。那時的風聲可緊了。……深夜守著枯燈，面對書櫥發呆，為了妻子和孩子的幸福，也是為了自己的平安，我又生了賣書的念頭。這一次又讓舊書店拉走了一平板三輪車書，……第三次賣掉的書很多是前兩次捨不得賣的，幾乎每本書都能勾起了我的一段回憶，那上面保存了我少年時代的幻

想。我不忍心書店的人同我講價錢，請妻作主，躲在五樓小屋的窗口，望著被拉走的書，心如刀割，幾乎是灑淚相別。妻子推開了門，把錢放在桌上愴然相告：『比想像的要好一點，給的錢還算公道。可是，這都是你最心愛的書……』我什麼也沒有説，我第一次感到自己是一個不幸的人，懦弱的人。我在一股強風面前再一次屈服了。」我想問卻沒有問過姜先生，賣出去的書，在以後的淘書歲月中有沒有再碰巧買回來過，──像一個走失的孤兒又找到了家。

事到萬難須放膽，一年後，風暴真地洶湧颳來了，姜德明寫道「大概人到了絕望的程度，也就什麼都不怕了。這一次，我也不知道何以變得如此冷靜和勇敢。我準備迎受書所帶給我的任何災難，是燒是抄，悉聽尊便，一動也不動。相反地，靜夜無人時，我還抽出幾本心愛的舊書來隨便翻翻，心涼如水，似乎忘記了外面正是一個火光沖天的瘋狂世界。」敬畏姜德明。

這本書大致可分成三個單元，談舊書舊書肆的是一單元；談舊雜誌的是一單元；懷念故人的是一單元。姜先生對書籍是一往情深，對故人更是一往深情，他在議論書的時候其實也是在議論人，議論人生最可珍貴的友情。他的愛憎是分明的，他在表達愛時，也不掩飾他的憎，讀來尤其帶來震撼。我們多知道姜德明是一位藏書家，惟缺少對他另一面的瞭解，透過這本講書的書，我覺得我們更多的敬意，倒是應當投向姜德明正直的品質的一面。

還鄉記

一、回鄉的思念

　　有回下鄉插隊八年的庫侖旗去看看的念頭，這幾年來越來越強烈，不是心血來潮也不是閒極無聊，那是一種魂牽夢繞的感覺，趕也趕不走的情結。止庵先生勸我別回去，回去準失望，他引明朝張岱的話「余生不辰，闊別西湖二十八載，然西湖無日不入吾夢中，而夢中之西湖，未嘗一日別余也。前甲午、丁酉，兩至西湖，如湧金門商氏之樓外樓，祁氏之偶居，錢氏、余氏之別墅，及余家之寄園，一帶湖莊，僅存瓦礫。則是余夢中所有者，反為西湖所無。及至斷橋一望，凡昔日之弱柳夭桃、歌樓舞榭，如洪水淹沒，百不存一矣。余乃急急走避，謂余為西湖而來，今所見若此，反不若保我夢中之西湖，尚得完全無恙也。」我聽不進去，夢歸夢，現實歸現實，「反不若保我夢中之西湖」是實踐了以後的後悔。我有自定的一行事準則：某件事如果我不實踐的話，能不能做到完全釋然，像沒事人似的，如能我就不實踐；如果不能釋然，做不到跟沒事人似的，那麼，我必實踐之。

　　決心已定，開始選伴兒，當年分在一村的六男六女十二個同學，一人已病逝，二人不知今在何處，剩下的六女三男，挑選的餘

地極小。真正在農村待足八年的只我與王良模也，我倆一炕滾了八年，同一天病退回城，離開村時把行李雜物送的是同一老鄉，回城三十年仍保持較密切聯絡，還鄉之伴兒非王莫屬，其實根本不必挑也沒得挑。唯一的障礙是，王跟我還鄉，他家的狗就沒人遛了，一日三遛，此犬高大威猛，叫鄰居代遛幾日，誰也不敢接這活，我說大都市就應該有一種需求就有一種職業——代人遛狗。

旅伴已定，開始選日子，我乃自由身，王同學尚在體制內，有十天年假，但奧運期間須堅守崗位，八、九兩月不能動，只有十月可成行，十月只能是上旬，下旬那邊就冷了。我查了插隊日記，把那幾年十月上旬的天氣一天一天都查了，夠細的吧，諾曼底登陸的氣象情報也不過如此。王原來說是夏天去，我反對，我說你忘了那嗡嗡的成群的蒼蠅了，在北京餐館裏有一個蒼蠅飛都不能容忍。

行程已定，開始買火車票。我家就近就有預定車票的點，此點兼售彩票，平日裏粽著的多是彩民，七年前此點開出過一個二等獎，宣傳告示至今還掛在牆上呢。我十一前問了售票小姐，告之預售四天以後的票。9月25號，王告訴我火車票緊張了，我趕緊去點上問，小姐又說預售十天了，我說就買10月5號的吧，小姐說沒票了，我說我去的是窮地方（庫侖旗是貧困縣），那也沒票。我說定6號的，她說明晚7點「起票」，我明晚七點到了，她說起完了，要不你去北京站排隊幸許有。我真急了，這麼容易的事咋就出不去城了呢。連著兩個晚七點我都蹲點，小姐感動了，說你交400押金吧，有戲，我終於拿到了8號的臥鋪票，——尚在十月上旬之內。

8號晚八點上車，中上鋪，四十年前我們來來回回的車次是67次68次，現在是1467次與1468次。一宿無話，近鄉情怯，兩人均未睡實。晨六點到甘旗卡（科爾沁左翼後旗），下車，庫侖旗不通火車，須在甘旗卡轉汽車。六十年代有部反映草原革命鬥爭的影片《鄂爾多斯風暴》，其外景地即在甘旗卡。大清早冷清的車站走出

兩個背包的外鄉人，馬上有的哥（黑車）圍上來問去哪。別看甘旗卡是小站也要安檢，長途汽車站也安檢，我背的包是跟女兒借的，條件是不能弄髒，而安檢的傳送帶顯得很髒。買了三天後回程的火車票，然後登上了去庫侖的大巴，沒地擱包，抱在懷裏。坐在靠窗的座位，回想著四十年前的印像，七十公里路，我們無謂的青春，葬送於滾滾車塵，王說當初我們是坐的卡車，現在這條道屬省道，設有收費站。

9號上午十點我倆到了我們的庫侖——張岱的西湖。賀敬之有《回延安》詩，詩云「心口呀莫要這麼厲害地跳，灰塵呀莫把我眼睛擋住了……手抓黃土我不放，緊緊兒貼在心窩上。……幾回回夢裏回延安，雙手摟定寶塔山。千聲萬聲呼喚你，——母親延安就在這裏！」我倆還不至於到賀敬之這麼露骨抒情的地步，庫侖也沒有寶塔這樣的標誌物。庫侖又名庫侖溝，印像中的大溝沒了，舊時的印記沒了標誌也就失卻了懷舊感，觸景方能生情，我倆還是先找個旅店住下吧。比了兩家差不多，就挑了看得見街景的那家，30元一天，在北京只能住地下室。

二、回哈拉好收

安頓下來就打聽有什麼車可去三家子——我們插隊落戶之地，當年信封上的全稱是：內蒙古自治區哲裏木盟庫侖旗三家子公社哈拉好收大隊一小隊謝其章收，剛開始的幾封家信可能還要加上「知識青年集體戶」。我倆真正懷的舊的根子是「哈拉好收」，其次才是三家子及庫侖之流。現在早沒了「公社」和「生產隊」這舊體制的稱謂了。在旅店的下面包了輛「麵包車」，80元負責來回到哈拉好收，含過路費，來回約50公里，再加上等候的幾小時，我覺得挺值的。司機選的是女司機，一問駕齡11年，嘴也算靈巧，上路，此

我與哈拉好收的鄉親。

時為12點不到。庫侖到三家子是柏油馬路,三家子到哈拉好收半是石子路半是土路,顛得厲害,三家子公社當年所有黨政供(銷社)郵(局)機關都在道邊,現在似乎還在道邊,郵局不叫郵局,好像叫什麼「網通××」,沒下車。再往前開三里地,才是魂也牽夢也繞,尋死尋活非回來瞧瞧不可的哈拉好收嘎查,哈拉在望,路旁地裏的老玉米有割倒的也有沒割倒的,農忙閒人少,看不到過去男女老幼齊上陣的陣式,廣袤的農田裏只見零星幹活的人,我納悶,這人都哪去了。

從哈拉好收到三家子的這條路,不筆直可也不甚彎曲,三里地或許還多些,兩旁皆莊稼地。記的以前路旁無樹,而今遠望哈拉,兩排高大的楊樹很覺眼生,這條路曾走過路過無數次,惟此次最異樣,錯是錯不了的,那就是哈拉。車到村口,是個兩岔口,我們走了上邊的路,馬上察覺走錯了,應該走下邊的路,那才是村中大道。早就聽說村裏的土房大多蓋成磚房了,果不其然,但整體村貌仍難改舊時模樣,沙土路沒過腳面,牛馬之糞糞跡斑斑,磚房子是比乾打壘的舊房見愣見角多了,但院牆多不講究,豁牙露齒多呈敗相。我是有備而來,三十多年了,能認得我倆的人恐不多也,應先

找到當年的隊部（知青剛下鄉時暫棲於此達一年之久），只要找到一個認得我倆的就讓他帶路好了。車停在道邊，我就找隊部前的那棵老樹，怎麼沒了，該是這位置啊，這棵大樹特像《地道戰》中高老忠敲鐘的那棵大樹。忽然我看到了一大院裏西邊的馬廄，還有這院裏的一排北房，沒錯，這就是隊部。當年夜裏餓得火急，就跑到馬廄偷吃餵馬的黑豆，這事能忘麼。王也認同我這判斷，進得院來，顯然江山早已易主，出來的人太年輕，問我們找誰，他連知青是咋回事都不知道，此時有年稍長者過來，終於我們的身份被認出來了，甚至叫出了王的名字，王長相英俊，濃眉大眼，一下鄉就不乏內外追求者，生產隊開會時，他身邊老粽著大姑娘，今雖年老色衰，但當年給人印象太深了，年長者還記得他。王記性尤強，能叫出許多人的名字（蒙語），四十年前的大事小事亦記得清清楚楚，我才知道記日記不如好記性。

　　有人帶路，我倆就近去了齊木倉家，這位就是我在《插隊日記》中記過的那家柴禾垛齊整的人家──「一九六九年二月十四日晴。上午和陳福田，齊建欣去村南拉回了一車柴禾。下午，幾個人去北坨子撿牛糞。（案，在農村，燃料是大難題，日子過得好不好，不用進屋，只要看這家的柴禾垛高不高就能看出八九分，有的人家柴禾垛垛得那叫一個齊整；光景不濟的，甚至是撿一頓柴燒一頓飯。）柴禾垛也分幾種，有經燒的木頭，有不經燒的軟柴，各有各的用處，牛糞不堪大用，而且只能冬天撿冬天用。」如果換一個地方，互相都不能一眼認出了，但現在不同，我從走道的姿態一眼就看出這就是齊木倉（65歲），當年他在村裏的小夥子裏算是高人一等的，不屑的神態，整潔的衣著，幹練，有些怕髒怕累。齊馬上認出了我倆，讓進屋裏，我馬上問他柴禾垛哪去了，他說現在燒煤了，柴禾燒得少了。王此行一直有個願望，想吃新玉米貼的餅子，齊說誰還吃玉米麵呀，都是大米白麵。又轉了幾家，光景都差不大離，睡的還是炕，但炕席

都改地板革了，電燈，電視，機井水，這些都是過去沒有的。我發覺家家牆上的黑白老照片都不見了，取而代之的都是彩照且都是年青一代的，想從老照片上找到一點兒三四十年前的印記，沒門。問及土地的事，說是都分給每家了，沒有集體出工集體收工這回事了。我說起當年最怕的就是大中午生產隊長的那一嗓子「牙烏呀嘔」「牙烏呀嘔」地催促下地幹活的蒙話，他們說隊長沒了（死了），隊長叫前得門，我收藏的工分本還有他的蓋章。我倆在村裏轉，齊木倉不知啥時換了一身乾淨的衣服又碰上我們了，在隊部前合影，我問齊，老樹哪去了，他說砍了，拓寬路時砍的，我暗自歎息。

歇晌時分，村裏幾乎見不到人，只有覓食的雞三三兩兩的閒逛，我沒忘了此行最重要的事，——看看我們的知青宿舍，聽說它拆了，那也要看看舊址。剛下鄉時在隊部委箍了小一年，查舊日記，有記載：

1969年五月十三日　多雲
今天我們集體戶的房子上報了。（案，「上報」就是新房蓋房頂的意思，場面宏大，幹活的人多，工種最齊全，這活必須一天幹完，幹完就大吃一頓。「上報」是此地很熱鬧的一件事。我們也該脫離住隊部的日子，住自己的房子了。）

1969年六月七日　晴
搬進了我們的新居。（案，真想回去看看，三十多年了，此屋恐已不在。）

宿舍在隊部的後面，中間隔著牛圈，記得某晚，我送二隊一女生回二隊，走過牛圈，她抬頭說「今晚的月亮真亮」，我也跟著抬

了一下頭，二隊的女生比一隊秀氣，身材也不像一隊那麼壯，這是我的印象，如今都是大媽了。宿舍真的沒了，一派荒蕪，但還留有一小撮地基，乾打壘真是剝了皮敲了骨留著筋，我趕忙站在一小撮上留影，用數碼和傻瓜各拍兩張，千里迢迢，為得就是這個。也就是在農村，在城市的話，元大都有遺址，個人的連半塊磚也留不下。看著這土堆，心中默想，它真像青春的墳，老鄉看著我倆古怪的行為，我索性拉著他也拍了一張。宿舍西院牆隔壁，過去住的是包召家，知青吃飯沒菜，包召隔牆給幾疙瘩鹹菜。包召當初說我四十歲將腿

圖上：我與王良模在原知青宿舍前合影。
圖下：我在包召家。

癱，今天我翻牆進他家證明他預言錯了，包召正歪在被垛打磕睡，我倆突然出現，他仍磕睡未醒的樣子，我讓王良模給我與包召在炕沿上合一影，又拍了他家的馬，拍了他家的東牆，東牆那邊曾是我們的家，風清日朗，午後的村子真靜，那我也不願終老於此，寧可繼續忍受城市的喧囂。我有些整明白了，憑什麼

三十幾年之間，那些老房子不能拆；不能由土房變為磚房——為得就是等我們這些匆匆的過客，某一天忽然來撫今追昔的憑弔一番，現實生活的改善終究比空洞的懷舊之情來得迫切。

三、回下勿蘭

自哈拉好收返回庫侖旅舍，為什麼不在村裏住一晚呢，老鄉們也挽留了。《北京人在紐約》裏郭燕勸姑媽回北京，姑媽說「不習慣了」。除非萬不得已，我們真不能住在老鄉家。住的話有諸多不便，還像過去那樣找個旮旯就大小方便嗎，小方便好說，大方便呢。我在哈拉好收走了幾戶就沒看到有正模正樣的廁所，也沒問那麼細。幾十年前我們剛到村子時，隊裏還真給蓋了個廁所，跟豬圈一般低矮，撒氣漏風，沒有門，就是一個洞，廁所設在大道邊，你就是蹲著，外面也能看見你的臉。後來我們就是「隨處胡拉」，方便的紙飄的哪都是，老鄉們用蜀秸稈，倒是就地取材廢物利用，據說現在還保持此傳統。除了這個不能住的因素，還一個是睡，村裏沒有旅店，要住就要住老鄉家，老鄉家仍是通炕，來倆外人睡哪啊，還是回旗吧。

旗裏的條件稍好，但供水是限時的，不抓緊，有可能就洗不成臉刷不成牙沖不成廁所。好在就準備住三晚，杜牧詩云「忍過事堪喜」，出門在外必牢記此五字真言。第一天回了哈拉，明天打算回下勿蘭。下勿蘭是我下鄉後插的第二個生產隊，這裏要多說幾句，在哈拉插了四年以後，人心思動，人心渙散，因為這時候有的知青被招了工，不掙工分掙工資了，同樣的知青不同樣的境遇，孔子有云「不患寡而患不均」，留在村裏的當然有想法了。每個人想每個人的出路，我的出路是去青海，父親在青海，一九七二年夏天我去了青海，離開了哈拉。在青海待了兩年。青海的記憶很像一首唐詩

「走馬西來欲到天，辭家見月兩回圓，今夜不知何處宿，平沙莽莽絕人煙。」有一年的光景，我幹的活是修路，準確的說是開路——在沒有路的荒野中闢出路來。青海的風很大很硬，夜風把帳篷吹倒了，我們也懶的再搭起來，素性把帳篷當作又一床被子，天亮了再說。青海的空氣很乾躁，缺蔬菜，沒水果，嘴唇沒幾天就裂開了口子，感到很委屈。我走了以後，還有知青在離開，上面鑒於各個知青點的人所剩無多，決定「並點」，把剩下的知青集中到一兩個隊，哈拉的人被並到了下勿蘭生產隊。我在青海沒找到出路，又灰灰地回到農村，回的就是下勿蘭。下勿蘭亦屬三家子公社，離哈拉約二十華里，這個知青點有個高幹之子，叫吳建，住真武廟國務院宿舍，我覺得他長得比陸毅還好看，可惜我們並過去的時候，他被招工農兵大學生了，後來在學校自殺了。我這次回庫侖的前一晚還夢到了他，那真是一生只能遇到一回的佳公子。

在下勿蘭我一直待到病退回城，差兩個月滿兩年的歲月。下勿蘭的知青是五個點並過來的，清一色男生，生活更加頹廢，更加無序。我們開始偷雞摸狗，老鄉們都知道，夜晚的知青點的煙筒冒煙，那一定是煮剛剛偷來的雞或者是老玉米，老鄉們對我們就像是對「橫行鄉里」的惡少，不敢怒不敢言。查1975年7月13日日記，「晴。昨晚又出動，夜襲了三隊的土豆地，如果不是蚊子咬的太厲害，是不會那麼樣善罷干休的。」8月29日「昨晚分三路行動，各路都安全回來了，收穫大大的。中午炒了三個菜，吃的大米飯，以茲鼓勵。」9月5日「昨夜與小湯行動，滿載而歸。」9月10日「晚上的行動由於參加的人太多，十分大膽妄為，近乎於在自家的菜園子了」後來，生產隊「以夷治夷」叫我「看秋」，這活就是在地裏和場院轉悠，防止有人偷莊稼。查1975年9月22日日記「應該好好看場院，給自己留條後路。誰要是夜裏偷糧食，簡直就是跟我過不去。」10月8日日記「兩個晚上都是回來睡的，等於遙控場院了。

我在下勿蘭菜園幹活，王良模拍照。

昨天去三隊，沒收兩個撿玉米的。」10月20日「今天撤了我的職。因為餵馬打更只能佔用一個人，看來他們信不過我餵馬，以前的擔心並非多餘。」當年流傳「知青不偷，五穀不收」的話，半是調侃，半是實情。

回哈拉是包車，回下勿蘭就坐班車吧，省一半的錢還多。班車上午十一點發車，下午兩點半往回返，我們想著三小時在下勿蘭足夠了。盤算錯誤，錢是省了，時間卻趕急了。說是十一點發車，這長途車不比北京，光是在旗裏捎熟人等熟人帶東西就半小時多，出旗（後來旅舍的老闆說應稱庫侖鎮）已是十二點。沿途還是捎熟人捎東西，一路顛跛的到了下勿蘭，已是一點半鐘，跟司機說好我們在路邊等他回來，一天就這一班車，錯過了，我倆就慘了。在車上正巧碰到母女娘倆是下勿蘭的，正好問她村裏的情況，誰誰誰還在嗎，誰誰誰住哪。我還問了她一個極其重要的問題，那片大墳圈子還在嗎？特可笑的是，我和王良模共帶了三

個照相機，他帶的那個下火車時就發現壞了，在旗裏修不好。我帶的一個數碼一個傳統的。我不會使數碼的，不知什麼時候按了錄影鍵，從下了長途車到找到墳圈子這四十分鐘，相機一直處於攝像狀態，我倆還一直納悶怎麼照不了相呢。歪打正著，這四十分鐘的攝相，錄下了我倆的對話，錄下了和老鄉的對話，錄下了老鄉家的狀態，錄下了墳圈子嗖嗖的來自陰間的風聲。本來現在攝像機是很普遍的，我和王卻都沒想到帶這玩意兒，攝像只能紀錄時下卻無法紀錄歷史。

下了班車，最近的一老鄉家是謝原的家。這個老謝頭是參加過抗美援朝的，我到下勿蘭幹的第一天的活就是跟謝原幹的，就我倆，故印象深刻。老謝頭愛發牢騷，埋怨給他這個「殘廢軍人」的待遇太低。三十二年後重逢，我一進屋就問他現在待遇如何了，老謝頭帶著國罵地說五百多元，我說不少啊一個月，老謝頭帶著國罵地說那是一年的，我說那太少了，老謝頭帶著國罵地說那還是分兩回給，自己到旗裏領。老謝頭有個閨女叫小芝，「謝家有女初長

圖左：我與插友在下勿蘭住屋前，王良模拍照。
圖右：插友在住屋前，我拍的。

圖上：下勿蘭知青宿舍殘跡，兩排新房中間
　　　夾著的一窗一門破屋是也。
圖下：我與王良模在大青溝。

成」，長的玲俐，當年被幾個知青看上了，成天介窩在謝家。我的日記有記載，8月16日「去老謝家肯定能喝上水，所以吃飽了去解解渴也是好的。」8月23日「昨下午去供銷社泡了半天，晚飯後又去謝家吃了一頓苞米，臭聊一氣。」知青也不總是逢場作戲，小芝被一個姓吳的知青迎娶，吳調回北京後小芝也到了北京，現已在北京紮根。小芝現在兩三年才回一次下勿蘭，她在電話裏説，不習慣那邊了，每次回去都要大搞衛生。小芝現已成老芝。

剛才説到墳圈子對我很重要，這是為什麼。回到哈拉之後，我感覺許多懷舊的座標對不上了，房子對不上，大樹對不上，勉強對上的也對不上細節，一切都只是個大概齊。最最重要的是知青的房子，沒了，遺址上的新房怎麼也引不起尊敬。下勿蘭的墳圈子，在我的日記有記載：一九七四年五月七日，多雲間晴。連著淄了三天糞，生活又趨艱苦了，連鹹菜也吃完了。淄

糞的地頭正是一片遮天蔽日大樹下的墳圈子，休息的時候我躺在墳頭，頭上枯枝新榮，嫩枝稀疏透著藍天，叫不出名的小鳥在枝頭叫著躍著，不時有細小的鳥糞滴落在衣服上，並不令人生厭，反而有別具一格的野趣。但是我極為難受，我想到和身下的那位死鬼究竟還有什麼樣的區別？……俄羅斯詩人說「你望著這片大地，既沒有真正的幸福，也沒有永久的美麗。」這不正是我的現在嗎。

這麼大的一片墳圈子，不會沒了的吧，中國人對「入土為安」還是有敬畏之心的，遷墳和平墳近乎一個性質，沒人敢做這麼大的決定。終於，從老謝頭家出來，往東北方向望去，啊，那片遮天蔽日的大樹真的還在，樹在墳就該在。我倆穿過收割後的莊稼地，來到墳圈子，荒草淒淒，樹聲颯颯，我不是來憑弔孤墳野鬼，我是傷心我的青春。

從這張照片中，幾乎看不到墳頭，全被荒草掩蓋了。我悟明白了一件事，掃墓為什麼在清明時節，春天的草沒這麼茂盛啊，人可以不太費勁地靠近墳墓。日記中那一句「連著溜了三天糞」，曾經有一位「成府路賣大蔥的」網友，不明白「溜糞」是什麼意思，我費勁八拉的給他解釋一番。溜糞，農活之專用術語。說細一些吧，莊稼需要糞，糞從何來，我下鄉的地方，有牛圈，馬圈，這是公家的，豬圈多為私家的，牛馬圈先要墊一層厚厚的黃土（沒黃的其他土亦可），多厚，一二尺吧，然後這牛這馬就在圈裏連拉帶撒，經過幾個月的踐踏，等於這糞的精華即入了土，您現在沒正進餐吧，——等於給肉餡入味的行為，入味之後，下一道活就是起圈，把入了味的土裝車堆到一空場，堆的跟山似的，再下一道活就是搗糞（搗這座山），為啥搗，是為了使糞土更勻，這和老毛的糞土當年萬戶侯，不一立場，搗糞在秋末，又多在晚不晌，搗糞這活使我至今都分不出香臭了，二三月，大車把搗好的糞拉到地裏，隔一段距離卸一堆，遠看像墳頭，此時的糞土還是凍土，到了開春一敲碎了，最後

是溜糞了，溜糞的工具是一簸箕，按著丁字把，還需一木耙，把糞扒拉到簸箕裏，牛犁或馬犁在前面開壟，女農在犁後點種（子），我在女農後點糞，亦步亦趨是也，常說跟黨走，我跟種子走，有間距的莊稼如玉米就點糞，沒間距的如穀子如蕎麥，就一撒一壟溝，這就是溜糞，蔥兒以後再喝小米粥時，莫忘了我年輕時溜糞的辛苦。

好不容易從墳圈子回到小路，遠遠地看見班車開了過來，我倆使勁地向汽車招手，我倆此時忽然一起肚子疼了起來，跑不動了，眼看著汽車開了過去。還好，等我倆挪到大道，看到班車很守信用地在約定的地方等我們呢，不停地按著喇叭。回下勿蘭的任務只完成了一半，明天再來一趟吧。

回到旗旅舍，總結今天的教訓，不該省的錢就不要省，決定明天還是包車，而且還是包第一天那個女司機。上午先去大青溝，下午去下勿蘭。住了兩天，和老闆混熟了，用他的電腦上網，讓他看看我的博客，唬他說我可是名人呢，老闆一看博客就信了，名人，北京來的名人。大青溝現在成了「旅遊名勝」，我量了地圖上的直線距離，大青溝就在下勿蘭的北面約二十華里，沒有直接的路，我還納悶我們在生產隊的時候怎麼沒聽說過大青溝啊。大青溝的門票可不含糊，五十元一張。溝也很尋常，沒多深，這從溝裏沒老粗老粗的古樹就能判斷出來。庫侖旗土名庫侖溝，溝在當地不新鮮，唬唬現在的遊客還成。一會兒就到了溝底，遠遠談不上「深不可測」。溝的半檔腰有座小廟，歷史悠久不了，王和司機進去了還捐了零錢。我一向不信這一套，連門也不進，問「女廟人」，這廟多久了，答的亦妙「有的時候就有了」。

自大青溝出，前往下勿蘭，老天沒掃我們的興，這三天的天氣都是那麼那麼地好，對比三十多年前日記中同一天的天氣非雨即風，這三天真乃「天助我也」。太陽照耀下的養畜牧河，在很遠很遠的地方閃著光，在城市裏可看不了這麼遼遠。二度進下勿蘭，先

打聽老隊長崔有田的家，昨天聽說他少了一隻胳膊。問了好幾家，有一家走出個老太太，還記得幾十年前的知青，說著說著像是要哭了，她說夢到過我們，還以為這輩子再見不到了，這使我很感動。一個平平靜靜的古老的村子，年復一年地過著同一種日子，忽然間，一九六八年的夏天，來了十幾個男男女女的北京青年，他們風生水起地待了八年，一下子又全走光了。在風清月朗的夜晚，不單是我們會想念曾經的過去，現在從一個老太太的口中得知，她們也想念我們。事實是，我們在下勿蘭的生活比哈拉好收寬鬆得多，生產隊對我們也算寬容，我甚至在這裏教會一個農村的孩子打橋牌（我是在青海學的橋牌），日記有載「1975年8月25日　秋風不止。今天接錢實的信，並寄來了《定約式橋牌斯合曼系統叫牌部分選擇》，有用的，我的橋牌史三年了，今年更深入接受較高級的。立逼成局，邀請滿貫，我意如此，你何打算？（注，橋書裏的話）」「8月26日　陰有小雨。看來今天還抄不完斯合曼系統，明天差不多。」「9月7日　晴　這兩個晚上在教一個農民孩子學橋牌，此孩腦子好使，比教其他人都省心。」「9月9日　小雨濛濛。晚上又玩橋牌，我現在可說是非常熟練了。」「9月10日　多雲。給爸寄出了信及《定約式橋牌斯合曼系統》。」寬鬆是指你愛出工不出工，政治上還是烏雲密佈，只是我們不當回事。日記有載「1975年10月3日　多雲轉陰。昨天旗裏來了份簡報，點名批判了我點，因為看《家》這本書。」（1998年10月9日注：簡報留著多好）再往前查「1975年9月15日　晴。巴金的《家》正在點裏傳看，灰色的氣氛，灰色的情緒──『生活本身就是一個悲劇。』」看來鄉親們中有告密者。

真有告密者的話，我也不相信是崔有田隊長，崔官（我們都這麼稱呼他）對我們總是一副無奈的口氣「咋整啊，咋整啊，你們能不能去兩人上菜園子幹一天，實在是沒人了。」崔官還是福音的第一傳遞者，我的兩次轉變人生的消息都是崔官親口告訴我的。日記

有載「1975年9月3日　星期三　晴。崔隊長從庫侖回來了，探聽到我是庫侖師範，多方面分析也許十有八九我是師範的人了。」這是我考上了工農兵大學，後來我沒去師範，我想辦病退回城。幾個月後，病退的曙光照耀了我「12月27日　晴。天氣出奇的暖和。不是在聖誕節，也不是毛主席的生日，而是今天上午九點，崔有田告訴我電報來了，是兩個字：上榜。其實昨天晚上就應該知道，否則我與蔣就不會那麼憂心忡忡地度過夜晚，痛苦的不能人睡。」上榜，就是你的病退申請在北京「安辦」（全稱「北京知識青年安置辦公室」）通過了，安辦不定期的把通過的名單張榜貼在牆上，知青管這面牆叫「希望牆」，也叫「回城牆」。這一年，不惟國家屢出大事，我個人之命運亦有兩回重大之轉折，回首三十三年前，國事家事，俱為陳跡耳。李後主嘗歎，故國不堪回首月明中，雕欄玉砌應猶在，只是朱顏改。今欲舊夢重拾，幸有當年日記可為佐證。

　　在村裏轉了半小時才找到崔官的家，崔官從屋裏出來，王良模迎上去，我趕緊拍下了「世紀留影」，可以看出，崔官的左胳膊衣袖是空的。進得屋裏，崔官還認得我倆，昨天聽說我們來過。說起胳膊是怎麼斷的，是幫人鍘草叫機器捲的。他還有腦血栓，只能在院子裏幹點雜活了。每年政府補給老倆口一千多元補助，跟謝原一個待遇。崔官的老伴正做蕎麥麵條，雞蛋清鹵，上面漂著蔥葉，我和王分食一碗，此蕎麥比旗裏的有味。世界好像變化得很快很大，我看崔官們的生活，愁眉愁眼，一點也不轟轟烈烈。從崔官家告別，又去副隊長傅老大家，傅老大也病的不輕，當年他專門負責給知青分活，待我們還行，所以我們回城之前把行李和日用品都送給他了。傅老大帶我倆到知青舊居去看看，挺奇怪，一排舊房子都拆了蓋了新房，中間卻留著半間舊房，是為了等我們回來憑弔而特留的麼。

王良模與下勿蘭老隊長崔官。

該離開了，秋陽灑滿人間，再望一眼下勿蘭的大地：我現在站立著的小道就是三十二年（1976年2月18日）前我與王最後離村走的小道；左邊的大片玉米地就是我「看秋」的玉米地；右邊是菜園子，菜園子前面的一家有個美麗的小姑娘；正前方的那家的後院有幾十棵梨樹，我們某夜翻牆進去偷過梨；還有兩排很高很高的樹，樹上有鳥巢，「白楊衰草千秋慽，無復荒祠對錦城」，走了，走了，把古人的兩句詩留給世世代代耕作於斯的人們。

我的「插隊日記」

插隊歲月離今天整四十年了，回城也三十多年了，安逸的都市生活慢慢淡忘了曾經的苦難與苦悶交織的過去。歷史——不管是個人的還是群體的，總會被遺忘。遺忘分兩種，一種是徹底的，一種是非徹底的，對於我而言是後者，我是記日記的，插隊八年記了八年，若想徹底忘卻，不容易的。這十幾天翻老日記，邊抄邊感歎歲月如流，人生竟如此短促，個人竟如此渺小不堪。二千多天的日記，怎麼個抄法？只有自作主張的選抄，有所抄有所不抄。我是才發現當年記日記只記年月日不記星期幾，現在也不想補上，在農村，星期六星期天與平日沒啥兩樣，該幹活就幹活。還有一處我不說誰也不知道的隱私，日記裏經常有「抹黑」的地方，當年為何抹黑？我是無論怎樣也回想不起來了，諸位看到下句不接上句的地方，大概就是碰上了。下面是插隊第一年（1968年）的日記摘抄，文字稍有修飾，事實並無變動，其應加說明處，別加案語。

第一年（1968年）

7月12日　多雲

我們學校去內蒙哲裏木盟庫侖旗，和三十三中一個地方。

7月22日　陰

中飯時，安學會（案：學校大隊委員）來了，送來一張通知書，讓我準備去內蒙插隊。

7月26日　多雲

媽昨天又收到一份通知，説我準備分配到內蒙去。

8月16日　晴

中飯後，林而群（案：班主任）來了，送來一張讓我去庫侖的通知（案：後來我說怪話，通知就是「十二道金牌」。我的插隊絕非自覺自願，我不屬於熱血青年。）現在的心情很矛盾。

8月17日　晴

去學校開了張轉戶口的證明，想了半天？命運，會把我拋在什麼地方。前途，連個影也沒有。

8月18日　陰

今天是痛苦的一天。去不去的決心還是難下。我永遠記住8月18日這個大雨天的下午，我和錦元去二龍路派出所轉了戶口，作出了去庫侖的最後決定。

8月19日　晴

出去買了不少東西，很快就要離開親愛的北京啦。

8月26日　晴

從所（案：新華書店北京發行所）裏借了輛平板車，把行李送到了學校。

8月27日　多雲

離北京前的最後一天。上午到學校分了組，我這組六個女生六個男生。下午和姚加，倪鼎林合影。晚上，國彥和小建農來，是為送我。最後一次淋浴回來，又叮囑了許多話。國彥講「突出政治，艱苦奮鬥」，要牢牢記住。投入戰鬥，爭取勝利，徹底改變軟弱無能的行為，作一個有益於人民的人。

8月28日　晴

晨，五點多起床，告別了親人。到學校集合後乘車去天安門宣誓，再到北京站。九點四十分火車開動了，一片哭泣聲，與親人們告別。火車上吃什麼也覺得沒味。

8月29日　陰

晨，六點鐘的時候，火車到了甘旗卡，下車，乘卡車去庫侖旗，沿途看到的都是很大的漫坡和丘陵，草覆蓋著大地。120里到了庫侖旗，貧下中農夾道歡迎我們，場面很隆重，開過歡迎大會就休息了。

8月30日　陰

下午分配了地方，我們12人分到三家子公社哈拉好收第一小隊。晚上在旗禮堂開了聯歡會。

8月31日　多雲

上午行李裝上馬車，分赴各自的小隊。趕車的叫王福全，一路上有說有笑，快12點的時候到了哈拉好收第一小隊，社員們鳴放鞭炮歡迎我們。晚上去二小隊開聯歡會（案：另有十幾個北京知青分到二小隊）。

9月1日　晴

八點時分，和二隊的同學們去看地形（案：昨天才得知二隊的吳宏祥同學2006年夏病逝），遠眺牧場，穿莊稼地，還看了果園。

9月2日　晴

我們男生除陳福田（案：陳同學已於幾年前在北京病逝）外都去勞動，割亞麻，後又到場院平了一小時地。中午，我，楊民，齊建欣，還有小隊的農民去洗麻，走了很長的路，到了大草原深處的一個池塘，把麻一捆捆放到水裏，活是又髒又累又熱又渴，但我們堅持到了最後。

9月10日　晴

早上拿鐮刀去割青麻，全組12人都到齊了。幹活了，吃飯也香多了。下午跟大白拉（案：人名）的車（案：馬車）運麻，再把洗好的麻拉回來，逐家分給鄉親們。晚上開會評工分，是「自報公議」，結果，女生全7分，陳福田7分，閻本志7。5分，楊民7分，王良模8分，齊建欣8分，唯我6分（案：我為什麼被評最低分，連女生都不如嗎？才十天，我就給農民鄉親留這麼差的印象，我幹活並不偷懶啊，至今，這6分還是謎。）

9月14日　晴

早晨和馬倌去放馬和牛，進山之後，把牛馬一撒，我倆就睡大覺，風輕輕的吹著。中飯，在山裏紅的樹陰下，馬倌吃我帶的飯，我吃他的煮野蘑菇，烤玉米，真香啊。過了一會兒，把散開的牛馬往一堆聚，又待了一個多小時開始往回趕。草原的風吹著我，心情舒暢極了。

9月15日　晴

去很遠的地方去割蜀子，中午飯也帶去了。一人兩壟，人家老鄉割得真叫快呀，累得真夠嗆。晚上，開會，聽不懂老鄉說的蒙語，那也得強打精神坐著（案：插隊一開始沒給知青蓋宿舍，暫住在小隊部，晚上老開社員大會，一屋子人，滿炕坐的也是，知青就盤腿靠在自己的被服卷上。這樣一屋人，一屋煙，一屋蒙語的夜晚，我們是怎麼熬過來的？）

10月3日　晴

今天我們三男生，拿著兩把斧子，幾根繩子到屯南打柴。後來砍了一棵大樹，三人愣抬著回來了，沒鍛練過，累慘了。下午三點又去，作飯的大師付給指了一新地界。日頭落到山梁那邊，天昏暗了，三個人才往回走。

10月16日　多雲

早飯後，提上小筐到北坨子扒玉米，半分鐘都沒休息一直扒。

10月17日　多雲

上午去南邊掰蘿蔔。晚上夜戰搗糞，非常不容易才幹完（案：農活忙的時候，白天幹了一天，晚上還要再幹三四個鐘頭，點著煤油燈，稱為夜戰。）

10月30日　晴

白天仍舊和前德門，齊木倉他們垛山牆。夜裏和斯勤的弟弟站崗（案：階級鬥爭形勢一直人為的緊張，白天幹活，夜間還要輪班站崗。）

11月22日　多雲

上午去二隊開聲討劉少奇的大會。天快黑的時候，開始打黃苞米，我一直是扛麻袋，累和睏沉重的打擊著我。

11月23日　陰

天亮時，全小隊的苞米勝利打完了（案：打玉米就是用機器脫玉米粒，機器各生產隊都搶著用，所以是連軸轉的白日黑夜的幹。）早飯後去三家子大隊開聲討劉少奇大會（案：與天鬥，與地鬥，與人鬥。）

12月5日　晴

半夜，全班12人坐牛車去庫侖旗（案：庫侖旗離哈拉好收約五六十裏，能到旗裏逛逛，當時是天大的喜事。）天剛濛濛亮，五點半吧，到了庫侖。全班到照像館合了一張影，男生在前，女生在後排。這一天吃了個痛快。

哈拉知青十二人全家福，1968年12月5日庫侖旗照相館。

12月26日　晴

大師傅和寶包幫著把我們集體戶養的豬殺了，有94斤重。（案：第一年集體戶的生活還算有條理，上級還關心著，有人作飯有人養豬，後來就每況愈下，日子越過越慘，不堪回首。）

第二年（1969年）

1969年是八年插隊歲月的第二年，還不是最苦悶的一年，知青們都還沒來得及好好思考自己的未來，大家的境遇是一樣的，還沒有哪個知青的命運發生改變，所以人心是穩定的。大家一門心思的學習農活，這一年，春播夏耕秋收冬儲，一個完整的農業程式，我們大致經過了。很少有人想前途和出路，只是勞累的受不了之時，大家都想家，想北京。

1月1日　陰

傍晚坐牛車從庫侖回到了小隊，寫完日記可能是2號了吧。

1月10日　雪

「20」（當地社員，知青起的綽號）結婚，請我們去喝喜酒，長這麼大第一次喝喜酒，有醉的，有暈的，有吐的，洋相百出。

1月19日　多雲

接到姐和其相的信，他倆將隨八中去延安插隊（案，我家五個孩子四個插隊）。

2月5日　晴

晚上生產隊決定放錢了。我拿到了101元2角7分，這是去年四個月的，每10個工分值1元1角8分（案，10分是一個壯勞力一天勞動的最高工分，也是計算分值的基本單位。這樣的分值不錯了，屬中等偏上，二隊就沒過1塊，好像是8角多，我們公社最高的生產隊是1元5角。聽說東北富的地方10分能分三四塊呢。）這是我第一次領到勞動的報酬，心情激動而愉快。

2月7日　晴

半夜匆忙的坐上了大車，出日頭的時候到了庫侖。給家匯了四十元。（案，第一次掙錢第一個念頭就是給家裏寄錢，後來母親來信說接到錢後特高興，還說給她的同事，這信我保存著。）

2月8日　晴

在公社獸醫站開知青座談會。晚飯後，陳福田的嗩吶轟動了全屋（案，這位陳同學極遢遢，極語言不清，極相貌不堪，極半傻不囁，極左，極不可理喻，可他不是神經病。我再沒碰到過類似他這樣的人。）

2月10日　陰

昨夜的炕燒得真熱，比亮甲店還甚（案，亮甲店是1967年步行串連時住過的河北一小山村），挨著灶那邊的同學的被褥都烤糊了。閻本志的父親突然來了，由於一個出差的偶爾機會。大家都為他高興，老鄉們也陸續來看望。女同學為他父親做了很好的飯菜。（案，閻同學是我們這12個知青中最小最矮的一個，他的家不在北京是在承德，他是我們以後誰也沒再過見過誰也不知下落的一個知青。）

2月14日　晴

上午和陳福田，齊建欣去村南拉回了一車柴禾。下午，幾個人去北坨子撿牛糞。（案，在農村，燃料是大難題，日子過得好不好，不用進屋，只要看這家的柴禾垛高不高就能看出八九分，有的人家柴禾垛垛得那叫一個齊整；光景不濟的，甚至是撿一頓柴燒一頓飯。柴禾垛也分幾種，有經燒的木頭，有不經燒的軟柴，各有各的用處，牛糞不堪大用，而且只能冬天撿冬天用。）

2月17日　多雲

春節到了，吃上了純肉的餃子，又去軍屬家進行慰問。（案，這年春節是插隊後過的第一個春節，伙食還好，以後的幾個春節再沒這麼像模像樣了。）

2月24日　晴

和二等土（人名），包全去北坨子打柴。

2月26日　多雲

帶了些炒米和鍋巴，進山了，打柴也不容易呀。王克勤（知青集體戶組長）去通遼開會。

3月4日　晴

晚上仍由大隊的貧宣隊念文件，並再次提醒小隊裏的「內人黨」分子去登記。（案，在內蒙插隊的知青可能都趕上過挖內人黨運動，沒完沒了的開會，還鬥死過人，——有資料說是死16222人。甚至荒謬的宣稱北京知青裏也有內人黨。「內人黨」的全稱「內蒙古人民革命黨」。）

3月8日　多雲

飯吃不夠，百般無奈，千般無奈，萬般無奈。晚上分配我和達胡拉（案，人名）看場院。

3月28日　陰

早上去大隊部看守內人黨分子，這是昨晚會上選的我和寶柱（案，人名）。貧宣隊來審了幾回，巴力吉（大隊黨支書）也不承認自己是內人黨，整天歎氣，烏力吉承認了。

3月29日　晴

上午巴力吉也承認了。貧宣隊又逼問最後一個，也承認了。那個審的場面我算看得非常清楚，什麼東西，一塌糊塗。（案，看押期間，我對巴力吉特寬鬆，心想他就算是內人黨也不就是壞人啊。書記倒楣以後，有個大風沙天，他和我在幹活歇間的時候，並排躺在沙咯砬背後發過牢騷，那個情景至今猶記。運動過後，書記對我老笑呵呵的。）

4月9日　晴

上午和齊建欣，王良模到南邊砍柴，河邊的風景真誘人，幹活的心思一點兒也沒有了。

4月16日　晴

下午去南甸子刨茬子，我看這是幹活以來最累的第二次。

5月5日　多雲

今天隊上不少人去幫工（老鄉蓋私房），隊長讓我和閻本志去看

東北那塊地。晚上小隊會上點了綦木沙（馬倌），說他是內人黨，我看不那麼回事吧。

5月13日　多雲

今天我們集體戶的房子上報了。（案，「上報」就是新房蓋房頂的意思，場面宏大，幹活的人多，工種最齊全，這活必須一天幹完，幹完就大吃一頓。「上報」是此地很熱鬧的一件事。我們也該脫離住隊部的日子，住自己的房子了。）

5月27日　多雲

今天隊裏二十多男女去南甸子剷地，艱苦的炎熱的夏季勞動就要降臨到我們頭上了。

6月1日　陰

下午去南甸子剷地，湊合能跟上了。（案，剷地這活技術要求高，要快要巧還不能傷著苗。一人把一壟，有的壟長好幾百米，一般是剷到壟頭才能休息一會兒，知青剷得慢，跟不上大隊人馬，一上午都撈不著休息，苦甚。小說《紅旗譜》裏有一段剷地的描寫。）

大隊來人念了文件，批評了貧宣隊的作法。

6月2日　陰

早上去南甸子剷地，剷了兩壟，腰累的夠嗆。下午剷了四壟，累慘了。

6月3日　晴

很早就去剷地，剛剷一壟，他們說我剷的不行，重新剷。

晚上在大隊開了平反大會，巴力吉也給平反了。那幫笨蛋們。有什麼能耐，誰笑到最後誰就笑的最好。

6月6日　多雲

又在北甸子劁了一天的玉米。忘記了累，忘記了悃，忘記了暴曬，唯獨忘不了餓，餓像魔鬼一樣一天到晚跟著我。

6月7日　晴

搬進了我們的新居。（案，真想回去看看，三十多年了，此屋恐已不在。）

6月13日　晴

上午走了很遠的路去西南劁玉米。太陽毒曬，臉上曬出了鹽粒。貧宣隊全部撤離了哈拉好收，烏拉。

7月5日　晴

今天是我的生日。以後要有青年人的樣子。

8月7日　晴

戶裏的小資產階級思想作風造成了彼此的鉤心鬥角，互相不滿。什麼祖國的前途，人類的命運，全拋在自己的腦後，劉少奇的流毒給我們害成這個樣子。

8月10日　陰

今天還是在北坨子劁地，不少地都荒了，荒了就扔。低級的聊天充滿了勞動的地方，污染了清潔的空氣。

8月28日　晴

　　已經在農村生活一年了，接觸了不少人，其中就有生活在一起的11個同學。從這些人中，我學到了某些好的品質，覺得這是高貴的；我同時又看到了某些醜惡的東西，覺得這是低級的。

9月10日　晴

　　今天還是在北坨子打草，這活兒實在不好幹，刀總也磨不快，隨之而來的就是精神上的不快。（案，打草用的是長桿子刀，老鄉叫它山刀，像長掃帚掃地的姿勢，唰唰地，草一排排倒下，刀要貼著地，不能抬的太高，草根留得多是浪費。刀不快的話幹這活就特累，磨刀本身也是門技藝，當個莊稼把式實在不易。）

10月4日　晴

　　今天又割了一天高粱，受了不少罪，技術也不見提高，瞧著老鄉割得那麼利索，真羨慕。更恨自己笨蛋，也是實在沒技術，算了吧，打仗用不上割高粱，但割高粱又煅煉意志，意志難道打仗用不著嗎？（案，割高粱的技術難度在莊稼活裏要算最高的了，聽老鄉說過去舉辦過割高粱比賽。割高粱不像割其他莊稼一人割一壟或兩壟，割高粱是一人割十壟，為什麼割十壟？這是因為高粱很高，若是一壟一壟的割，割倒之後，你沒法擺，橫七豎八地那可不成，以後掐高粱穗的活就沒下腳的地了。十個壟的寬度正好和高粱的長度差不多，你從第一壟順序割到第十壟，割五根用胳膊一攏戳齊放倒，跟壟向成十字交叉，再割另五壟，攏好戳齊與前五根並一堆，要像一把筷子似的躺在壟梗上。看好把式割高粱很像彈鋼琴的十個手指，快速而靈巧地從鍵盤上滑過。割別的莊稼你被拉遠了還不甚難堪，割高粱被拉下，快慢就會形成一條條胡同，是很奇特的田間景色。）

10月30日　陰

每當早晨懵懂欲醒的時候，想著又將是極沒意思的一天的開始，心裏就極不是滋味。

11月25日　多雲

今早出事了，我和楊民把下石碑生產隊的一頭小巴牛的腿打斷了，惹了大禍，頭腦亂極了，這一天怎麼過的，我也稀裏糊塗了。（案，這裏的牛到了冬天都是散放著，開春再收攏回去，地裏有莊稼了怕牛糟蹋。冬天牛到處流浪，經常闖進院子裏吃我們當柴燒的玉米稭，這頭小巴牛老來而且老是夜間來，所以給我們激火了。）

11月26日　晴

事情更糟了一步，小巴牛死了，餓狗把牛肚子給掏空了。

沒想到此事以如此方式痛快的解決了，下石碑來人用車把死牛給拉了回去，我們只不過用齊建欣的白麵請人家吃了兩碗麵條。（案，我們當時所擔心的是此事影響隊裏不批准我們請假回家，此時已有同學回北京了）

12月7日　晴

夜裏經常做回家的夢，怕是快要成為現實了吧，我終日盼望。

12月8日　晴

晚上和楊民去找隊長請假，隊長痛快的答應了。

12月10日　晴

中午開了回家證明，在一隊的勞動生活將告一段落。

12月11日　晴

明天就要回北京了，冬夜我心不平靜。

12月12日　晴

是啟程回北京的時候了。10點27分上了火車，下午2點多到大虎山車站，下車換晚上7點31分的128次。那叫一個擠，真難受，這滋味串連時多次嚐過。

12月13日　晴

早晨6點到了天津。去了楊民家，吃的是羊肉餡餃子。去了勸業場，看了看天津的風光。晚上宿在永向東旅店，人的一生啊。

12月14日　晴

上午去楊民家，王良模也到了，一塊去逛商場，下午去王良模大姐家。4點37分上火車，順利到達永定門火車站。當我到了太平橋的時候，心裏是說不出的味道。推開家門，其相從床上跳了起來，大家都很高興。其相說，三年前我串連走了三個月也是12月14日晚上回來的。此時，哈拉好收是多麼的遙遠。

第三年（1970年）

1970年，插隊第三年。這年的前三個月，我還在北京，母親在2月27日這天凌晨病逝，父親隔了十天才從青海趕回來，看到的只是平放在水泥地上的母親。第二天在八寶山火化了母親，回來的路上，父親急性胃穿孔，趕緊送醫院，醫生說是精神受了大刺激所致，住幾天院就好了。由於母親的突然去世，在北京有戶口的只

有小妹一人了，誰來照顧她成了問題，匆匆忙忙的商議，卻是把我家原有的五間房退了三間，這在以後看來是個莫大的失策。四月，因母親喪事而相聚的一家人又從哪來回哪去，我也孤零一人的回到農村，像當時流傳的知青歌曲裏唱的「又回到小小的院子裏，苦的命運，死的靈魂，醒來更悲慘。」抄舊日記很容易抄多，難以割捨，好像過去的每一天都值得抄下來，真是不切實際的想法，插隊第三年就抄得多了，出民工的日子又難捱又難忘。還有一件大事，一部分知青在本年底被選中當工人了，這當然使留下來的知青軍心大亂。收藏家馬未都，多年前我跟他做過一期電視節目，他是我很佩服的幾個人中的一個。奧運開幕前兩天接到馬未都電話，頗感突然，他現在太紅了太忙了，馬先生說在雜誌上看到了我的插隊日記想起打個電話。我在這本雜誌上寫過不少談收藏的文章，本來這該是我們的共同話題，卻不是。插隊日記能喚起某些人對那個時代的回憶，沒有白抄。

1月1日　晴

兩報一刊發表了重要社論《迎接偉大的七十年代》。

1月14日　晴

回北京一個月整了，要說辦成一件什麼事了嗎，那太難點了。一天都在看書。

1月30日　晴

上午和其相到北海公園照相，美麗的風景令人心曠神怡，悶了十多天的氣好像都吐乾淨了，北京令人高興，北海令人高興。

2月6日　晴

今天是春節，家裏少了兩三個人，顯得冷清，其實過節和平日一個樣，無非吃的好一些。

2月11日　晴

上午和錦京去圓明園，走了好遠的路才到，什麼也沒有了，有個小孩告訴我們就這些可看的，就沒再往裏走，這萬惡的八國聯軍。

2月15日　晴

今天的中心就是北京有名的全聚德烤鴨，中午12點到了前門此店，小妹和姐排上隊了，餐廳裏僅有九張桌子，吃的人很多，前面吃，後面就等著你的位子，很難堪的樣子。占上座了，又等了半天，惱人。大約三點鐘才吃上，所謂出名，其實我看並不怎麼樣，喝了一點啤酒之後，飯菜吃的很少。

2月18日　多雲

天與願違，狂風大作，有四五級之勢。下午和錦京去天壇，風小了，甚至停了。我不知錦京來天壇的目的怎樣，我是看了保加利亞詩人姆拉登·伊薩耶夫寫的天壇的詩後特想來的，這首詩寫道：

> 我不知道
> 天壇是為哪一個神仙
> 和在哪一個朝代裏建造
> 可是我知道
> 在這個深遠的天幕下
> 再沒有第二個這樣驚人的美景

......

我在天壇前面低下了頭——

我承認

美

已經把我俘虜

2月22日　雪

我的心比門外的天氣還冷，比落雪還凌亂，但並不比雪那樣潔白，晶瑩，這就是我的過失。

2月27日

今天早晨四點二十分，親愛的媽媽去世了。我不能相信這是個事實。太突然的沉重打擊。我和姐守了一夜，媽媽患腦溢血，為我們操勞操心的媽媽竟一句遺言也沒留下，就永遠地離開了人間，離開了我們。

3月23日　晴

上午，五個孩子到八寶山火葬場領回了媽媽的骨灰盒。媽媽是3月13日早晨四點四十分火化的。把骨灰盒寄存在這裏。

4月5日　晴

上午10點40分離家，蔡盈難得來送我。12點30分火車開動，準時3點33分到天津北站。走了半小時，到了小伯伯家，見到了外婆，小小姆媽，善效哥倆。

4月6日　多雲

下午3點多我又從北站上了火車,晚上10點多到了秦皇島,住進工農兵旅館。

4月7日　晴

很早就起床了。去了新一路小學,建築公司(案:1967年步行串連時到過秦皇島,住過這兩個地方,時隔三年,故地重遊,這是在北京時就計畫好的,我的懷舊情結盡體現在這種小地方上面。)然後去了海邊,望著後浪推前浪的大海,激動的很,我又到了這裏,又見到了大海,蕭瑟秋風今又是,我和我的家都變了。回旅館休息後,又去鬧市轉轉,到「渤海照像館」拍了張照片。12點多,乘193次火車到山海關。趕緊到「天下第一關」上拍了張照片,又趕上323次到錦州的火車。晚9點30分火車准點到錦州。住進工農旅館,睡在炕上,心裏發酸。

4月8日　晴

6點的到了火車站,乘6點45分發往鄭家屯的311次,車行很慢,歸心不待。下午2點到了甘旗卡,又來到了這個鬼地方,我的心不禁悲涼起來。住進旅社,去領托運的行李,累的要命。汽車票明天才能買,明天,明天,明天什麼樣?命運又把我拋回一隊,未來又將我和那11位聖人同吃一鍋飯。四個月的北京生活結束了,人間的各種滋味都嚐到了。這次回北京還見到媽媽,下次就見不到了,在這遠離故鄉的異土,想到媽媽很難過,您安息吧,我繼續前進。

4月9日　陰

異鄉之夢也有香甜的時候。

早晨5點去汽車站買到今天的票，突然下起小雨，繼而又變成鵝毛大雪，我的心又冷了一大半。好在臨上車的時候雪停了。11點發車，1點到了三家子，行李放老杜家，隻身而歸。

當我走進院裏，走進屋裏，推門一看，這屋子好像很久沒人住了似的，黃慘慘的，髒且亂，只有閻本志一個人在，看到眼前的樣子，我的心又寒了很多，終究要到的地方終究到了。

4月12日　晴

明天九月（人名）要使牆板，所以今天又突擊了一天，幹勁頗大，要是早打牆的話，兩頭牛就不至於被打死了。勞動給人以利益和精神上的快樂，這點今後將體會更深更明確。彷彿看到了欣欣向榮的景象，如春天的拂面之風，令人舒暢。

4月17日　晴

今天在北甸子撿了一整日的茬子，腰疼難受，加上天熱更覺艱辛，要堅持住。（案：秋天割玉米桿割剩下的那節叫茬子，茬子埋在地裏的一截是根，地上一截是桿，由於割玉米時刀的角度，茬子的切口大都為45度，非常尖銳，行走在收穫後的玉米地裏猶如行走在插滿尖刀的險地，不能跑，不能摔倒，被玉米茬扎傷，巨疼。經過一冬饑牛餓馬的啃咬，茬子的殺傷力大減，到了開春，土地鬆軟，再把茬子刨出來，風一吹，透乾後可當柴燒。撿茬子的活很不好乾，你要把粘在茬子上的泥土敲乾淨，低頭彎腰，灰頭土臉，改造靈魂。聽說有的地方是拔玉米，連根拔，就沒這撿茬子的苦事了。割麥子也有地方是拔麥子，割和拔我都幹過，是在學校時學農幹的。）

4月20日　狂風北颸

今天又在鍘草。

我發誓要用勞動的汗水沖刷掉身上的污點。

我發誓要用勞動的幹勁鼓起我前進的勇氣。

我發誓要用勞動的成果彌補我精神的空虛。

勞動就是今後。

4月26日　晴

昨晚廣播了震奮人心的消息，我國成功地發射了第一顆人造地球衛星，並播放了衛星傳送到地球的東方紅歌聲及遙控信號，這顆衛星還在運行，今天中午11點10分到達北京上空。

5月1日　星期五　陰

今天是勞動節，人民日報發社論《勇敢，勤勞，智慧的偉大人民》。

南風仍舊不小，上午沒去溜糞，寶全家上報呢。

下午也就洗洗弄弄的。中午吃了頓白麵餅還吵了一架。

晚8時幸福地看到了我們中國製造的人造衛星從西南往東北掠空而過，這一剎那我們是多麼引為自豪。

比衛星渺小的多的小班面貌日漸沉淪，晚齊建新主持開會，名曰團結，實為更大的分裂。

5月2日　星期六　晴

班裏操腥的氣氛。

上午在隊院裏打牆。下午去北甸子溜糞，暫替巴力吉的，這份撞鐘當和尚。

5月6日　星期三　晴

上午跟馬犁杖溜糞，其實有什麼，枯躁得很。下午還是這活，臨回來時騎馬飲水，馬在大道上狂奔，愜意得很，馬跑快了反而不

害怕了，還覺得不過癮。在許許多多不愉快的事情後面還有騎馬這一件快意之事。

5月7日　晴

上下午都在牛圈裏拍牆。雅群回來了，全班12人又匯齊了。晚上開會評工分，西日模（人名）狂吠不止。我自報8.5分，公議也是8.5分。青山（人名）乖乖把錢還了。

5月10日　陰

上午強撐著去幹活，垜羊圈缺口。雨後氣溫驟降，北風甚冷，病未愈，更覺寒不可擋。

5月11日　晴

病又好了一點兒，一天全在北甸子溜糞，種黃豆。班裏惡人心的氣氛。

5月13日　晴

上下午仍在北甸子溜糞。今天還輪到我作飯。傍晚又騎黃馬狂奔，大過其癮。

楊民今天去奈林稿公社出民工。

5月16日　晴

上午仍是刨樹茬子。下午去東北坨子打坷垃，沒勁透了。中午收到姐的信，她月末回延安，讓小芸給小妹作伴。當即回了信。

5月17日　晴

上午半天幫工，在巴拉道爾吉（人名）家垜牆，人家管了中午

飯。王和閻互傳字條，讓社員發現了，這怯露得非同小可（王和閻是我們知青戶裏第一對談戀愛的，這在當年是絕對的醜聞。知青中同集體戶多有成雙結對者，但最終喜結良緣者，十不得一。1978年，王和閻在北京結婚。我和他們過從甚密，說起當年事，盡付笑談中。）

5月18日　雨

上午打牆，7點多下雨了，又趕緊去場院堆黃玉米。

班裏的事情仍令人不愉快，很有必要抄一遍列寧1918年9月在《論我們報紙的性質》的話「少來一些政治喧嚷。少發一些知識份子的議論，多接近生活，多注意工農群眾怎樣在日常工作中實際地建設新事物。」照列寧的話去生活。

四月份我的工分是140分，離社會義務工還差10分，等於白乾一個月。

5月27日　多雲

今天開始鏟地了。下午鏟了八九個壟，連累帶餓真夠嗆。西日模和套特格（人名）今年打頭，第一天就這個下馬威。

晚上放電影《珍寶島不容侵犯》，《地道戰》，《南征北戰》。下鄉兩年還是頭一回，城鄉差別還是不小的。

5月28日　晴

上午到南甸子鏟地。中午去三家子汽車站接錦京，三點多到我們班，他帶來有我和王良模的東西，還有姐給我的信，我還是不令她放心。

5月29九日　晴

今天鏟了八壟，累，要堅持。錦京在班裏閒了一天，誰能想到

一同在京山公路上長征，一同遊名勝古跡，如今又到了我插隊的地方，想往未來，回首過去，正在進行的時間也不該白白浪費，這才是最實在的東西。

6月13日　晴

天氣仍熱，汗流滿面。南甸子的玉米第一遍沒鏟好，今天鏟第二遍，幹了七壟，不覺甚累，唯獨熱甚。隊上開始擠牛奶了，堅持喝。聽說昨晚評工分，女生全8分，王良模8‧5分，閆本志8分，我和齊建欣是9分（標準分），這在我是第一回，心裏很高興，不過這是很渺小的生活，我自覺沒有人家好，而且還差得很遠。對有些人壓根就看不慣和看不起。天氣越熱越能鍛煉意志，頭腦越熱越要冷靜思考問題。記住魯迅的話「光明就在頭上，不抬起頭，便永遠只能看見物質的閃光。」

6月15日　陰

上午鏟高粱，由於認真地間苗，很好鏟。下午睡過了頭，人家都一壟到頭了，後來又鏟了5壟黑豆。經過討論，我可能要被派去出民工。

6月17日　陰

王良模和閆本志去三家子出民工。吳宏祥和我去奈林稿出民工。下午沒能推成糧食，晚上預支15塊錢。

6月18日　陰

上午去二隊，剛吃完飯接民工的大車就來了，匆忙上車，離開了令人煩惱的小班。彭雁等幾個知青也同去。到了奈林稿，安排住進老鄉家，灶未砌好，自己做的晚飯。

6月19日　陰

上午開始幹活，先是推木頭推車等雜活，後來是推小車修路，下午也如此。中午去紅旗大隊，有八里地，見到了錦京（案，朱錦京和我打小住一胡同，兩家住得很近，來往頻繁，他和我不是一中學的，但都分配到庫侖旗插隊。）昨天住的那家太髒，今晚又給換了一家。

6月21日　晴

今天開始包工推土，我們組十來個人，10車一方，一上午我推了23車，合計168車，也就是説17方。我們三個在這家入夥了，能省下不少。

6月24日　陰

乾打雷不下雨的鬼天氣。上午推了25車，自己裝自己推。兩個月的民工堅持下來不容易。

6月25日　多雲

今天累慘了，太陽極曬，終於推了44車，超額一天。

6月30日　多雲

今天推夠了數就沒再推。這家老鄉斷絕給我們做飯了，幾個人買了瓶果醬吃，這份窩火，農民的思想咋這樣啊。

7月2日　多雲

本打算一早就走，可是又要開會，天津一知青，還有丁大葉給揪上臺鬥了一陣，大方向就錯了，誰愛聽這幫人的。二連要開除吳慶安，又沒了下文。中午食堂吃肉，也沒吃高興。下午三人離了這

鬼地方，到紅旗點吃了點飯，三人分手，我和吳宏祥一直朝來路走去，路上碰到一個騎驢的老頭和康皮匠。回到隊裏，看到班裏的情形，心又悲涼，好在楊民能幹。齊建欣去五家子出民工了。

7月4日　陰

一早和吳宏祥去公社，到郵局取了包裹，然後去北山林場找王良模和劉振基，兩人都在，在這個簡直可稱世外桃源的幽靜之地，聊天。聽説去年的分值是10分2塊6毛4分。晚上九個人在二隊喝酒。

7月7日　晴

今天回工地，五天的時光顯得很短。路過三家子公社寄走了給爸的信，在老杜那郵走了給其文的包裹。一路5人，抓驢還鬧了一陣子，望著藍天白雲和起伏的草地，心情很不好。在白廟子大橋，碰上指揮部的車，彭雁坐上走了，我們又走了十多里，日頭落山時分到了陸五的家，我的心是奇怪的。領到「七一」的白麵，吃了頓麵片湯。夜黑了，意志消沉的我睡倒在奈林稿的天地裏。

7月13日　星期一　多雲

今天又無精打采的幹了一天，很不出活。唯獨感覺生活的乏味。自小我的精神狀態就不好，不曉得李英儒的《野風春風鬥古城》是不是毒草，只知道楊曉東這段話對我有益「一個好同志，他對人生對革命是樂觀的，那麼困難痛苦，在他面前，就失掉原有的力量。自然界對於他一年四季都是常青的。反過來，那些心地卑微胸懷狹促的人，他們整天愁眉苦臉，月亮升落要感傷，花謝花開要發愁，烏鴉迎頭一叫，都認為不吉利，這是庸俗的沒落階級的感情，在我們革命同志的思想感情裏，不應該有它的位置。」

7月14日　星期二　晴

　　明天是我記日記整五年的日子，在她前面發生了一件令人興奮而又不愉快的事。上午仍是日工，量土方的人來了，都去起哄，我們占了很大的便宜。中午睡覺剛醒，房東的小孩跑來說大壩淹死人了，沒人敢下去撈，來叫知青，我和彭雁趕緊往大壩跑，大壩上已圍了上千人。我和彭雁最先下水，又來了幾個知青，近一個鐘頭的扎猛子，還沒撈著，活該這個淹死鬼（是個地主子弟）撞到我手上，嚇了一跳，在這呢，他們圍過來，一起踩水，這傢夥忽忽悠悠飄了上來，樣子十分嚇人，我們一哄而散，緩過神來，才給他拉上岸。死者家屬給下水的知青買了啤酒和煙，岸上一片喧鬧，沒敢下水的知青也圍過來連喝帶抽，我很生氣地離開了。

　　晚上看電影《英雄兒女》。這當兒，淹死鬼躺進大櫃埋入地下了吧，願他長眠，OK。（案，由於我這回的英勇事蹟，撈上來的人出身不好，所以工地指揮部沒往上報。後來有人告訴我，此人落水之時，岸邊有幾個天津知青，但他們沒有施以援手，眼看著人淹死。）

7月16日　陰

　　上午還是推車。

　　在生活的大海中，我看到的總是惡浪，喜悅的浪花總也濺不到我身上。

　　生活的大海對我總是咆哮著。

　　晚飯吃的是這家還的黃渣子和玉米麵。

7月17日　晴

　　一早和白雲那拉（人名）四個人去先進大隊玩，對他來說是串親。或許是對工地的惱厭吧，覺得路過的村莊是那麼的美麗和寧

靜，呈現給我們的是和平的景象。在白的二大爺家吃了極好的飯菜，我已然滿足了。飯後在院後的園子裏納涼。又趕了七八里到了先進公社，到了白的哥哥家裏，又熱情的招待了一頓，我已然感動了。

7月31日　晴

總結一下工分：四月140分（評8.5分）；5月207分（評9分）；6月鏟地135分（評10分）6月18日——8月11日462分（評11分）。

8月1日　星期六　多雲

早上聽閻説有大車送娜拉去庫侖看病，這樣我們就到了庫侖，這個地方快一年沒來了，在飯館碰的到王某和白雲那麼拉。又聽説有去奈林稿的大車，後來卻不讓上了，幾個人只好步行從老虎洞走回來，路上碰到彭雁，走路的疲勞消失了，聊幾天來的遭遇。

8月2日　星期日　雨

一天的風雨工，美不願收。（按，「風雨工」就是下雨了不出工而工分照記）上午指揮部王井龍之流「提審」了我（按，同屋的知青偷了工地指揮部的雨靴，我當然不能揭發，告密是最大的卑鄙），也沒給他們好顏色看，政策水準真差。下午美美地睡了一覺，此事根本就沒擱心上。

8月3日　星期一　多雲

上午平道，一會兒就回來了，剩下的幾天真能對付過去？這樣的日子總覺得過的極慢。下午推土方，臨了彭雁撞傷了，折騰了半天，套上三隊的大車去庫侖，我和郭延東跟車走，到醫院已半夜12點了，三個人住進了第二旅店。

8月4日　星期二　晴

　　天亮之後，去醫院透視，問題不大。趙千有就讓我隨車回來了，挺懊喪的。

8月5日　星期三　晴

　　抱著這種態度，上午4個人連一個人的活也沒幹出來。去水閘那洗了個痛快（按，前幾天看了個二戰片子，是在沙漠打仗，有一個間際，幾個髒得不得了的士兵，突然見到了大海，盡情地洗涮。）民工的生活也不差啊，他們一天在玩命的幹活呀，我認為順心的事只能占5%，95%都不順心。咬咬牙，熬過這最後的5天，再去熬別的生活，反正躲不過一個「熬」字。

8月6日　星期四　晴

　　天藍，太陽好，一片晴空，熱哄哄的大地，沒有幹活去，幹活的心思半點也沒有。彭雁傷癒歸來。晚上電影隊來放了兩個片子《地雷戰》、《英雄兒女》。

8月7日　星期五　晴

　　上午去了木頭營子三隊的北京知青點，一會兒也不想待的臭地方。民工三期就要散了，這些日子給我的啟示我將永遠記住。過去的不必計較了，損失了物質，可是見到了資產階級精神的醜惡在那部分人身上的反映，值了。蔚藍的天空飄著白雲，地上萬物茁壯，一片蔥綠高大的豐收景象，奈林稿的天地不差啊，我不禁要嘲笑不學無術的其章了。五十多天的出民工好人真沒見著一個，壞人委實不少。

8月10日　星期一　晴

天氣很熱，但工地已經不熱了，人們陸續離開了。預料之中的事情終於在節骨眼上發生了，今天食堂停止供飯，陸家欠的15斤又遲遲賴著不還，氣瘋了我們，大吵一場，這家的老婆子也太差勁了，真是名不虛傳，折騰個夠，又哭又鬧，幾個人才將就吃了一頓，氣煞我心，這個深刻的處世待人的教訓，誰想得到，誰想到以仇報恩。算賬開工票後，忿忿離開了陸家，一場收拾停當後，離開了奈林稿。他們幾個先坐汽車到了紅旗，朱錦京照相去了，給他留了個條。月亮照著二十里路程，四個人急促地走著，回到了自己的隊，我感到隊裏的生活是新奇的。我呼吸著「家鄉」的空氣，終於離開了奈林稿工地。

8月11日　星期二　陰

彭雁吃過早飯後回隊了（按，彭同學回城後分配在交通隊，這工作當時很威風也很實用，我好像為別人求情去過一次交通隊。）楊民去三家子，王克勤去庫侖開會。齊與王仍在出民工。吳宏祥在這待了一天。王良模，吳建，楊民都來了，很覺得熱鬧。爸和其文都有來信。

8月12日　星期三　陰雨

神仙般的清靜美日，我覺得比起奈林稿來。收拾一下屋子，感到更佳，喜在心中。當然沉浸在舒適的日子裏的想法應警惕，要迎接新的勞動生活。

8月13日　星期四　多雲

我津津樂道的讚美這日子，有些高興忘形了。早上彭雁趕著驢車過來了，有勞他去奈林稿一趟。我整理了箱子，翻看過去的日

記，我覺得生活是一步一步的，對我則是靜悄悄的，怕什麼。

8月14日　星期四　晴

　　我覺得好笑，卻笑不出來。上午和劉喜幾個人在圈裏幹活。下午四點，彭雁，朱錦京還有馬奎生來了，當時的局面是很難打開的。去菜園買豆角作菜，路兩邊的莊稼長勢喜人，這使我想起了鏟地的情形，烈日當頭揮汗如雨的勞動終於有了希望的收成。晚飯是緊張而愉快的，大家都高興，我卻喪門神似的。

8月15日　星期五　晴

　　辛酸和愉快交織的生活，過起來挺費勁的。我應當多做些違反自己本來意志的事情，這是今天想到的一點。上午和兩位前往上勿蘭（隊名），走進了我意料之外的彭雁他們凌亂的寒舍，他們組的團結極為差勁，好氣也好笑。中飯是飯少菜好。午後睡了一覺。歪子（按，綽號，本名陳德企，是個人才，籃球打得好，吉他彈得好，木工尤其棒，耍貧嘴更是一絕）幾個打柴回來了，又是一陣熱鬧，然後告辭。

8月17日　星期一　晴

　　上午公社開批鬥會，批鬥的是養畜牧（隊名）放火燒知青房子的阿斯冷（人名）。我們送朱錦京和馬奎生到公社時，大會已散了。聽說慰問團要來，殺羊做飯的準備了一天，連個人影都沒見到。收到小小姆媽和令均的信，不知讓誰拆開過了，有活沒活了。

8月18日　星期二　晴

　　今天是個雙重值得紀念的日子。四年前我們偉大的領袖毛主席在今天接見了紅衛兵代表。兩年前的今天，我決定赴內蒙庫侖插隊，和錦元轉掉了北京市的戶口。

慰問團終於來了，好一幫難請的少爺。開了一天發號施令，下車伊始的調查會，管個屁用。收到姐和其相的信，他們可能分到工廠，這個消息令人興奮。

8月19日　星期三　多雲

騎馬騎上了癮，腿卻走不動了，正是打柴的節骨眼上，這份難受是回來以後少見的。男生竄了一天的樹（按，竄書就是砍樹枝），女生一邊起哄，竄了近200捆吧。

8月20日　星期四　多雲

前德門（人名）隊長帶我們到西邊坨子裏竄樹，風刮得很大，在樹上很害怕。下午真難受的不想去了，咬咬牙又去了，這天竄了200多捆，回來已天黑，經過共同的勞動努力，班裏的氣氛和睦多了。

8月21日　星期五　陰

累得哥幾個醒不來了。隊上後一段分配我的活是打草。又將是一場戰鬥。上午打了60多捆，天氣熱得要命。下午四點多才去郎古溝，一共打了一百多捆，渾身難受。

8月24日　星期一　晴

楊民和齊建欣宰了一隻羊，招了一幫可惡的蒼蠅，嗡嗡叫，永遠乾淨不了的房子（按，我一直接受不了羊肉的膻味，不吃，寧可餓著。）下午掙扎著去水壩打草，刀不好使，累得德性。柴禾又拉回兩車，垛了起來。

8月28日　星期五　晴

今天這個日子表明我走上這條路已兩周年了。兩年來讓我後

悔的事情太多了。上午混得又不錯，混也臉不紅。公社有小鄉的展覽，沒能去參觀。

8月29日　星期六　多雲

農民當上了，農活幹上了，山刀打上草了，苦頭也吃上了，這使我想到在城市吃閒飯的可恨。打草舒服時簡直可以說是享受，打草不舒服時簡直就是受洋罪。

8月30日　星期日　晴

一邊捆草，一邊思量，一邊打草，一邊思量，當個農業生產者，對我來說夠有多艱苦。下午挪到北面打草去了。吳宏祥去測量隊去了。其文來信了，勞動之餘是種安慰。

9月3日　星期四　晴

雞叫時分，隊長就喊去捆草（按，此時草被露水打濕不扎手），那時誰願去啊睡得正香，可小小的考驗就在此時。

9月10日　星期四　晴

昨晚上廣播了黨的九屆二中全會公報。昨晚又臨時決定割地了，我的腿還沒好（按，長了痞子），讓我跟車起糞，下午也是這活，碰到了石占柱這傢伙，一個人飽經世故，卻默不作聲，或只有在背後嘀咕這點能耐，簡直可罵。

9月16日　星期三　多雲

日子過得夠有多麼的艱辛，太陽的餘暉照著累得腰酸腿疼的人們，我望著天空飛過的三隻大雁，夢想著吃到它的肉，解解饞透了的嘴，可我只能啃到玉米稈，回來吃捂變了味的高粱米和因而引起

吵架的熬茄子。還是不能灰心喪氣，不能認為騎了一匹病馬走不成路，就以為天下的馬都騎不了。

9月17日　星期四　晴

躺在被窩裏看了爸爸的來信，得知他得了闌尾炎，開了刀，動了手術，心裏很是擔憂。從信中知道姐和其相都列入了推薦名單。

遠遠地落在大家的後面，右腰疼的厲害，割地看樣子今年還過不了關，蕎麥啊，蕎麥。

9月18日　星期五　晴

蕎麥終於在今天下午全部割完了，不知為什麼怎麼使勁也趕不上人家，我這人不宜做任何速度類的競賽吧？又割了一壟穀子才收工。我感到精疲力盡，伙食又是如此的差勁，不是吃飯，就像糊口。

9月19日　星期六　晴

除了痛恨劉少奇的教育路線之外，我只能痛恨自己的無能了。今天的割穀子給了我精神上很大的刺激，十年的書讀到哪去了，永遠不要忘記太陽底下，哈拉好收的穀子地裏自己狼狽萬狀的形象。緊張的勞動壓得我喘不上氣了，不知別人有何感覺。

9月20日　星期日　颱風

只是上午半天去割穀子，下午沒去，煮了6個雞蛋，算是小改善一下伙食。秋風陣陣，掃蕩著冷清的世面，灰溜溜地躲在住了一年的宿舍裏，整理私產。

9月21日　星期一　晴

爸爸這句話是對的「還是父母的飯好吃」。班裏分到些地瓜，為此又吵了一通。

9月22日　星期二　晴

早晨為了吃飯一事又鬧了吵嘴，連我也扯進去了，真是傷腦筋。牛車使的鍵牛沒人放了，隊長臨時派上我了。牛兒悠閒自在的吃著草，四周呈現出寧靜和平的景象，我的思維混亂地想著問題，理不出頭緒。牛又向莊稼地走了，我趕忙去趕，直趕回圈裏。昨晚男生頭一回去碾房，真不該是男人幹的，生活迫使我們圍著碾道轉了一多小時。

9月23日　星期三

昨晚放牛回來，放映隊已在碾房前搭好銀幕了，吃完飯就去看了。頭一個是《紅燈記》，第二個《打擊侵略者》。

今天早晨收到了其相和姐發自延安的信，看著看著，我的手顫抖了，其相在農村鍛煉一年之後，終於在9月步入了新的工作崗位：青海芒崖鎮交通部第二公路工程局三處。現在大概已開始新的工作了吧。

9月24日　星期四　晴

昨上午公社的雙科爾和我們的戶長杜仍同志主持召開全班的會，僅僅半天想解決問題是辦不到的，何況這是知識份子成堆的地方，易守難攻。暮色蒼茫，景物依稀，歌聲在黃昏中引起，在草原上傳開，心懷此時才舒暢。吃罷晚飯又和陳福田去推碾子，直至深夜，才馬馬虎虎推出一些。

9月26日　星期六　晴

忙碌了一上午，收拾院子，我嘗到了緊張而有秩序的勞動的愉快。曬得不行，猛然醒來，牛進穀子地了，這是我放牛以來的頭一次過失。小妹來信，她正在參加「十一」前緊張的排練。

9月29日　星期二　多雲

專橫的隊長不讓本人放牛了，我放的話牛就餓死啦？這樣就去北甸子割高粱了，興致頗高的去了，中午也沒回去吃飯休息，好不容易割到了頭，一下子栽在壟溝裏，也說不上高興不高興，只想大睡一場，天黑了，疲勞好像隨著喧鬧的叫聲消失了。

9月30日　星期三　多雲

又是一長趟南北壟的高粱終於割到頭了，我是一氣兒幹的，沒有休息，感覺比昨天強多了，原想好好幹，作為向「十一」三心願，這下我想不太可能了。

10月1日　星期四　晴

這是我在農村的第三個國慶了，仍是在大隊開會，冷冷清清，知青都灰溜溜的，社員還是平日那份態度。節日還須幹活，下午割高粱得心應手，一百多捆不知不覺到頭了。

10月3日　星期六　晴

我的日記只限於記小組，小隊的情況，未免太狹隘了吧，廣闊一些，卻能記什麼呢？早晨去南邊割黑豆，大人小孩不算少，連著割了8個壟，挺好的。下午和德喜，金山把村西的一千多捆垛完，人們描寫的熱火朝天的勞動場面在一隊是找不到一角的。

10月5日　星期一　晴

年復一年，場院裏又滿垛起來了，大車進進出出，把一年的辛勤勞動的收穫拿了回來，全國各地的場院都是這樣吧。今天還是垛蕎麥，最後撥了一些，準備分給社員先吃些，燈底下，又是一天的最晚。

10月6日　星期二　晴

又決定讓我去三家子出民工了，還有閻本志，包德，希臘，趙殿山，白音必力格。上午去養路工區報到，聽說要幹二三個月。明天從打鼓另開張，來回跑路，也不容易。奈林稿民工給了我不小的打擊，不知這回如何。我忽然覺得應該再抄一遍陳覺烈士浩氣如虹的遺言來鞭策自己：「我已請求父親把我倆合葬，以前我們都不相信有鬼，現在則惟願有鬼，在天願為比翼鳥，在地願為比蒂蓮，夫妻恩愛永，世世締良緣。」；「前日父親來時，我還活著，而他日來時，只能看到他愛兒的屍體了，我想到我死後父母的悲傷，我也不覺流淚了。但是，寧為玉碎，不為瓦全。」（1928年10月10日）

10月7日　星期三　陰

今晨去了工地，活就是挖水渠，活不累，伙食差的厲害，情緒低落，惟幾聲炮響帶來熱鬧。

10月8日　星期四　晴

六點半出發，剛到工地就響了一炮，人們的心並不振奮，胡鬧著，伙食的差勁給人弄得暈乎乎的，回來的路上一聲沒吭。

10月9日　星期五　晴

六點半出發，天氣還挺涼，吳建他們組又來了5個人，工地有百號人了。小妹來信，「十一」那天見到了毛主席。

10月13日　星期二　多雲

人，風沙，茫然，啞炮，完蛋。

10月十六16日　星期五　晴

早晚很冷了。白濟民他們也來出民工了，知青很多，齊建欣又去五家子出民工。今年真是大批的民工隊伍。陳德企和武大郎也光臨了。

10月22日　星期四　陰

雨下到八點才停，到工地沒一會兒就收工了，又去公社打乒乓球。下午上工點了兩炮，前一炮沒響，雷管也不知哪去了，北面那個裝了40管炸藥，轟隆一聲，震撼人心，消去膽怯的心。今冬準備兩件事，讀書（《紅樓夢》）鍛煉（長跑）。

10月27日　星期二　陰

為時二十多天的民工到今天算是完了，上午剛到工地人家就跟我們說了，隊上只留三人。

10月28日　星期三　多雲

同學們在南甸子捆了一天玉米秸，把住了一輛牛車，拉了六趟，了卻了一樁大事。昨晚的小隊會上，戶長提名讓我去當工人，

大家也同意了，而我心情的震動並不大，晚上去問戶長，他說靜等通知（按，那晚上開會我睡覺沒去，組長王克勤說我沒開會卻有好事臨頭）。

10月29日　星期四　多雲

上午在場院扒玉米，接著是紮牆，垛柴禾。此時最討厭有人議論我當工人的事，一旦落選，豈不成了笑話。

10月31日　星期六　晴

月末的一天，天氣極好，暖洋洋的，跟車去郎古溝拉一根梁柁，全憑老農的經驗和技術，才好不容易弄了回來。《紅樓夢》四十六回題曰「尷尬人難免尷尬事」，我說這就是我的故事來源，很難糾正，太惱人了這個毛病。

11月2日　星期一　晴

下午跟小阿斯冷的車。晚上的社員大會又改讓王克勤去當工人了，小班裏的議論也奇怪起來了，偏見和唯心主義真是到處可見。

11月7日　星期六　多雲

昨晚王朝鳳來告訴我們，旗裏點名要齊建欣，李穎，李大銀去當工人，一時又亂了。今天和小拉麻的車在豬圈起糞，老頭子來神了，幹得挺歡。又輪到我做飯了。

11月8日　星期日　晴

初冬也竟有如此暖和的，太陽曬得幹活就流汗。早上，狂熱而衝動地騎馬去找牛套車。王克勤將調本地當教員，不久，小班人馬就該散了。

11月10日　星期二　晴

早起正做飯，看大隊部的老頭就來召喚，說公社打來電話，讓「工人同志們」去旗裏報導，到大隊等了一小時，電話才來，去的人名單裏也有我，消息並不那麼確實，尤其要冷靜，要知道我還是我。中午風甚大，西北而來，正好阻著去汽車站的方向，到了庫侖旗，住進第一旅店，算是報導，聽說只是檢查身體。晚上看《智取威虎山》。

11月11日　星期三　晴

上午學習，聽說要辦七天學習班。下午檢查身體，人多而雜亂，明天再說吧，齊建欣也從五家子趕來了，來了不少熟人，聽說要召七八十人呢。

11月12日　星期四　晴

天津的知青也來了不少，有幾個是在工地認識的。下午體檢，除血壓稍高外，其餘均健康。聽說大修廠召四十人，水泥廠二十等等，眾說不一。晚上看了旗劇團演的《紅燈記》。

11月13日　星期五　晴

風大天冷。上午在革委會小禮堂聽某部長的嚇人的報告，沒多少收穫。隊長和哈東來了，聊天。

11月14日　星期六　晴

上午是極普通的學習和填表。本來說是這幾天就通知誰分在何地，趕上三中全會就宣佈散了回隊等消息。我和付永利走到元寶山碰上大車坐到三家子，又步行回隊，很晚才睡。

11月18日　星期三　晴

昨晚的炕燒得太熱，哥幾個睡不著，大聊其天。狗偷進來把板油叼走了，八百年不殺一個豬，就碰上這事，多晦氣。早晨一看丟了不少木頭，氣人，也無力去辦。晚上八點開始打玉米，我在機器口揪麻袋和倒筐。

11月21日　星期五　陰

一夜北風緊，冷多了。在東面搗糞。

11月27日　星期四　多雲

夜間月亮四周出現了暈圈，今白天果然就起了大風。早戰的穀場，一上午的風塵，下午的蕎麥夾道，回來吞吃一隻公雞。

11月28日　星期五　多雲

該來的事情不管早晚終究會來到的。上午去大隊開會，聽到了工人的確切消息：齊建欣，雅群，李大銀是農修廠，李穎是醫藥公司，我刷下來的了。晚上齊建欣買了5隻雞，幾瓶啤酒，算是臨別的請客。心情各異，盛席終散，又復冷冷清清，我心不算好受。爸爸又來信，誤以為我已去工廠，真叫人遺憾。既然沒我，也就沒我，憂慮沒用。

12月2日　星期三　多雲

西風烈。上午打蕎麥。下午休息。晚上接了李大銀的帳，從中看出她為小班還是做了不少好事，這點值得記憶。明天四個人就該啟程了，兩年多的共同生活，感情沒有，印象還沒有嗎？想起來，也是的。

12月3日　星期四　晴

北風呼呼。八點鐘，四個人離開了小班，他們是在這樣一個早晨離去的，慘冷的空氣送著他們遠去。上午清理李大銀留下的帳目。中午舉行了一場關起門來打狗，給劉喜的賊狗一通好打，特解氣，看它還來不來。

12月6日　星期日　晴

王克勤，田筱森，陳福田早晨回北京了，小班就剩四個人了，安靜得很，我生來就喜歡這樣的環境。灰的天空，呼呼西北風，一派蕭條的氣象，我獨自坐在桌邊，甚為空虛的多了──底事太難堪。

12月8日　星期二　晴

落太陽收工，聽王良模說讓我去復查，調理人呢吧。

12月11日　星期五　雪

「開門雪尚飄，入泥憐潔白」（李紳）今年的頭一場雪，沒能幹活。吳健下午離去。二隊的劉振基，吳宏祥來聚樂。

12月31日　星期四　晴

年終的一天暗淡如灰，無趣而過。閻本志去三家子還未回來，聽說他分到二〇三地質隊。（按：小組12人，到年底招工走了4個，閻也差不多要走了，剩下的人不知還要熬幾年，知青的信念從此消沉，或就此沉淪。）

用電腦寫出的信件，
有一股蒸飯鍋的氣味

我一直分不清「愛讀書是愛書麼」「愛書是愛讀書麼」這兩者之間的微妙區別。讀了美國作家安妮・法迪曼的《書趣》之後，我找到了一個愛書也愛讀書；愛讀書也愛書的榜樣。這樣的人原本是有的，世間原本不乏精妙之論，而我們卻一直善於在面對書籍之時總是一付老八股的爛腔，好像只會一句「書是人類最好的朋友」，──或者重複這個意思。這句話是正確的，正確到乏味，乏味的根源是我們不善於描述這位「最好的朋友」為什麼是最好的。

安妮・法迪曼不是很有名的作家，可是在「書之趣味」這個領域，她是大作家，女性作家的細膩使得這個領域裏的所能想到的細節，都描述到頂了。王蒙說過「長篇靠生活，短篇靠技巧」，安妮・法迪曼的技巧是看不出技巧的技巧。我喜歡這本書還有一個理由，法迪曼所談的十八個問題，多數都能喚起我親切的共鳴，只有《書的婚事》這一章是我不曾經歷的，不曾經歷是因為《我的祖傳城堡》這一章我不曾擁有過，我成家的時候只有大約十來本書，父親的藏書只有《插圖本中國文學史》在我這。法迪曼說「我父母的書籍大概共計七千餘冊。每逢我們遷移新居，總要請一位木匠來修建四分之一英里長的各種書架，而我們舊居的新主人則總要請人去拆除書架。」法迪曼家庭是有藏書傳統的「我父母不過是把他們父母的遺產傳承下來而已。我母親八歲時，家庭從猶他州搬到加利福

尼亞洲，她父親在新居修建了十六英尺長的書架，遮滿了牆壁，她母親則用灰棕色的壁紙把書架的各欄蓋起來。我母親就在那個夏天閱讀了《狄更斯全集》。」我現在的書櫃長度是遠超法迪曼的父輩了，可時間的差距是沒法超越的。法迪曼的丈夫也是愛書人「我的書，他的書，都成了我們的書。我們是真正的結婚了。」我們這裏不乏愛書人，可是夫妻倆都愛書的卻似乎不多，感覺上好像是男性愛書的比例比女性高，女性愛讀書的比例似乎與男性不相上下。

共鳴之一，法迪曼說：「用電腦寫出的信件，有一股蒸飯鍋的氣味，我一聞便知。」

很不幸，前些天我給一位老前輩寫回信的時候，用的就是電腦，雖然我在信裏做了解釋，可還是擔心老前輩的不悅，沒成想人家雖已是85歲高齡，回信不但是電腦打的，還打了滿滿5頁。周有光先生今年103歲了，他八十歲學電腦，這也許是長壽的秘訣，這麼老了還在拼命學習，上帝不忍心在學習的興頭上喚他走。用電腦代替手寫的賀卡、手寫的信，這是大勢所趨，用不了一代人的功夫，大家都會習慣聞蒸飯鍋的味道了，就像由毛筆轉為鋼筆一樣只用了十年。我的一位朋友昨天還抱怨我送他的書是用圓珠筆簽的名，我說那下次用鉛筆吧。同樣是硬筆，也有觀念要突破。新潮流洶湧而來，順之者昌，逆之者衰，大事如此，小事亦如此。

共鳴之二，法迪曼說：「甚至在激情洋溢的情況下，拜倫也記得遵守題詞的適當禮儀：他把題詞寫在扉頁上，而不是寫在書名頁上。書名頁是專為作者題詞而留下的。我近來才懂得這個規矩，可是在此之前已經把十幾本別人著作的書名頁弄糟了。」

題詞本，我們這裏習慣叫「簽名本」，題詞好像已是領導的專用。簽名有兩種，一種是作者簽了名送給親友（或簽了名賣給讀者）；一種是非作者本人的讀者作為小禮品簽了名送親友，表達的是友情。我是不瞭解簽名的規矩，只是知道簽在封面之後的一兩頁，具

體簽在上下左右哪，好像沒有硬性規矩。又由於我們現在不習慣豎寫，橫寫的地方老是不寬裕，所以逮哪簽哪，不守禮儀。我們的前輩常把簽名寫在封面上，要說不守禮儀的是他們沒帶好頭。另一原因是現在出的書，有的根本就沒扉頁。法迪曼還說到怎樣題詞才得體。我們在這方面使用的語言一樣很貧困，除了「指正」「惠存」之外就詞窮了。我只有一回題的稍好，是為《封面秀》寫的「封面盡可作秀，做人不秀為好。」

共鳴之三，法迪曼說：「我對於孔斯特勒先生感到一股溫暖的夥伴情誼，因為我也曾經愛寫蹩腳的十四行詩。」「在形式上，全部是莎士比亞體（三個四行和一個雙行），不是彼特拉克體（一個八行和一個六行）。

有人說現代詩就是分行的散文，分行誰不會啊，所以現在當詩人的門檻很低很低，低到以微米計。我以為詩除了念出來悠揚頓挫是美的，意像是出乎意表的美之外，視覺上也該是美觀的而非邋邋遢遢。吳興華的方塊詩，我最喜歡，還有卞之琳的、林庚的。譬如這幾首。

無題

今年的梅雨又灑上一層哀夢
我深恨桃李攜來迷人的春風
睡沉沉永不見雞鳴怎能晨醒
蜷伏若似那末日來臨的秋蟲

論曹丕

建安七個破文學家是誰有甚麼關係
最要緊的是要攀上一門水神的親戚

共鳴之四，法迪曼在《決不要那樣對待書》這一章裏，舉了幾個極端的愛書例子，聽起來真有些恐怖，照她說的那種程度，我們這些人都要算摧殘書籍的兇手了。把讀了半截的書「反扣在床頭桌上」，這是再平常沒有的事了，可是在法迪曼的描述裏，這麼做不行──「先生，您決不要那樣對待書。」在書上面隨便寫上幾個字，這也是再平常沒有的了，可是法迪曼說不成──她認為這是「優雅愛書人認為最可怕的東西。甚至我也從來不在百科全書裏面寫字（偶爾用三號鉛筆寫了便用橡皮擦掉）。」我認識的愛書人裏，也許只有止庵先生不會挨法迪曼的批評，他看過的書跟新的一樣，有一回止庵拿了《圍城》請錢鍾書簽名，錢鍾書後來對人說「這書這麼新，他沒讀過。」止庵連稱冤哉。止庵對書的品相的苛刻要求，到了不講理的地步，到書店裏自己挑書也就罷了，對待別人送的書他也是嚴苛之極，米粒大的磕碰就要求人家拿回去重新送一本。

　　共鳴之五，法迪曼買過一個小冊子《論書及其安置》，只有29頁，她說「我慷慨解囊（大約八美元，每頁折合二十八美分，簡直近於勒索）是由於我對書的題材感興趣；凡是討論書的書，我一向都難於拒絕。」三十年代女作家姚穎寫過《我的書報安置法》，林語堂也隨之寫了一篇同樣意思的文章，這些被斥為「小擺設「的玩藝兒，後來再無繼者。書的趣味，長期以來被固化在一個高點上，任何偏離高點的議論不是「玩物喪志」就是「低級趣味」。更無法想像的是，這本29頁的小書的作者，竟是「大名鼎鼎的格萊斯頓，曾經四次擔任英國首相，自由黨的元老，學者，金融家，慎學家，演說家，人道主義者。」

快炙背而美芹子

前向買到一冊印數很少的書《北京師範大學圖書館館藏中文珍稀期刊題錄》，印數僅1200冊。本書收錄了北師大館藏珍稀期刊二百八十餘種，對於每種期刊的著錄項目有：（1）題名（包括副題目和並列題名）；（2）編輯者；（3）版本；（4）刊物的出版情況；（5）出版發行地；（6）出版發行者；（7）出版發行年；（8）文獻總數和刊物的外部描述（尺寸大小，有無插圖等）；（9）主要欄目；（10）統一題名；（11）出版頻率；（12）附注（包括刊物的沿革和各項細節）；（13）內容提要；（14）分類，主題；（15）館藏。這15個項目其實也就是「刊話」寫作的要素，雖然不見得每篇「刊話」都要將15個要素都交待全。

于天池教授為本書作序，他說「北京師範大學圖書館編纂出版館藏珍稀期刊的目錄在學術的嚴謹方面承擔著一定的風險。雖然圖書館界都承認珍稀期刊的存在，但哪些是珍稀期刊，依據什麼標準來劃定珍稀期刊，各館在選擇的標準上不盡一致。本題錄的依據有二：其一是，依據相關的工具書著錄的情況來確定，主要的參照典籍是《全國中文期刊聯合目錄（增訂本）》。它是目前比較權威的中國1833──1949年期間的期刊志。它明確地著錄了各種期刊存世散佚的情況，一般而言，它缺載失錄的，或者是雖然著錄，但入藏的圖書館非常稀少的，自然應該屬於珍稀的範圍。前者北師大圖書館

藏有十餘種，後者也有相當的數量。其二是，根據我們現時對全國比較重要的部屬重點高校圖書館的實際入藏的粗略統計來確定。根據對兄弟館的期刊入藏情況的瞭解，又確認了所謂珍稀的第二個依據，即如果這種刊物有較多較大的圖書館沒有入藏，我們就把它也納入了珍稀的範圍。可能後者的納入標準稍嫌寬泛了些。根據這兩種依據，我們確認的珍稀刊物約二百八十餘種。」

　　于教授説了這番話後，仍擔心別人對珍稀標準質疑，只好又説「所謂珍稀（ㄖ）是一個描繪性的辭彙，它相對主觀而又有一定的模糊性。有時是否稱得起珍稀可能會引起分歧和爭議，就北京師範大學圖書館而言，之所以編寫這本題錄，既不想敝帚自珍，也不想誇飾炫耀，更沒有任何商業的目的，只是為了按照自己的理解揭示館藏，給利用圖書館期刊的學子們提供一種便利，如果有人以『快炙背而美芹子』相恥笑，也只好聽之任之了。」

　　作為私家期刊愛好者，按照自己的理解來認定某期刊的珍稀與否，其依據也只能是于教授所説的相關工具書，主要的參照典籍也只能是《全國中文期刊聯合目錄》（現在又有《上海圖書館藏近現代中文期刊總目》（2004年出版），其權威性似略勝「聯目」）。資深的老期刊收藏家姜德明，胡從經通常也是依據「聯目」來判斷某本雜誌的「珍稀度」。胡從經説「一般而言，獵書是圍繞著研究課題進行的，例如六十年代就想寫《中國文學期刊史》，所聚近現代文學期刊不下千種。其中就有百餘種為《全國中文期刊聯合目錄》所未著錄。像李叔同於光緒三十一年（1906）在東京創刊的中國第一本音樂刊物《音樂小雜誌》，八十年代中在東京神田町一家舊書店覓到，國內公私藏家均無收藏；又如《聲色》，從未有人提到它是新月社的刊物，也不見任何處所有藏。」胡先生所稱「國內公私藏家均無收藏」及「也不見任何處所有藏」，都是過頭的話，説有易，説無難，「均無收藏」──如何調查得來的如此肯定的結論；更私家收

藏如何普查？後一個「任何處所」亦同前病。現代文學館一研究員
嘗言「《女神》初版本全世界只存有三本。」這位研究員的口氣大
到「全世界」，更不知他是如何操作範圍如此大的全球性調查，也
不知為一本《女神》有無必要驚動他國，我曾戲言，不知他去莫三
比克調查了沒有。2002年秋在北京魯迅博物館舉辦的首屆「中國民
間藏書家精品展」上，胡從經展出了《音樂小雜誌》和《聲色》。

　　完全依據《全國中文期刊聯合目錄》作為「珍稀與否」的標
準，還有一個不準確的地方，如「聯目」的「編例」中已說明有
「幾個不收」，不收不等於失收。所以，假如你手中有「聯目」表
明了的「不予收錄」的期刊，就該慎重一些，不要急於自作多情地
視為珍稀之物來誇示炫耀。「聯目」（1961版）收錄的期刊僅19115
種，離1833──1949年間實際刊行的三四萬種相去甚遠。

　　2000年，北京大學出版出版《中文期刊大辭典》，「前言」
稱「但《聯合目錄》已出版多年，由於各種原因致使有許多遺漏。
《中文期刊大辭典》的編輯出版，為我國增添了一份反映中文期刊
全貌的重要資料，為廣大讀者和研究工作者提供了大量而又較為齊
全準確的資料和線索。」大辭典收錄期刊330036種，其中舊中國
出版的二萬五千多種，新中國出版的八千多種。按理說，大辭典
的二萬五千種應該全部涵蓋了「聯目」所收者，但令人不解的是，
「聯目」本已收錄的大辭典卻失收，譬如我手頭收藏的梁得所主編
的《小說半月刊》（1934年），「聯目」收錄，大辭典卻失收；同樣
的例子還有《小象》（1947年北平綜合文化雜誌）。大辭典的另一缺陷
是每種期刊只標示一家館藏，不像「聯目」那樣凡是有藏存的圖書
館皆一一標示。「聯目」的做法使得于教授的珍稀標準「但入藏的
圖書館非常稀少的，自然應該屬於珍稀的範圍」，有了資料支援。
大辭典的「前言」與「凡例」異常簡短，與厚達二千七百餘頁分上
下冊的巨量載體不甚相稱，有「小頭大身」之感。大辭典較之「聯

《小象》的樣子。

目」優勢的地方在於每種期刊都有「內容簡介」。有些期刊尤其是古舊期刊，光聽其名，你鬧不明白它裏面講的是什麼，有了內容簡介就好多了，至少不會再花冤枉錢買回自己不需要的雜誌。

另外，我也在大辭典中找到了一些「聯目」缺載的期刊，使得原本以為特別珍稀的刊物頓時覺得不那麼珍稀了。鑒於此，制定珍稀期刊的標準有必要修訂為：聯合目錄與大辭典均失錄缺載的期刊，基本可以確定為珍稀雜誌。我自己的作法是，「聯目」，加上大辭典，再加上最新出版的《上海圖書館藏近現代中文期刊總目》，三者均失錄缺載的期刊，可放心地視之為珍稀期刊，儘管這麼做了，還是應緩稱「孤本」，也不必宣稱「僅存」。

如果再認真一點，是不是還可以有這樣一種看法，即：珍稀不等同於重要，換言之，稀而不珍。許多稀見的雜誌，其內容一點也不重要（當然，重要與否，沒有硬性的規定）。在我集刊的過程

中，碰到問題經常求教於姜德明先生，姜先生經常說的一句話就是
「這本雜誌不重要」或「這本雜誌挺重要」，把重要性置於稀見性
之前。老早時光，我在舊書肆淘得《小象》雜誌四冊（缺創刊號），
根據經驗，當即判定為稀見之物，一查「聯目」果然，僅北京圖書
館和北京大學圖書館有藏，北圖是全的5冊，北大是2至5期和我一
樣缺「腦袋」。過了幾年，買了「上圖總目」，方知上圖亦存而且
是全套。《小象》即屬稀見而不重要的刊物，且抄第2期的目錄看過
就知道了：《十日誌》《三大員之北來》《張繼主戰，孫科放炮》
《動員剿匪綱要消息洩漏》《蔣主席討厭風扇》《由孔財神說到楊
子公司》《速寫儒將熊天翼》《東北雜綴》《青島是海軍的黃埔》
《開灤煤田》《飛碟究竟是什麼樣》《葉淺予的形形色色》《打箭
爐素描》《把刻印放入新的內容》《上海「小報」解剖》《三千里
的轉進》。《打箭爐素描》是葉淺予畫的，但不像是葉投給《小
象》的。《小象》外形殊小，13釐米高9釐米寬，可與葉靈鳳的《小
物價》一起列入微型雜誌。

我還有一個看法，由於期刊是連續出版物，所以期刊的完整性
至關重要，不成套的零本雜誌，其珍稀度就要打折扣。有些期刊雖
然印數很大，館藏的家數也多，可是全份一本不少的藏家卻很少。
譬如林語堂創辦的《論語》半月刊，開始的印數每期達三萬本，
「聯目」中五十家圖書館有三十九家收藏有《論語》，但是只有一
家（中國大學圖書館）存有全份177期的《論語》。所以是不是可以這
樣說，《論語》不屬於珍稀雜誌，但是全份不少一本的《論語》應
該有資格進入「期刊善本室」。于教授說「實際上，就紙張和裝訂
而言，期刊的生命力較之古籍更脆弱，更需要在閱讀和保管上下功
夫。」北師大圖書館已將「珍稀期刊調入古籍善本室進行保管了」
現在更有了電子拍攝方法，紙質期刊經不住翻閱了，要看就看微縮
電子版。

「快炙背而美芹子」典出《列子·楊朱》，二千年前的山野農夫自以為天下最快樂之事莫過於曬太陽；天下最味美之食莫過於芹菜，終遭「眾哂而怨之」。百年歷史的北師大圖書館亦深恐他人「蜇於口，慘與腹」，在珍稀二字上小心再小心。世間之常情，別人有的東西我正巧也有，別人偏說這東西如何如何珍稀，我心裏一準暗自笑話──這東西有什麼稀罕，我這就有。小到一己之藏，大到汗牛充棟的圖書館，概莫能外。

魯迅逝世紀念刊掇英

魯迅逝世七十三年了。我想起了魯迅死後的一個輓聯所寫的：魯迅先生你死了／我們誓要繼續吶喊；魯迅先生你死了／誰啟示我們的彷徨？我還想起了另一個輓聯：吶喊如狂人為國而已／華蓋育彷徨導民中流。這兩個輓聯都是把魯迅最有影響的兩個書名恰到妙處的鑲嵌在悲痛的情感裏。輓聯是生者對逝者敬重與懷念的一個表達方式，隨著逝者的漸行漸遠，後來者的表達方式會與最初有所不同，他們開始一本一本的搜集魯迅著作的早期版本——這是參與者最多的方式，這種最常見的紀念方式最終使得魯迅著作的早期版本越來越難以收集，甚至到了令集藏者絕望的地步。有的時候，我們必

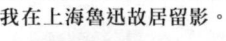

我在上海魯迅故居留影。

須學會「知難而退」，這與「畏縮」無關，這是明智，或者說是迂回，這麼作了，我們也許同樣可以達到我們想往的目的。我的「魯迅逝世紀念刊」專題，就是面對現實的一種選擇。

一九三六年十月十九日凌晨五時二十五分，魯迅逝世於上海北四川路大陸新村內九號寓所。

最早向外界發佈魯迅病逝消息的是上海《大滬晚報》：

中國文壇巨星殞落
  魯迅先生今晨逝世
    昨日起突發惡性氣喘症醫治罔效
    今晨五時長逝遺體送萬國殯儀館

報紙的消息報導速度比之雜誌是快得多的，報紙是當日事當日見報，而最快的雜誌已是魯迅死去後的第六天了，這本雜誌是《生活星期刊》，時間是1936年10月25日，它刊出的悼念文章僅兩篇──胡愈之《魯迅，民族革命的偉大鬥士》，白危《記魯迅》。在逝世當月速度上勝出的刊物還有：《學生與國家》（10月25日），《通俗文化》（10月30日），《文化與教育》（10月30日），《現代青年》（10月30日），4本雜誌共計刊登11篇悼念文章。十一月出版的魯迅逝世紀念刊就非常之多了，知名的有《文季月刊》，《文學》，《中流》，《作家》，《光明》等。此時的紀念刊，由於組稿時間較為寬裕，外形及內容都厚重起來（自此，人們對魯迅的逝世已從初期的沉重「悼念」慢慢轉向持久的沉思的「紀念」）。再往後，每年逢臨魯迅忌日，總會有一些雜誌想到要用出一本紀念專刊的方式來寄託人們的哀思。如今，這些魯迅逝世紀念刊已成為頗具長遠珍存價值的出版物。有一件事，特別能說明紀念刊的特殊意義，魯迅去世一個月那天，許廣平，茅盾，孟十還（《作家》主編），黎烈文（《中

流》主編）等，去萬國公墓悼念魯迅，隨後，田軍（《八月的鄉村》作者，魯迅曾為此書作序）也來了，他除了和大家一起向魯迅致敬，更要把《中流》和《作家》兩本魯迅追悼專號焚燒在魯迅靈前，讓魯迅先生在九泉之下，能夠看到這許多哀悼文字。

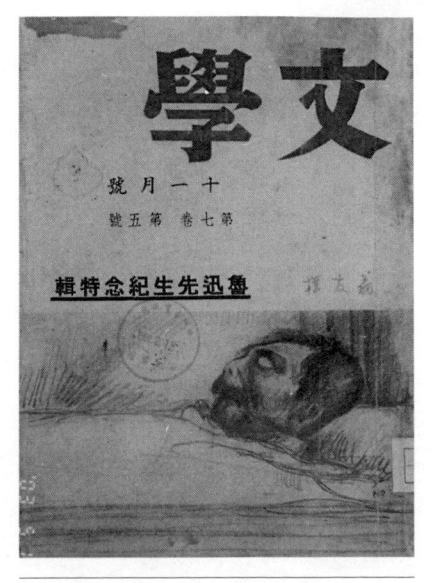

《文學》之《魯迅逝世紀念特輯》。

魯迅的逝世，在當年引發的震撼，於每個階層是不同的。有說「就是我生身父親死了，我也沒像這樣流過淚。」——有說「魯迅之死，比蘇聯的高爾基之死，損失要大到萬倍。」——有說「我們在嗷嗷待哺的時候，喪失了我們唯一的乳母。」——有說「敵乎友乎余惟自問，知我罪我公已無言。」——有說「南腔北調，故事新編，威比熱風，狀隱彷徨。」每個人沉痛的程度有所不同，或如喪父，或如失友，但都可見魯迅「風號大樹中天立」的影響，波及最大多數的心靈。

這些多的紀念專刊，當然也是代表了各個階層的意願，不一樣的聲音，不一樣的寫法

自不能免。《多樣文藝》的「哀悼魯迅先生特輯」（1936年11月1日出版），裏面有八篇哀悼文章，其中有二篇直截了當的描述了他們眼中的魯迅——「我一看他的神態，就覺得他不是一個普通的教授。身材不高，面色微黃，幾乎有點像抽大煙的——這是他所深惡痛疾的惡習之一。」（董秋芬《我所認識的魯迅先生》）——「一霎時，掌聲雷動，講壇上便挺立著一個老頭兒。他的模樣呢，黃黃的臉，唇上堆著一撮黑鬚，髮是亂蓬蓬的，穿著一件頗骯髒的老布長衫，面色黃黑，賽似一個鴉片鬼，又似一個土老頭，如果說沒有讀過他的文章，怎會知道這是一個文壇健將呢？」（胡行之《關於魯迅先生》）在當時和以後的許許多多悼念或紀念魯迅的文章中，我喜歡讀的是與魯迅有過親身接觸者寫的文字，他們的直觀感覺總比泛泛之論來得有意思，他們在如實地表達自己的悼念情感時，又敢於如實地表達自己對崇高者外貌的直觀印象。我們可以對一位我們從未有過來往的賢者發上一番敬仰之情，但是這份情感裏或多或少欠缺一點真實，因為距離才能產生敬仰，而距離又往往誤導我們的判斷。我的意思是：一個人，如果被與他交往過的人中的大多數和未與他交往過的人中的大多數都共同崇敬的話，這個人才是一個值得永久紀念的人。魯迅，無疑是這樣的人。

紀念專刊（也有稱專號，特輯）除了文字資料非常豐富，還留下很多珍貴圖片（照片，木刻，速寫），更有魯迅遺容的即時照像，即時速寫，諸多藝術家被最大的哀痛激發出最大的才華，在不容有絲毫差錯在不可能重複的極短時間裏，為我們為後世保存下來魯迅最後的魂魄。感激這些名字：司徒喬，力群，楷人，沙飛。紀念刊中圖片最多的是《作家》雜誌，多達八十餘幅。說起《作家》的悼念特輯，我的藏本的經過是最不尋常的，先是十年前在拍賣場上見到一冊，我想要，一位書友也想要，後來他150元拍得了。後來又屢屢在舊書店或舊書攤見到，不是價錢要得太高，就是書的狀況不合意，

反正是屢見屢失。前幾天北京德寶拍賣公司舉辦了一場新文學書刊專場拍賣，恰好有《作家》在其中，共7本，《悼念魯迅逝世特輯》也在，書品很過得去。我決定參拍，但也不願意花太大的價錢，前面的拍品都拍得很貴很貴，我有些擔心特輯也會拍得很高，天遂人願，拍到特輯時我是唯一的應價者，以底價買到特輯。十年前失之於拍場，十年後得之於拍場，至此，我的這個專題中重要的特輯基本收全了。

1946年10月，時逢魯迅逝世十周年，范泉主編的《文藝春秋》雜誌出了「紀念魯迅逝世十周年特輯」（第三卷第四期，1946年10月15日出版）。編者就「要是魯迅先生還活著」求答問，組織了一批很有意思的文章，作答的有：蕭乾，劉西渭（李健吾），臧克家，羅洪，施蟄存，茅盾，王西彥，沈子復，林煥平，田漢，熊佛西，安娥，

《作家》之《哀悼魯迅先生特輯》的照片最多。

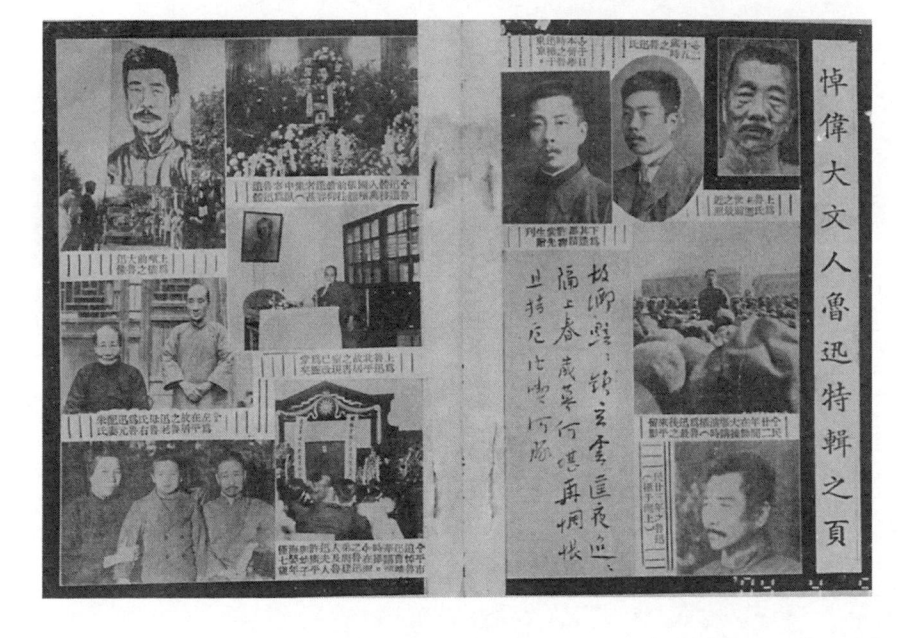

魏金枝，周而復，任鈞。為了不能忘卻的紀念，有必要將每位文章的題目開列出來：

《除根》------------------------------蕭乾

《我不敢想像》--------------------------劉西渭

《他擦了擦眼睛》------------------------臧克家

《百感交集》----------------------------羅洪

《也必然死了》--------------------------施蟄存

《魯迅是怎樣教導我們的》----------------茅盾

《魯迅先生並沒有死》--------------------王西彥

《橋》----------------------------------沈子復

《戰鬥只有加劇》------------------------林煥平

《正義的聲音》--------------------------田漢

《心聲》--------------------------------熊佛西

《他吼叫，他動作》----------------------安娥

《「嗚呼」》----------------------------魏金枝

《他會怎麼樣？》------------------------周而復

《繼續吶喊，絕不彷徨》------------------任鈞

以題目的好壞論，施蟄存的最好，茅盾的王西彥的最差。

有幾位假設魯迅活到1946年，也會像聞一多那樣死去。

「也許魯迅先生會活到抗戰勝利。但今天，魯迅先生也必然已經死了。因為，聞一多先生也居然死了，魯迅怎麼能僥存於聞一多先生死後？」──說這話的是與魯迅有過爭論並占了上風的施蟄存。

「要是魯迅先生還活著，他恐怕也難免被刺，正如聞一多和李公樸一樣。」──任鈞

「假如詩人聞一多先生會走出書房；假如老夫子馬敘倫先生會放下經典；假如溫柔敦厚的君子葉聖陶先生會啞聲嘶喊；假如銀行

董事簦廷芳先生會請願挨打；假如一個秀才會被逼得造了反，我不敢想像魯迅先生活到現在。」——劉西渭

不能想像，不可想像，也許，本就沒必要去想像。你可以以一個十年的歷史來想像魯迅，再以第二個十年來想像魯迅，再再以第三個十年來想像魯迅（因為魯迅短壽，他活到86歲是有可能的），到今天以第七個十年來想像魯迅如果還活著。魯迅，給了我們大而無邊的假設空間。有時候，我們提的問題，連歷史都回答不了。非要一個答案的話，任鈞的假設也許最說得通：繼續吶喊，絕不彷徨。魯迅離去七十多年了，這連綿至今的一本一本紀念刊，象徵著魯迅精神依舊鮮活的代代相傳，而且必將被後來者更深刻地理解著更正確地發揚著更珍愛地保存著。

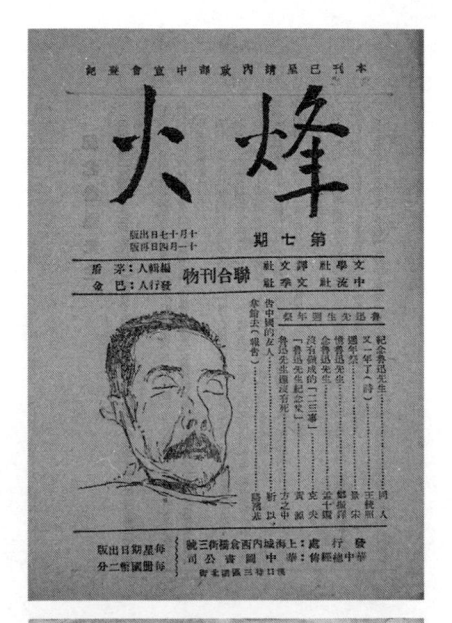

圖上：一九三七年的《烽火》雜誌紀念魯迅去世一周年。
圖下：上海淪陷時期《太平洋週報》的魯迅封面很不尋常。

《真相畫報》

老畫報是我的專題之一，投入的精力和人民幣不算少了，但缺了「天時」，這一收藏中最重要的砝碼，自藏還是極有限的，即便是在收藏普遍無意識的八十年代，老畫報也是極少見的，非滿大街的，老畫報只在很冷僻的舊書鋪偶爾看到一兩本，你看不到的對象，不是成天在你眼前晃的東西，它怎麼能引起你收集的慾望呢，沒有慾望的推動，收藏很難持久，我是在八十年代初喜歡上舊書刊的，我的專題沒有與時髦俱進，一直抱殘守闕，拒絕同流合污的走「收藏與投資相結合」的大路，屬於一條小道走到黑的集藏者。九年前在報國寺文化市場見到一藏友買到全份的《真相畫報》（共17期），他問我這東西成嗎，我說太成了，嘴上這麼說著，心裏頭快嫉妒死了，我一本《真相畫報》也沒有，他卻一下子得了全份。這嫉恨的情緒直到前年才稍得緩解，因為我也淘得了幾本，可是花的價錢卻是他全套的十多倍，這位藏友當年才花了一百元出頭。真正消解不良緒的妙方就是「研究」藏品，他雖然擁有全套《真相畫報》，他研究過嗎，沒有，那我來搞清《真相畫報》的真相罷，研究中獲得的樂趣也許能夠化解凡收藏者均免不了的頑疾：患得患失症。

《真相畫報》的重要性有幾點，一，它是近代畫報的終結者，現代畫報的發軔者（阿英說《真相畫報》「實具後來之大型月刊畫報的規

《真相畫報》的封面。

模」），它創刊的時候正處在朝代更換（1912年6月5日創刊）。二，它是攝影與漫畫並重的畫報，可以說是最早的攝影畫報（梁得所說《真相畫報》「是中國攝刊照片的圖畫雜誌之開元」），也可以說是最早的漫畫刊物。三，名家薈萃，民國元老胡漢民撰《發刊祝詞》，「監督共和政府、調查民生狀態、獎進社會主義、輸入世界知識」為辦刊宗旨。嶺南畫派宗師家高劍父高奇峰兄弟主持刊物，黃賓虹，馬星馳等撰文繪畫。全刊以時事寫真畫、新聞攝影、時事評論為主，以歷史畫、美術畫、滑稽畫為副，發表了一系列抨擊時政的新聞圖片與漫畫，其鮮明的政治立場，辛辣如刀的筆鋒，高超的美術表現手段，後來的畫報鮮有能有與《真相畫報》比肩者。單論它的封面畫，就足以橫掃那些太多的平庸之作，它全是畫出來的寫出來的，是最原始的手工藝品，沒有爛俗的裝模作樣，每一期都不重複，僅此一點，大多數的刊物就做不到，圖省事成不

了經典。如今的刊物一百年後有哪個還能像《真相畫報》似的一百年了還被作為歷史的物證存在著，真是大可懷疑。我的小書《漫畫漫文──1910～1950世間相》，選用了《真相畫報》的幾幅政治漫畫，我的用意是一比較才能看出後來哪還有什麼政治漫畫呢。現代漫畫的先行者馬星馳（1873～1934）在《真相畫報》的政治漫畫真是可以作為後學者的教科書，他的《中國不振之由來》，《新舊人物意見之由來》，《過渡時代之新民國》無一不是憂國憂民之力作，馬星馳的漫畫場面大人物多，並多標有文字解說，像《過渡時代之新民國》的題句「事急矣國危矣一般鬧意氣者聽之一般爭黨見者看看　馬星馳筆與淚並揮」，就是再明確不過的表白。

　　現代畫報的另一位先行者梁得所（1905～1938）在他自己主編的《大眾畫報》（1933年12月）上曾發表過一篇題為《藝術的過程──高奇峰先生與畫報》的文章，這是一篇悼念文章，梁得所說：「奇峰先生死了。今天舉行殯儀，我和良友總理伍聯德先生同去致禮。歸來，在這細雨霏霏的深秋的寒夜，燈下展開舊藏《真相畫報》，和遺作畫集，想起藝術過程，也就是人生縮影。」梁得所還寫了高奇峰辦畫報的細節「聽來有點詫異，這位文質彬彬的畫家廿年前常有被捕危險，在那地點不便告人的編輯室中，身上懷著手槍，執筆編他的畫報。在他筆底，對黑暗的政治虛偽的社會挑戰，顯示著對真善美的追求。時代漸漸轉變，革命黨人一一顯達，奇峰先生就專於繪畫創作，以前的工作提也不再提及。」這些資料表明，《真相畫報》除了是攝影畫報，漫畫畫報外，還是一份革命畫報，正因為它的革命性，揭露性，刺痛和惹惱了軍閥當局，僅出了17期即被迫停刊。

尋尋覓覓話《越風》

攢書的人最傷腦筋的一件事，莫過於殘本了，殘本的概念古書裏用得最傷天害理，平裝書稍好，既便殘也容易看出來，期刊雜誌之殘最為家常便飯。一套雜誌出了一百期，你既使僅僅少一本（期），對於那九十九本（期）而言，也是殘酷無情的殘本，而最殘忍的是，終你一生之努力，這缺少的一本臨到你死也與你無緣。還有一種殘忍是你有可能察覺不到的，假如有幸你把這一百本一套的雜誌攢全了，準備「此願已遂死而無憾」地告別人世，你可曾想到這個雜誌還出過「增刊」一類的別冊？──這意味著一百本亦非足本終難逃一個殘字。此時此刻，你還是不知情的好──知道了卻來不及。《越風》全套二十八期（二十六本），另出一期增刊《西湖》，最新的權威期刊目錄也不注明二十八期之外還有一本《西湖》──我不認為編纂者耍滑頭，肯定是他無知。目錄害了多少搜書人卻也幫助更多的人，我的意思是不要輕信目錄。

朋友們知道我大索《越風》心切，竟趁人之危，屢屢誑騙我哪哪哪有《越風》現身露面且價格又是如何如何的便宜，勾引我不知跑了多少冤枉路，他們卻躲在一旁笑我癲癡不可救藥。也不能全怪朋友壞笑，有一次生生該怪我自己。琉璃廠舊書鋪前些年還有得一逛，錢也不像現在想花都花不出去，貨色雖不比盛時，但總歸有能入眼的，《越風》在古籍書店二樓就見到過一套全的，是合訂本兩

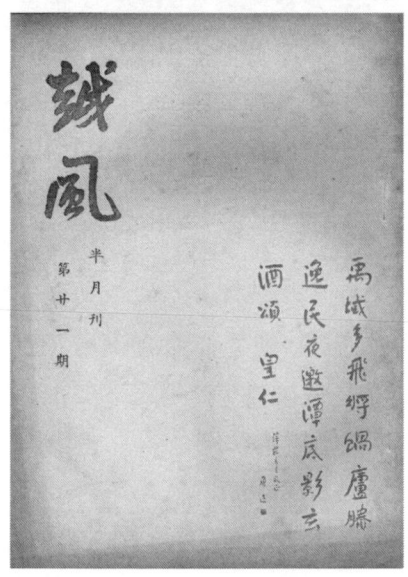

圖上：《越風》的封面是一條肥碩的魚，它是畫魚名家王師子（1885-1950）的小品。
圖下：黃萍蓀把魯迅的手跡登在《越風》封面。

冊，我素不喜合訂本，怨這一合一訂壞了書的原貌，行話稱「動過手了」，價值自減色很多。就因為不喜歡，錯過了機會，等到觀念轉回來再去想買，一打聽，店員告訴我賣一法國人了，我的眼光跟法國人一水準？老法買走一定是為研究用，我為自己未能攔住國寶外流而深深地自責。

當然，現在，《越風》全份與增刊《西湖》是在我手裏咯。其間尋尋覓覓，峰迴路轉，命懸一線，喜極而泣，自不可與外人道，只一條可以説：失敗是成功之母；還有一條也可以説：不經歷風雨，怎見得彩虹？此外，花大價錢是必然的，坊間流毒甚廣的什麼「撿漏」啊撿漏，説來説去，終歸徒勞的，無效的，自欺欺人的。

《越風》，文史掌故刊物，黃萍蓀主編，一九三五年十月於杭州創刊，第一卷為半月刊，自第二卷改月刊，出至一九三七年四月第二卷第四期停刊（鄙人另有「從劫後餘存之《越風》終刊號說起」小文）。第二卷第五期，

第六期的目錄已預告卻未能出刊，《越風》增刊第一集《西湖》出在二卷之後，並預告第二個增刊是《南京與北京》，也未能出刊。《越風》有幾個要緊的地方，沒這幾個要緊，那它也就流於一般了。主編黃萍蓀，聲名狼藉，印象分極低，這麼差的原因都是和魯迅有關的。

《魯迅全集》的注釋這樣説黃萍蓀——「一九〇二年生，浙江杭州人。一九三三年通過郁達夫向魯迅索字幅，魯迅為之書五絕一首。一九三五年編輯《越風》半月刊時將此詩手跡刊登於該刊封面，進行招搖撞騙。一九三六年又多次寫信向魯迅約稿，為魯迅拒絕。」（1981年版《魯迅全集》）這樣的注釋真是「左」得可愛，也太不講常理了。「招搖之心」人皆有之，並非多大的道德之劣，指責黃萍蓀拿魯迅寫給他的詩「撞騙」，請問「撞騙」到底該作何解釋？説黃萍蓀「招搖」不為過，説黃萍蓀「撞騙」則查無實據。魯迅詩稿原件最終毀於戰火抑或落入誰手，至今還是個謎，如此説來，《越風》封面的魯迅手跡倒成了唯一的證物反而愈發珍重了。除了這件公案，黃萍蓀還作過一件笨事，化名「冬藏老人」寫了一篇《雪夜訪魯迅翁記》（載《越風》第五期），此是虛構之作，黃萍蓀從來沒見過魯迅。我以前寫過《黃萍蓀到底見過魯迅沒有？》，又收齊了黃萍蓀主編的《子曰》與《越風》，後來看到了一些新的材料，感覺以前隨聲附合地講黃萍蓀是「招搖撞騙」之流，是欠道理的。

《雷雨》與《日出》初刊本

我幾乎沒在現場看過話劇，看過也許也忘記了，話劇似乎一直竟爭不過電影（話劇亦無意與電影爭鋒，何況又多了個電視），2005年是中國電影史的一百年，動靜很大，各類應景的出版物很多，話劇今年是百年歷史紀念，比之電影的百年誕辰，聲量小得多，而兩個藝種意義層面上並不存在表相上那麼大的差距，它們本來都是綜合藝術的最恰當的產物，某種意義上說，話劇更「高貴」更「陽春白雪」更具直接性，看話劇的《茶館》與看電影（電視）的《茶館》，不是一回事（感受），甚至看話劇時，你的座位是遠是近，也不是一回事，距離產生美，對話劇不那麼適用。話劇最要緊的是「說話」，說臺詞要使最後一排的觀眾也聽得清，近乎喊，前排的會感覺到演員的裝腔作勢。于是之出演《青春之歌》余永澤一角，論家即說有話劇表演的痕跡，我俗眼看不出來，金山出演《風暴》施洋大律師，也有專家這麼講，我聽那段金山大喊「你們殺得了一個施洋，卻殺不完四萬萬偉大的民眾。」聽出了一點話劇味。不少電影明星原是話劇出身，還有是兩棲演員，左右逢源，抗戰時重慶有「四大名旦」的說法──白楊，張瑞芳，秦怡，舒繡文，所指是她們在舞臺的技藝，而四九後，這四位的聲譽多來自銀幕。話劇史最負盛名的《雷雨》與《日出》，我甚至記不起哪句台詞令我至今不忘，而老舍的《茶館》，那精典臺詞，我能你說上句我接下

句，臺詞臺詞，一台之詞（我記得《茶館》的劇本最初好像登在1957年《收穫》雜誌創刊號。）話劇要一場一場的演，錯過了就錯過了，一部話劇一個演員有可能演上一百多遍（有資料顯示：《茶館》1958年3月29日首演至同年7月10日停演，演了49場。1963年4月7日複演，在首都劇場演出了53場。）一遍一遍的重複自己，而電影一次成型，然後化一成百成萬，演員又可以拍別的角色去了。一個電影演員的藝術生涯可以與幾十部電演牽連上，最出色的話劇演員畢其一生也不過區區幾個角色觀眾留有印象，于是之可稱著名吧，我們記住的僅是「程瘋子」，「王利發」等三兩個，另如「周萍」、「老馬」、「關漢卿」，反正我是一點沒印象，改編沒改編成電影過，很大程度地影響著話劇的影響，話劇很需要借助電影的力量，而電影似乎求不著話劇什麼。

現在往回看，曹禺（1910～1996）只能屬於「少年得志」型劇作家了，成名很早（大學時代），有幸趕上中國話劇初盛時期，有幸碰到巴金慧眼識珠給了他舞臺。後來他寫不出東西他非常痛苦，這本不是他的錯他不該自責，時代的轉換造就了曹禺的成功同時也造成了曹禺的止步不前，個人在時代洪流的漩渦裏是無能為力的，在不同的時代均運轉自如的作家幾乎是不存在的——要麼違背自己的意願要麼違抗時代的意志，曹禺的痛苦的癥結在於他試圖兩面討好，他做不到，誰也做不到。

三十年代真是出人才出作品的年代，整個二十世紀，文學藝術最精萃的東西大多在那七八年裏光輝完了，趕上就趕上了。曹禺趕上了頭班快車。1933年22歲的曹禺在清華大學上四年級時，完成了處女作《雷雨》。現在我們誰也沒往別處想，以為一切都是水到渠成的結果，假設當時沒有《文學季刊》這麼本雜誌，或者有，而曹禺沒把《雷雨》投給它；或者投了，編輯卻沒看出好來；或者看出了，卻沒破格舉薦。曹禺的幸運，是這幾個大概率的「或者」，碰

到他的《雷雨》，皆化為小概率事件，真是一路綠燈。由此，還可作另一假設，話劇史是幸運者多還是不幸運者多？巴金後來説「北平三座門大街十四號南屋（謝注：《文學季刊》創刊號（1934年1月1日）的版權頁記為：編輯者鄭振鐸，章靳以 北平北海三座門大街廿一號。而到了刊發《雷雨》的第三期（1934年7月1日）版權頁記為：編輯人 鄭振鐸，章靳以 北平王府井大街五十三號），故事是從這裏開始。靳以把家寶（謝注：曹禺原名萬家寶）的一部稿子交給我看，那時家寶還是清華大學的一個學生。在南屋客廳旁那間用藍紙糊壁的陰暗小屋裏，我一口氣讀完了幾百頁的原稿。一幕人生的大悲劇在我面前展開，我被深深地震動了！就像從前看托爾斯泰的小説《復活》一樣，劇本抓住了我的靈魂，我為它落了淚。我曾這樣描述過我當時的心情：『不錯，我流過淚，但是落淚之後我感到一陣舒暢，而且我還感到一種渴望，一種力量在身內產生了，我想作一件事情，一件幫

《文學季刊》的書面。

助人的事情，我想找個機會不自私地獻出我的精力。《雷雨》是這樣地感動過我。」然而，這卻是我從靳以手裏接過《雷雨》手稿時所未曾料到的。我由衷佩服家寶，他有大的才華，我馬上把我的看法告訴靳以，讓他分享我的喜悅。《文學季刊》破例一期全文刊載了《雷雨》，引起廣大讀者的注意。第二年，我旅居日本，在東京看了由中國留學生演出的《雷雨》（謝注：日本學者武天泰淳和竹內好看到《雷雨》後，大為讚賞，推薦給正在日本留學的杜宣和吳天，後來以「中華戲劇同好會」的名義在日本公演。）那時候，《雷雨》已經轟動，國內也有劇團把它搬上舞臺。我連著看了三天戲，我為家寶高興。」翻開這期《文學季刊》，373頁比創刊號還厚幾頁，折疊成四折的目錄頁現在的刊物比不了，上面儘是文學史的傑出者：冰心，魯彥，張天翼，歐陽山，陳白塵，林庚，何其芳，卞之琳，朱光潛，洪深，魯迅。《雷雨》被安排在劇本欄目的第二篇，第一篇是李健吾《這不過是春天》，還有一個劇本是顧青海的《香妃》，《雷雨》的頁碼自161頁至244頁，長達八十幾頁，而李健吾的劇本不到三十頁，《香妃》只有十幾頁，巴金所說「破例一期全文刊載」，只有看了《文季月刊》原物才能體會得到。出版家趙家璧後來在《北上組稿日記》（1935.5.29～6.19）中這段話「夜宿章靳以所租北海前門東側三座門大街14號一座北房小院子的北房」後面加了一段注解「三座門大街14號這個院子是一九三三年暑假，由靳以租下的，南北屋各三間，另附門房，廁所，廚房門向東的一套房，巴金從上海北來，也住在此屋。南屋中間一間是作《文學季刊》辦公室用。鄭振鐸，沈從文，卞之琳，蕭乾，何其芳。李廣田，李健吾，曹葆華，曹禺等，經常來此。《水星》編輯部也設在這裏。」

　　1935年12月16日，《文學季刊》在出到第2卷第4期（總第8期）後停刊。趙家璧知道後，有意叫良友圖書公司接過來繼續辦，他去找巴金商議，巴金表示支持，又獲得了章靳以的同意。接著，趙家

璧説服了良友公司經理餘漢生，他的理由是：「良友公司出了不少文藝書，應當出一種純文藝月刊，由名家主持，像生活書店出版的《文學》，現代書局出版的《現代》那樣的大型刊物，在刊物上還可以替良友公司的文藝書作廣告擴大宣傳。」趙家璧又向《文學季刊》主編鄭振鐸打了招呼，告訴鄭良友新辦的刊物請的巴金合靳以主編。1936年6月，《文學季刊》的後繼者《文季月刊》創刊，兩刊有幾點不同，一是出版地點不同，由北平改為上海；二是出版週期不同，由季刊改月刊；三是主編換了一個人。「文季」二字説不通，這麼彆彆扭扭，想來是暗示兩刊的內在關聯，《文季月刊》的發刊辭稱「復刊詞」，含復《文學季刊》之意，復刊詞稱「……在這一點上我們的季刊曾盡過一點責任，我們的月刊也會沿著這條路線進行的。」最後落款「文學季刊社」。

　　《文季月刊》也是三百六十幾頁的大刊，前面多了精緻的圖

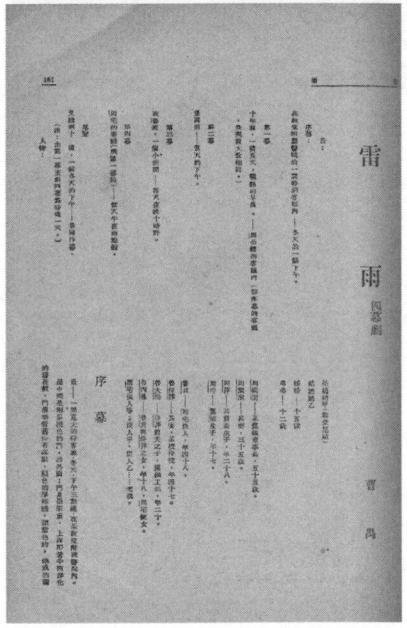

圖上：《文季月刊》的書面，「文季」念起來不明所以。

圖下：曹禺成名作《雷雨》最初的樣子。

書廣告，還多了插圖，顯然比前者豔麗，如果說季刊是京味的，月刊則染上了海派的顏色。季刊月刊有一個共同的缺憾，都不寫「編後記」，許多的文壇內情就此無從得知。這回，曹禺的名劇《日出》（四幕劇），月刊一創刊就登載了，與《雷雨》不同的是，這次不是一期刊畢而是分四期一期一幕的連載，還有一個細節，在《日出》第一幕的最後出現了一行字——「本劇排演權及攝製電影權完全保留請與文季月刊社接洽」；在全劇最後，曹禺在「後記」裏寫了五條，第五條是——「還有，有人寫信來問商量這劇本的上演和攝製電影的事。關於這事情請向文月刊季刊社（謝注；原文如此）接洽，他們為我負一切的責任。」這兩段話表明，《雷雨》發表後引起的轟動及一系列的演出行為，已使曹禺有了「版權意識」。此外，劇本搬上舞臺，由演員來還原作者的意圖，表達形式的劇變，它還能有多少是作者自己本來想要的？有多少是演員表演出來的？對於這些，劇作者應該是很在乎的，作家輸出的是思想，演員付出的是技藝，作者在，遵守作者的意願，作者不在世了，劇本還在。

黑暗年代的燦爛話劇

——發生在六十多年前的「舞臺藝術座談」

百年話劇，有一個階段被有意無意地忽略了，而在那個黑暗的年代裏，卻開出了燦爛的話劇之花，產生了一大批才華橫溢的話劇作家和話劇演員，甚至誕生了「話劇皇帝」——石揮，產生了《秋海棠》這樣的名劇，筆者於此披露的這段話劇史料，敢說是六十多年來的第一遭，別小看了這些模糊不清的人像圖片，說出他們的名字，你才會知道話劇史遺漏了何等要緊的一幕。這一幕出現在一本就叫《雜誌》的雜誌裏——《雜誌》社於一九四四年一月十一日召集上海演劇界名流來了一次淪陷時期唯一的「舞臺藝術座談」，《雜誌》雖然出版於淪陷時期上海，但它的背後卻是黨的地下工作者在掌控，這個秘密是九十年代才揭開的，當年正是他們在險惡的環境中，曲忍抗爭，利用高超的鬥爭智慧，為話劇史留存了一段鮮活的記錄，透過這段記錄，我們可以試著還原那些曾經的場景曾經的人物，被譽為百年中國電影最佳影片之一《小城之春》的女主角韋偉參加了座談，韋偉晚年定居香港；《南征北戰》的「高營長」馮喆的參加——非常出乎意料吧；「話劇皇帝」石揮參加了，他的發言最具幽默；五六十年代活躍的名演員張伐（曾為《列寧在十月》的列寧配音），韓非，喬奇也出現在座談會，丁力是黃裳的（「一位吃開口飯的朋友」）還有丹尼（著名導演黃佐臨的夫人），沈浩

（曾在《舞臺姐妹》裏飾「沈家姆媽」）。似水年華，藝涯如煙，欄杆拍遍，看盡了人間的繁華起落，莫忘了，前塵遺痕，燈火闌珊，光影掩映，還有這樣一抹舊景令人流連。

為存歷史原貌，最穩妥的方法就是不妨把座談會的原始記錄再記錄一遍。

一、舞臺藝術座談會

日　期：一九四四年一月十一日

主催者：本社（《雜誌》社）

地　點：康樂酒家二樓

出席者：史原，韓非，穆宏，孫芷君，王即絮，喬奇，企英，韓炎，石揮，沈浩，丁力，端木蘭心，韋偉，陳璐，衛禹平，柯剛。以下為書面參加者：藍蘭，馮喆，莎麗，趙恕，英鬱，丹尼，沈敏，張伐。

《雜誌》社：吳誠之（主編），吳江楓，丘石木，盛明田。

吳誠之：今天「雜誌社「邀請各位參加「舞臺藝術座談」，參加的都是深有舞臺經驗的演員，我們這次沒有請導演，也沒有

座談的版面，兩旁都是明星，你能認出幾個。

請劇作家和劇評家，所以希望各位就演員地位，能儘量發表意見，我們只是觀眾。

二、近年話劇發達的原因

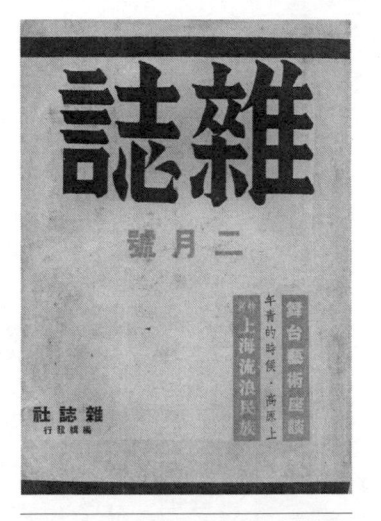

《雜誌》這一期的重頭戲《舞臺藝術座談》。

吳誠之：近二年話劇特別發達，不僅上海，內地亦然，這自然有許多原因，現在就請各位先就這個問題來分析和檢討一下。

史　原：近二年上海話劇發達，是由於觀眾增加。

韓　非：自從歐美電影絕跡，一般過去的電影觀眾一變而為話劇觀眾，觀眾一增加，自然而然的戲院也增加，劇團也增加了，於是形成了目前話劇的發達。

穆　宏：社會是進化的，話劇為社會事業之一種，因此話劇事業也隨之進展，不過目前形式上雖然頗為發達，然而實質卻不。

孫芷君：話劇所以有今日之普通，可說大半由於一般投機資本家所造成，投機家偶爾去看

了幾次話劇演出，對於這種事業突然發生興趣，於是便投資招請演員，組織劇團，租借戲院以作演出。其營業方針當然只顧賣座而不管藝術，又演員的待遇比普通職業界為優，於是演員也大大增多了，然而一般演員的演技反不如以前，為了迎合觀眾所好，遂以過分誇張的動作表情去博觀眾的歡心，而一般觀眾也只以看京劇和滑稽戲的眼光來看話劇，只覺得大體上好或不好，根本就不會欣賞演技，當然更分辨不出臺詞與動作的配合是否統一，所以目前話劇的發達只是表面而已。

王即絮：我來補充孫芷君先生所說的，一，因為投機事業發達，暴發戶因之增多，暴發戶們有了錢，以為身份提高了，當然不再向大世界等遊戲場所去尋樂了，而話劇卻正是比較高尚的娛樂，於是便成了話劇觀眾，話劇觀眾便增多了。二，大部分觀眾水準低落，話劇只得走上通俗化的路，大導演改編的鴛鴦蝴蝶派作品如《金粉世家》和《秋海棠》等，便是因為這種戲容易為一般觀眾接受。三，甚至有些投資者把女演員當作女戲子似的玩弄，這是更豈有此理的事。四，電影事業為了膠片關係，漸有衰落的趨勢。五，現時一般人都感到苦悶，一般青年更不滿於現實，對於別的消遣都覺得有些膩了，而話劇裏常有人生經驗的啟示，於是都去看話劇。

喬　奇：畸形社會有畸形話劇。

企　英：剛才各位所說的都是暴露目前話劇的弱點，我現在卻把它的優點來說說，話劇發達的原因，一，現在有專家出來了，過去的話劇導演都不過是研究別的藝術而兼為話劇導演。黃佐臨先生是誰都知道的留學英國，專門研究戲劇的，上海的話劇得由他來參加，話劇藝術進步不少。無論

什麼事，一有專家，事情就容易進展。二，過去一般觀眾對於演員都覺得很陌生，但是自從《秋海棠》演出後，觀眾無人不知有石揮，於是觀眾對於演員們都變得熟識了，話劇也跟著發達。《秋海棠》戲劇本質的好壞姑不論，不過因為它的演出而爭取了大量的觀眾，這是誰也不能否認的。

石　揮：目前話劇的發達，只是話劇職業化的進步而已，而話劇的本身卻是在退步。

沈　浩：各位都發表了很多高見，我對這二年來話劇發達的原因，還沒有一個充分的認識，因為我的演戲生活並沒有一直延續著，曾經停歇過好些時候，不過我感覺一般劇團當局和觀眾都太過份演員而忽視其他話劇工作人員，這不是一個好現象，目前上演的劇本似乎都是為營業計，實則真正好的劇本也不易得。

韋　偉：剛才王即絮先生所說的，現在有劇團主持者把女演員當作女戲子玩弄，在目下的社會裏，這種事情原是很可能發生的，不過這都是在特殊的情形下才有的現象，也許是被玩弄者本身愛好虛榮，也許是被玩弄者所受教育程度的關係而心甘情願的受人玩弄，但這種情形究屬絕對少數，並不是一般性的。因此我便聯想到現在社會上一般人仍舊邪視從事戲劇工作的女性，用邪的眼光去觀察別人，就是正的也會給看邪的。譬如和朋友一起去吃飯玩兒，立刻就會謠言四起，但是不演戲，原可以和朋友在一起玩，難道說演了戲，就像鳥兒一樣關在籠子裏嗎？這是一般人的眼光問題。街上有那麼多人在走，酒樓內有那麼多人在吃飯，難道這些人都在作著那些謠言裏說的事情嗎？所以我覺得只要做人做得正，就是給人看邪了，也沒關係，因為那種

人的眼光成問題。我以為《秋海棠》戲的演出，是使話劇發達的功臣，因為它為話劇爭取了大量的觀眾，使觀眾對話劇發生了興趣。王先生剛才又說到為了投合觀眾所好，而搬演改編的鴛鴦蝴蝶派作品《金粉世家》，事實上觀眾並不一定喜歡那一類作品，因為「同茂」演《金粉世家》賣座極慘。再者，原著雖有鴛鴦蝴蝶派的作風，然而改編後，不一定還存在鴛鴦蝴蝶派的氣息。

吳江楓：《秋海棠》的原著者秦瘦鷗可就不承認自己是鴛鴦蝴蝶派。

三、關於演古裝戲

吳江楓：劇本的刪改，往往會失真，而且演出者也會因刪改不得法而感到痛苦。上期本刊曾登載林納小姐寫得《我演李香君》，就説到因李香君劇本的刪改而感到痛苦，《浮生六記》是改編的古裝戲，喬奇先生的演技可謂非常成功，請問喬奇先生是怎樣演這個古裝戲的？

喬　奇：京戲裏所表演的古代人物，只能作為演古裝戲的參考，但是不能採用。

吳江楓：上期本社曾舉行過一次「平劇藝術座談」，周信芳先生曾説話劇是京戲的大敵，他説這話，當然並不是對話劇或演員有所反感。他説到京戲有不如話劇之處，因為話劇裏的對白有仰揚頓挫，可以表現人物的個性和感情，但京戲裏的念白卻是平板的並無人物感情，所以京戲念白應該改良。現在的話劇用國語，所以話劇的前途是非常遠大的。

王即絮：外國的戲劇無論是演十三世紀，十八世紀的故事，他們都有專家去考據，甚至是鞋子和帽子的樣式以及盆碟的樣式

都加以精密的考據而仿造的。有專家來先作一番考據，那麼在演出上才不致於鬧笑話。

石　揮：關於服裝式樣的製作，一般是根據兩個觀點，第一是美感，另一是想像。

喬　奇：若是以真正的古代式樣搬上臺，也許觀眾倒沒有好感，因為那種服裝的樣式，也許是缺乏了現代美的條件。

石　揮：譬如說，楚霸王的馬就沒處去找。

王即絮：不過總不能離事實太遠。

韓　非：這話對。有的古裝戲裏劇作者都喜歡摻用文言作臺詞，有時觀眾聽了不甚明瞭臺詞裏所包含的意思，再者，我們究竟也不知當時人們的言語是否這樣說法。

四、對劇評人的感想

吳誠之：話劇的批評文章對於話劇的演出，極有關係，譬如《浮生六記》，因為一般劇評都讚揚推重，於是觀眾都去看《浮生六記》的演出。

丘石木：目前專寫劇評的人並沒有，而一般的劇評家都不過是兼職而已，有的劇評家批評戲劇的演出竟有根據私人和該劇團或演員交情的親疏而不同。還有一種專罵人的劇評家。一般報章刊物的編輯，並不是每一個人對戲劇都有修養，所以看到劇評稿子，只要文筆通順，就註銷來，而無暇顧及內容。

吳江楓：劇評須對讀者發生啟發性，變成劇評八股我們是不會需要的。

企　英：現在的劇評家大概可以分為二大類，第一類是受雇者，即所謂宣傳大臣，所寫的劇評都是些違心之論。第二類是消遣者，這類劇評家對於戲劇藝術並沒有加以研究，只是作些觀後感一類的劇評而已。記得有兩位劇評人曾到金城戲

院的後臺來玩，對《樑上君子》中石揮的演出大發爭論，甲對石揮的演技推崇備至，而乙則大加詆斥，甲問他怎麼石揮演得不好，乙說石揮的戲他根本不要看，甲又問為什麼不要看，乙答是不喜歡看，甲又問為什麼不喜歡看，乙答是因為石揮太驕傲，聽了這一番話，就可以知道他們寫出來的劇評如何了。

盛明田：我以為戲劇演出的批評還是由演員自己來寫的好，因為比較明瞭實際，一般劇評不免隔靴抓癢。

韓　非：我以為演員自己寫批評是不可能的，批評別人會引起誤會而傷感情，批評自己，免不掉有主觀之嫌。

吳江楓：目前經常寫劇評的，不過三數人而已，大多數在大學念書，對戲劇是愛好的，至於修養，也許未免不夠。我以為演員寫劇評也許做不到，但是可以多寫點演出經驗，演出手記一類的文章。

韓　非：演員多寫了一點稿子，一般批評家就會立刻加以批評，說他是自捧，自大，了不起等，好像做了演員，就不該寫文章似的。還有一班人說石揮是因為寫文章而成名，於是演員為了麻煩，遂都不敢寫了。

丁　力：劇評家需永遠走在前面，指示戲劇進展的路線。現在多是觀後感一類的劇評，這種劇評我們只可以算作過渡時期的劇評吧。

石　揮：現在的劇評家幾乎都萬能，劇評應分門別類的加以批評。

盛明田：關於這些問題，各位可以提出來向劇評家討論。

喬　奇：於是展開筆戰。

王即絮：結果是不了了之。

吳江楓：看戲時時常聽到劇中人的臺詞，太文藝化，不像是口頭語，關於這一點，演員能否向導演提出，設法修正？

韋　偉：那簡直是罪該萬死。

丁　力：奇怪的是上海的觀眾竟這樣寬宏大量，竟能忍受這種不統一的演出，從這些大作裏可以讀到：「你知道嗎？」「我不曉得。」等美妙的對話。

吳江楓：在石揮先生的《慕容天錫七十天記》裏知道石揮先生曾改了好些臺詞，不知是否為了使臺詞更接近口頭語一點？

石　揮：是的。

五、演員的生活

吳誠之：現在我們繼續談一談關於演員的生活問題。

吳江楓：目前任何一種文化人都受生活影響，就以現在的票價來說吧，一般人都認為五十六十元未免太高了，這就是因為觀眾對於演員生活不明了之故。

王即絮：講到票價問題，其實雖然最高的要五十元一人，但其中三分之一是娛樂捐，三分之一是分給前臺的，剩下的三分之一才是後臺一切工作人員的，這樣分了又分，其實演員所得的也就無幾了，何況現在的生活程度又是那麼高。

芷　君：譬如現在想添一件絲棉袍子，那多麼難！

喬　奇：現在的票價雖然漲了很多，然而實際所得的不如以前遠甚。

石　揮：若是觀眾能帶米來看戲，算作買票，我們更加歡迎。

芷　君：別的不說，單以裝置來講，一塊三夾板也要四百多塊錢，這還是去年年底的價錢，若是觀眾要看票價便宜的戲也成，我們可以把裝置全部省掉。若是觀眾能以自己的生活與演員的生活作一比較，即可就明瞭演員的生活並不寬裕。

石　揮：我想票價將來還要漲，不久就會漲到每張五百元，到那時候印一張票子的費用還不止十塊錢呢！

吳江楓：那麼現在的演員所得的薪俸可以維持生活嗎？

王即絮：光桿兒還可以，娶了妻子，做了爸爸，那麼難於維持了。

韓　非：演員的待遇雖然不能算好，但是社會上一般小職員的待遇
　　　　還不如我們呢，所以我們雖然比上不足，卻比下有餘。

沈　浩：對於演員的待遇我卻滿足。

韋　偉：想到有許多人不如我們的時候，我就覺得滿足了。

藍　心：我也滿足。

吳江楓：票價既然提高了，演員的待遇也得提高呀！

喬　奇：但是因為合同的關係，票價雖然漲而演員的待遇卻可以不
　　　　增加。

六、關於一九四三年的最佳劇

吳誠之：以各位圈內人的眼光來評判，一九四三年上演的劇本，哪
　　　　幾個是最佳的？

芷　君：石揮。

王即絮：的確是這樣。

喬　奇：別的劇團在演戲，自己也在演戲，很難看到別的劇團的演
　　　　出，所以無從評判。

石　揮：由於時間關係，所看到的都是殘缺不全的，所以不能加以
　　　　評判。

七、演員修養問題

吳江楓：演員的修養，除了觀察體驗之外，也得靠有關戲劇的書
　　　　籍，不知戲劇書籍有沒有來源？

丘石木：這當然要靠圖書館，因為個人所收藏的到底少數，不知各
　　　　劇團都有圖書館的設立沒有？

喬　奇：只有以前的「上海劇藝團」有過圖書館，所收藏的參考書
　　　　籍相當豐富。

芷　君：現在「聯藝劇團」設有一小圖書館，收藏的書籍為數很
　　　　少，而且都是些近年來的作品，以前那些好的劇本都沒有。

史　原：最近「苦幹劇團」也新設了一個小圖書館，正在積極置備
　　　　書籍。

吳江楓：那麼有沒有像劇藝研究會一類的組織呢？

芷　君：以前「上海劇藝社」有過。

韋　偉：下了戲就感到非常的累，需要較長時間的休息，精神才能
　　　　恢復過來，就是有這種研究會的組織，恐怕也沒有精神和
　　　　時間去參加。

吳江楓：現在不是都改演一場了嗎？

韋　偉：一場也夠累的，何況逢星期三，星期六和星期日這三天照
　　　　樣是每天兩場。

芷　君：關於演員的健康問題，「聯藝劇團」已組織一個球隊，以
　　　　便團員們鍛練身體。

吳江楓：演員既然都感到這麼辛苦，那麼為什麼不把戲縮短呢？看
　　　　三小時以上的戲實在吃力，

喬　奇：戲一短，觀眾就不滿意，譬如《浮生六記》，觀眾嫌短。

芷　君：《香妃》演兩小時觀眾也嫌短，所以只得加了不少的戲，
　　　　因為花五十元看兩小時的戲，反不及八十元看四小時馬連
　　　　良的戲來得上算，所以就是原劇本是短的，也得設法加長。

石　揮：還有的觀眾總覺得晚戲比日戲好，演員也有這種感覺。

八、演出的賣座問題

盛明田：目前話劇喜歡採用所謂電影手法，好像《文天祥》的楔子及《浮生六記》的末一節都是運用電影手法的。費穆先生所導演的《浮生六記》和《小鳳仙》，何以兩者的賣座竟差得這麼遠呢？

石　　揮：這種手法在希臘悲劇裏已為人採用了。

喬　　奇：兩者的賣座懸殊，有地段的關係，及其意義較深，所以賣座不及《浮生六記》了。一個戲的賣座，真要靠天時，地利，人和。

韋　　偉：有的戲院就是送票，人家也不願意去看，因為場子實在太冷了。

丘石木：上次演《家》，這次演《鳳雪夜歸人》都是比較優秀的劇本，可是照樣不賣座。

吳江楓：還有，看話劇必得坐在前排，坐在後排根本看不清楚，所以要前排客滿是容易的，要全部客滿卻難。

芷　　君：這是現在的場子都不是真正的話劇場子之故。

韋　　偉：聽說金城快演《秋海棠》了，我恐怕也難把金城轟起來吧。

王即絮：近來的劇團都喜歡搬演喜劇。

石　　揮：這卻不儘然。

韓　　非：陰曆新年倒是喜劇佔優勢，「巴黎」的《雙喜臨門》，「金都」的《八仙外傳》，「蘭心」的《闔第光臨》等都是喜劇。

吳誠之：上回苦幹劇團公演《飄》，觀眾看了都覺得沒有電影好，可賣座亦不衰。

芷　君：電影可以把許多偉大的場面搬上銀幕，話劇卻不能。

吳江楓：曹禺的《家》的賣座不及吳天的《家》盛，這也許是後者文藝氣息太重。

芷　君：一般觀眾卻說曹禺的《家》不及吳天的《家》好，這是因為吳天的《家》比較通俗。

石　揮：吳天的《家》一開場，觀眾對劇中人的關係立刻即明瞭，曹禺的《家》雖然多文藝的氣息，詩意的臺詞，但不是一般觀眾能接受的。

韓　非：不過我以為若是曹禺的《家》先上演，賣座也會比吳天的《家》盛。

九、對座談會的感想

衛禹平：我參加演劇的生活為時尚短，今天能和這多先進們聚在一起，聽到了許多高論，非常榮幸，得益非淺。

柯　剛：希望在《雜誌》上多看到研究戲劇的文章。

韓　非：我們自己也來一個聯歡會，每星期敘一次，談完了就吃一頓。

石　揮：贊成舉手！

史　原：贊成，不過談完了須有一頓大嚼。

十、預測一九四四年劇壇

史　原：也許將來的話劇院子會增加到一百多所。

韓　非：去年是話劇界的結婚年，今年該是話劇界的養兒子年吧！

衛禹平：希望有一本比《劇壇藝術》更好的戲劇刊物出版。

沈　浩：我預料話劇的票價不久就會漲到一百元一張，而且大批電影明星因待遇不如話劇界而改演話劇，這是指小明星而言，因為小明星沒有暗盤的津貼。

韋　偉：我推測話劇不久便會陷入困難的時期，譬如電力限制是一點。連煤球都買不到，誰還會有這種閒心去看戲？

石　揮：事實時常會出人意料之外。

十一、書面參加者的意見

藍　蘭：戲劇職業化之後，一般演員都能專心一意地去研求自己演技的進步，為了優勝劣敗的緣故，今年各演員的演技一定會比去年進步。

一九四一年《劇藝》創刊號，甚罕有。

馮　喆：將來劇團不斷地產生，但為了迎合觀眾，便專門上演一些
　　　　觀眾愛好的劇本，所以，以後恐怕不易見到旨趣較高的劇
　　　　本上演。

沙　莉：我預料本年度一定會有許多新導演產生，因為目前正鬧著
　　　　導演荒。

趙　恕：一個劇評家若以正確的眼光去批評戲的演出，對於整個劇
　　　　壇是有莫大的幫助。

英　鬱：現在的劇評家常是很籠統的批評，並沒有給予演出者一個
　　　　具體的改進辦法。

丹　尼：個人方面我希望自己能好好地演幾個不同路的戲。

沈　敏：去年我喝過好多起話劇界的喜酒，今年我卻等著吃話劇界
　　　　的紅蛋。

張　伐：我並不是借用他人的大帽子來壓人，不過我讀了魯迅的那
　　　　篇《說不出後》覺得很有意思，所以在這兒借用一下：
　　　　「看客在戲臺下喝倒采，食客在膳堂裏發標，伶人廚子，
　　　　無嘴可開，只能怪自己沒本領。但若看客開口一唱戲，食
　　　　客動手一做菜，可就難說了。」

《風雨談》之
「現代女作家書簡」

　　1984年1月20日唐弢先生覆信嚴家炎同志，當時嚴家炎正在編寫《中國大百科全書·中國文學卷》裏「淪陷區文學」詞條初稿，請唐弢給初稿提意見。唐弢太有資格了，新文學史熟悉，新文學書刊集藏豐富，那段淪陷時期他又親身經歷過。唐弢在覆信中提到幾種淪陷時期出版的期刊，其中有一句：「上海與《古今》有同樣影響的，至少還得提一個柳雨生（存仁）編的《風雨談》。」還說：「過去潔癖太不好，沒有蒐藏這些材料，只能從記憶挖出這些，以供參考，不找書怕不行。」

　　我的購藏《風雨談》，並不是想著它的重要性，而是彼時所出文藝類期刊均在搜羅範圍之內，「潔癖」我沒考慮過。保存一本雜誌，並非意味著全部贊同雜誌的立場。其實連這一句解釋也是多餘。

　　《風雨談》創刊於1943年4月，編輯者：風雨談社，代表人柳雨生。共出21期，前16期開本為32開書型，後17－21期改16開本，薄得很，5期加一起只頂得上前期的一本厚。

　　《中國現代文學期刊目錄彙編》（天津人民出版社1988年9月第一版），收錄期刊276種，淪陷時期南北各選一二種入選，北京是《藝文雜誌》，上海就是《風雨談》。在「館藏索引」中，上圖，北圖，北大圖書館的《風雨談》都是殘缺不全的。私家收藏有一心理，總想看看自己的東西公家有沒有，若有就不算稀罕之物；若連

柳雨生的《風雨談》。

公家都沒有，私心便獲得極大滿足，彷彿自己藏的是「世間孤本」那般高興。「鷹有時飛得比雞還低，但雞永遠飛不了鷹那樣高」，這句話形容公藏和私藏的關係很適合。

許多作家的文章最初刊在雜誌之後，便沒有機會結集成書留存世間，雜誌消亡了，他的文章也隨之消亡，這也是保存老期刊的另一意義。周作人的長子周豐一的文章，很少有人讀到，朱魯大《知堂散文有傳人》（1984年2月）第一回透露周豐一在香港《明報》上發表的《魚話七篇》和《魚言魚語》，並鉤沉出周豐一用筆名「伯上」在《風雨談》上發表有文章《修鉛筆》和《買水煙袋記》。

《風雨談》第11期有「現代女作家書簡」一束，這些女作家是丁玲、許廣平、冰心、陳衡哲、蘇雪林、陸小曼、王映霞、袁昌英、沉櫻、馮沅君、凌叔華、謝冰瑩、蘇青。書簡的抬頭一律隱去真名，代之以「××先生」，信中的人名和刊物名也

多以「××」代之，落款的時間也只到月日（唯陳衡哲一通為「廿六，八，五」），連當時又紅又得勢的蘇青的信也有許多的「××」。搞不懂編者遮遮掩掩的意圖，且作一點解謎的遊戲。

這些信的受信人很可能是上海的某編輯。我以為此人是陶亢德，陶在《風雨談》第一期寫《談雜誌》，講到他「自民國二十年起到三十年為止，我所參與過的，共同發起的，主編的，手創的雜誌，仔細算算已經十有四個。」想來陶手上留存的作者信札不少，可以從容地挑出「女作家」來。還有一個條件陶亢德也符合，《風雨談》乃太平書局所出刊物，而在太平書局掛主職的正是陶亢德。

冰心的信「××先生；來信敬悉。關於作稿，豈明先生已催過兩次了，只因牙疾，不能寫作，抱歉之極。『××特輯』很動人，頗想寫他一寫，題目一時不能定，因為我作稿，常常是後定題目的，在可能範圍內拙稿總擬在五月中旬奉上不錯。此請撰安！冰心拜五月一日」等於是一道代數題，提供了「豈明」和「××特輯」兩個已知數，不該難解的。

王映霞的信「××先生：久未晤，滬上戰事，想×小銷路定受影響不少，頗以為慮。聞達夫云，七月中學（旬？）曾寄給××文稿一篇，如已刊登，稿費乞寄富陽，因杭寓處三四（？）重大目標之中，不得不全家暫移此間，較為安適，鄉間消息阻隔，先生得此信後，有暇盼略告滬上實情，至以為禱。此請撰安。王映霞敬上九，七」。此信中「七月中學」似應為「七月中旬」；「因杭寓處三四（？）重大目標之中」的「三四」不明白是筆誤還是另有所指。

沉櫻的信「××先生：前蒙惠函，適值回濟小住，日前歸來始得拜讀，遲復，殊為抱歉。屢蒙貴刊索稿，無以應命，實覺慚愧。但近來天氣太熱，執筆困難，九月特大號實無稿奉上。原諒為幸。專此敬覆，順頌暑安。沉櫻　八月二日」。馮沅君的信「××先生：手示敬悉。關於××九月號撰文事，沅擬將平時讀書筆記整理

奉上。題目是《元雜劇與宋明小說中的幾種稱謂》（約六七千字）。這自然是很淺薄的，聊以塞責而已。文稿在謄寫中，容緩奉。侃如因母喪返裏，一時恐將方命。敬祝健好。沉君六月廿四日。」這兩信都提到了「××九月號」，不妨作為一個線索，排查一下陶亢德所編雜誌即可。

蘇青的信最多線索「××先生：「××」承蒙如此幫忙，真使我感激得説不出話來，目前別無圖報之法，只有趕寫「××××」。俾得在新年號連登二章或三章耳。以後只要能力所及，無不從命，只望足下能繼續助「××」發展耳。「愛説話的人」本期當預告。望勿失約。×先生文章承慨贈，尤感激。當作第三期特稿，以資號召。……文稿抄好後當奉還，×××所損失之排版費，「××」償還，如何？我已起床，但行走乏力，再請假數日，至下月一日起來××辦公，如何？乞轉告××××先生，不要忘了。關於「××」事，又有許多要向你「顧問」了，見面時再説罷！蘇青　廿五日，又，沈××君有篇文章囑轉交，且待面奉罷。」

我妄測幾點如下：「××」承蒙如此幫忙──「××」應是蘇青主編的雜誌《天地》；只有趕寫「××××」──「××××」應是蘇青的小說《結婚十年》，當時在《風雨談》連載；只望足下能繼續助「××」發展耳──「××」仍是《天地》；×先生文章承慨贈，尤感激。當作第三期特稿，以資號召。……文稿抄好後當奉還，×××所損失之排版費，「××」償還，如何？──×先生可能是周作人，也可能是陳公博，蓋第三期《天地》第一篇是周作人文章《武者先生和我》，版式為古書式的，然無「特稿」字樣，倒是第二期有醒目的「特稿」，是陳公博的《改組派的史實》。

《湖社月刊》

北平湖社畫會是昔日北京一個規模很大的美術團體，也是中國現代美術史上重要的美術組織。該會成立於1927年1月15日，由吳興畫家金拱北長子潛庵與同門二百餘人就乃師墨茶閣合組而成。主要會員骨幹有陳少梅、劉延濤、王仁治、王拱之、俞瘦石、齊白石、陳東湖、徐燕蓀、惠孝同、陳師曾等，聲勢浩大，皆一時之選。

1927年11月，北平湖社畫會創辦《湖社月刊》，金開藩（潛庵）主編，開始名為「湖社半月刊」，自第11期起改「湖社月刊」。該刊二期合為一冊，出100冊，至1936年3月停刊。《湖社月刊》「期」「冊」並行，極易造成混亂，如第51冊後加括弧第101、102期，照此推算第100冊應該是括弧第199、200期，實則不然，第100冊為終刊號，齊白石翁題寫刊名，下有「壹百期紀念七十六翁白石」，內文也儘是《湖社百期感言》、《湖社百期紀念序》之類。有資料說該刊「一至五十期為一百期，總五十一冊至一百冊為五十期，先後共出版一百五十期（一百冊）」，那是經過核對原刊後的結論，因為從52冊開始就無括弧了，該刊出至第五十冊（第九十九、一百期）時也有金開藩寫的《本刊百號紀念感言》。為什麼糾纏於刊期這等枝節末梢的小事，蓋因有收藏者拿到第五十冊即誤以為握有終刊號了，孰不知這才僅是全份刊物的一半。《湖社月

刊》幾度上拍，所以務求弄清楚「起止」期數年份，拍品目錄上有注明「卷」的還有注明「期」的，還有「冊」的，亂做一團。最全的一份曾拍出4400元。

《湖社月刊》的名稱每期請一大家題字，從不重複，這於刊物中是極難得的。封面古畫多出自會員所藏。余最喜歡的元張渥《雪夜訪戴》為寵虛齋所珍藏。終刊號封面是中國畫學研究會創辦人「金北樓先生四十九歲遺照」。第十四冊為「雪景志號」，彙集名家畫雪之作，探討雪景畫法，從中可知中國畫學的廣博深奧，如其所言「雪昔有風雪，有江雪，有夜雪，有春雪，有暮雪，有欲雪，有霽雪。」單是一個畫雪，耗盡多少筆墨精神？

另有連載之清上官周寫《東坡賞心十六事》（胡佩衡藏），乃精妙玄遠之畫作，如《撫琴聽者知音》、《月下東鄰吹笛》、《客至汲水烹茶》、《涼雨竹窗夜話》、《清溪淺水行舟》、《隔江山寺聞鍾》、《暑至臨流濯足》，都是人世間至情至美之事，觀賞《湖社月刊》是一件快事，有澄濾俗念之功效，一卷在手，喜洋洋哉。

寒舍所藏《湖社月刊》，零零星星從舊書店，書攤集來，十幾年的搜求功夫，離集全還差一段路程。求全之心，最容易受傷害，世事隨緣，強求不了，不存貪念，卻時有所得。收藏久了，性情愈發平和，得之失之，均坦然面對。

《湖社月刊》之《雪景專號》。

《世界畫報》之
「三一八慘案特刊」

發生在八十一年前的「三一八慘案」，沒有隨著時間的久遠而被遺忘，正是在三月十八日這天，我極其幸運（全民收藏意識普淺，運氣比眼力更重要）地在琉璃廠舊書鋪淘到了八十一年前《世界畫報》出版的「三月十八日慘案特刊」，我極其鎮靜地付了款，心裏卻在嘲笑店主不識貨（標價很低）。接下來的幾天，諸事皆廢，全身心地研究這份珍貴的特刊，把相關的資料能找到的全攔在手邊，相關鏈結：「《紀念劉和珍君》」，「北京女子師範大學」，「魯迅」，「李大釗」，「宗帽胡同」，「石駙馬大街」，「張次溪」（特刊鈐陽文「張次溪印」六枚），「世界畫報」。扯這麼遠，除了歷史事件這個大因素，個人的情感也混雜在內，女師大的舊址在石駙馬大街，《世界畫報》社址也在這條街的東口路北一巨宅內（此宅原為袁世凱族侄袁乃寬住處），我的幼稚園三年小學六年正是在石駙馬大街第二小學度過的；女師大有一階段「偏安宗帽胡同」（魯迅語），而我在緊鄰宗帽胡同的一所中學裏上過五年學，算一算我得經過宗帽胡同多少回吧，記得上體育課長跑還要穿越整條胡同，可惜年少無知，不懂得尋訪歷史遺跡（魯迅說「待到偏安於宗帽胡同，賃屋授課之後，她（劉和珍）才始來聽我的講義，於是見面的回數就較多了，也還是始終微笑著，態度很溫和。」）今年四月二十八日是李大釗就義八十周年，李大釗在北京居住時間最長的一處住所——西城區佟麟閣路文華胡

同24號院，近年政府投資1200萬元恢復李大釗故居原貌並全面修繕，現已對公眾開放。文華胡同離石駙馬大街與宗帽胡同都很近，我的小學中學同學都有住在文華胡同的。

《世界畫報》是北平《世界日報》（1925年2月1日由著名報人成舍我創辦）的攝影附刊，原為日報的一個版（1925年4月開始「增刊石印畫報一版」），1925年10月10日《世界畫報》從日報「獨立」出來，改為四開單張（凡系日報的定戶附送畫報），就是現在我們看到的樣式，有的期刊目錄把《世界畫報》作為期刊收錄，關於「報刊不分」的問題由來已久，一句兩句說不清，只好略去不說，我私下裏分作：「報紙型畫報」與「期刊型畫報」，《世界畫報》屬前者。二十年代的畫報潮（北京是策源地）是報紙型畫報潮，三十年代的畫報潮（上海是中心）才是現在我們習慣的畫報模式。《世界畫報》為週刊，關於它的總期數，有說606期（1937年7月11日停刊），有說573期（1936年12月停刊），相差不少。鄧雲鄉先生收藏《世界畫報》，他回憶說「（《世界畫報》）用雪白的道林紙，藍色油墨印行，百分之九十是照片，第一版照例是一張名媛或燕大，輔仁高材生的照片，配一篇短文，第二，三兩版全是新聞照片，偶爾印一張畫，但不常見。第四版是電影照片，當時真光，中天等電影院放得都是好萊塢的電影，這第四版便經常登明星照片和影片中的某些鏡頭。雖然當年的雪白的道林紙已經漸漸泛黃了，但還經常拿出來翻翻，說句文藝家們的話吧，這也是撫摸著少年時期，青年時期的夢呢。」（《文化古城舊事》）

特刊的原藏者張次溪（1909～1968）曲藝史家，民俗學家。原名張涵銳，又名仲銳，字次溪，筆名燕歸來簃主人、肇濱、張大都、張四都。生於廣東省東莞縣篁村水圍鄉（與張競生同鄉，我買到過張競生送張次溪的《浮生漫談》），四歲那年隨父來北京，張父張篁溪是康有為的學生，曾與秋瑾等一起留學日本，學法政。張次溪在北京志

成中學（今北京三十五中學）讀書，畢業於孔教大學；先後主編北京《社會日報》、《民國日報》，曾從沈南野、齊白石等名師。除了一度去南京、安徽外，大都住在北京。經容庚介紹，曾在北平研究員工作。張次溪編輯的《清代燕都梨園史料》、《清代燕都梨園史料續編》、《北平史跡叢書》、《燕都風土叢書》、《中國史跡風土叢書》，這「六大叢書」，是受了「五四」新文化運動的影響，為我們研究北京民俗文化提供了豐富的資料。周作人等為《京津風土叢書》寫了序，顧頡剛為《北平史跡叢書》題簽。張次溪一直熱衷於對北京天橋的民間曲藝雜技藝人藝術及民俗生活的調查研究，積累資料近三十年，撰成《北京天橋志》、《天橋一覽》、《天橋叢談》、《天橋景物圖錄》，《人民首都的天橋》等專書。五十年代在輔仁大學（後併入北京師範大學）歷史研究室工作，曾參與辛亥革命史料的搜集、整理與編輯工作，為編輯數百萬字的《辛亥革命（史料）》付出重要貢獻。1957年，張次溪因病退職，1968年逝世。張次溪收藏北京史料的圖書非常豐富，號稱亞洲第一舊書店的「遺產書店」（2000年在北京琉 璃廠開店）的古舊圖書陳列，一共只更換過兩次，第二次是為了紀念（慶祝？）北京建城八百年，這次所陳列的圖書資料幾乎全部來自張次溪的舊藏（上面有張的藏書印），而陳列說明中隻字不提，很不夠尊重藏家的貢獻。張次溪的藏書一部分捐給了供職的單位，一部分作價賣給了中國書店，鄭偉章《文獻家通考》裏有記載。

　　「三一八慘案特刊」（《世界畫報》第32號）是三月二十六日出版的，離慘案發生只有一周之隔。特刊出了兩張，第二張是三月三十一日出版（期數仍屬第32號），現在不清楚《世界畫報》在出特刊的同時是否還按正日子出畫報。第一張特刊的「特別預告」，有一項內容「慘案之責任者：段祺瑞，賈德耀，章士釗」未能如實出現在特刊第二張，可以想見壓力的存在。現將特刊內容介紹如下：

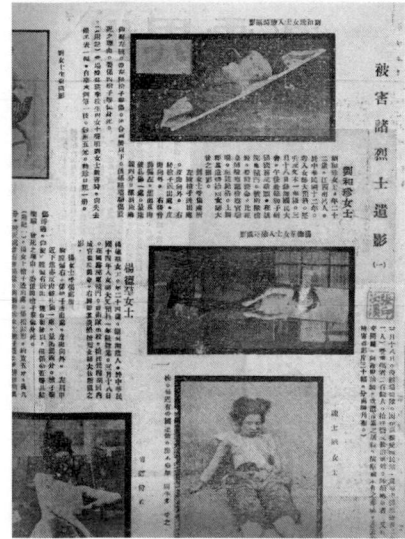

圖上：《世界畫報》之《「三一八」慘案特
　　　刊》首頁。
圖下：特刊內頁，烈士死狀甚慘。

第一張──一版「慘案紀實」
（上）附照片三張「開槍前執政
府門前之隊伍」，「慘劇未作前
之民眾」，「慘劇閉幕後國務院
外吊者麇集哭聲震天」；二三版
「被害諸烈士遺影（一）」附照
片13張，有劉和珍，楊德群，
魏士毅等九烈士；四版「被段祺
瑞通緝之五人」附照片5張，為
李大釗，易培基，徐謙等。第二
張──一版「慘案紀實」（下）
附照片4張「國民軍趕來彈壓之
狀」，「槍聲方息時市民救護傷
者之景」，「槍聲正作時東四北
大街商店均閉門巡警送傷者過市
景況極為淒慘」；二三版被害諸
烈士遺影（二）附照片14張，
有張夢庚，黃克仁等。四版為
「被害烈士之靈位」，附圖片5
張，有「女師大劉楊二女烈士靈
位」，「工大陳劉江三烈士靈
位」。

　　下面是慘案八十年後的正規
說明：

　　1926年3月18日，中共北1
方區委、北京地委和共青團北
方區委、北京地委同國民黨北

京特別市黨部、北京總工會、北京學生聯合會、北京反帝大聯盟、廣州代表團等六十多個團體、八十餘所學校約計五千餘人在天安門舉行「反對八國最後通牒國民大會」，抗議日本帝國主義的軍艦侵入大沽口、炮擊國民軍及美、英、日、法、意、荷、比、西等八國無理通牒中國的罪行。為了這次大會的召開，中共北方區委事先作了佈置和安排。是日清晨，中共北方區委在李大釗的主持下又召開緊急會議檢查準備的情況，趙世炎、陳喬年、共青團北方區委書記蕭子璋、中共北京地委書記劉伯莊，分別報告了群眾的組織和發動情況，擬定了標語和口號，以及遊行的路線等。群眾大會上午十時開始，首先由大會主席徐謙報告會議議程，揭露帝國主義的侵略罪行和段祺瑞政府１７日對請願群眾的暴行。大會議決：通電全國一致反對八國通牒，驅逐八國公使，廢除一切不平等條約，撤退外國軍艦；電告國民軍為反對帝國主義侵略而戰。會後，群眾結隊前往段祺瑞執政府請願，要求段政府立即駁複八國通牒。當隊伍來到鐵獅子胡同段祺瑞執政府門前時，預伏的軍警竟開槍射擊，打死47人（「特刊」報導為40人，當場死26人，送醫救治無效14人。），傷200餘人，製造了震驚中外的「三一八」慘案。中共北方區委李大釗、陳喬年、趙世炎等人親自參加了這次鬥爭。李大釗、陳喬年等由於掩護群眾而受傷。慘案發生後，北京各學校停課，為死難的烈士舉行追悼會。23日，於北京大學三院在陳毅的主持下召開全市追悼大會。魯迅把3月18日稱作「民國以來最黑暗的一天」。

　　我們的知道「三一八慘案」，多是從課本上來的，念書時課本裏有一篇課文《紀念劉和珍君》，魯迅寫的（關於三一八慘案魯迅寫了好幾篇文章，惟此篇由於收入學生課本，最為人知），文章裏很有些格言式的句子，我們至今還能一字不錯的背出來，如「沉默呵，沉默呵！不在沉默中爆發，就在沉默中滅亡。」如「苟活者在淡紅的血色中，會依稀看見微茫的希望；真的猛士，將更奮然而前行。」現

在，手邊有了慘案特刊，看到了先前從未見過的圖片和文字，重讀魯迅，我留意的不再是格言，而是另外的話——「時間永是流逝，街市依舊太平，有限的幾個生命，在中國是不算什麼的，至多，不過供無惡意的閒人以飯後的談資，或者給有惡意的閒人作『流言』的種子。至於此外的深的意義，我總覺得很寥寥，因為這實在不過是徒手的請願。」魯迅先生與《世界畫報》有過直接接觸，一九三二年十二月四日的《世界畫報》刊出了《魯迅在師大》照片五幀，臺靜農還把照片印了一份寄給魯迅，魯迅很高興「照相能得到原印片一份，則甚感。」（1932年12月13日致臺靜農）1934年4月28日魯迅日記中記有朱自清（紫佩）送來「《世界畫報》二本」。《世界日報》1926年6月請劉半農編輯副刊，劉半農遂向魯迅約稿，魯迅自6月25日起為副刊寫《馬上日記》等文章。

慘案特刊在每幅照片下均有詳盡的文字說明，「劉和珍女士」照片的文字是「劉和珍女士。年二十二歲。江西南昌人。於中華民國十二年。考入女師大預科。歷升至文本一年級。三月十八日參加國民大會。午後赴鐵獅子胡同國務院請願。在該院東轅門。被衛隊槍殺。登時斃命。比經京師檢查廳檢查官驗明。填註屍格。上圖即其遺體抬回女師大後之攝影。劉女士受傷處所左腋槍子透出處。皮肉向外。右膀槍子透出處。皮肉向外。右後脅肋偏左。焦出皮肉破孔傷一處。量圍圓四分。斜深透過仰面左腋。並左膀槍子擊傷。連合面腰以下。俱係穩婆驗傷致死之理由。委係因槍子擊傷身死。（附記）當場據吳瑛李桂生兩女士聲明劉女士被害時，尚失去銀手錶一個。自來水鋼筆一枝。鈔票五元。袖珍日記一冊。」魯迅在《紀念劉和珍君》中寫道「我沒有親見；聽說，她，劉和珍君，那時是欣然前往的。自然，請願而已，稍有人心者，誰也不會料到有這樣的羅網。但竟在執政府前中彈了，從背部入，斜穿心肺，已是致命的創傷，只是沒有便死。同去的張靜淑君想扶起她，中了四彈，其

一是手槍，立僕；同去的楊德群君又想去扶起她，也被擊，彈從左肩入，穿胸偏右出，也立僕。但她還能坐起來，一個兵在她頭部及胸部猛擊兩棍，於是死掉了。」「三一八」慘案發生地位於北京東城區張自忠路3號。這裏原稱鐵獅子胡同，舊門牌為1號，俗稱「鐵1號」。清朝時為和親王府，清末改為貴冑學堂，後與西側的承公府一併拆除，重新建起了三組磚木結構的樓群。中間主樓為歐洲古典式灰磚樓，前後面三間樓門，中部門廳以上三層，兩側及翼樓均為兩層，在主樓的東、西、北面各有一座樓房，形成一組樓群。在樓群的東、西兩邊各有一組風格相同的建築。大門在主樓前面，坐北朝南，面闊五開間，門前一對石獅子，隔街對面是一座懸山頂磚雕大影壁。1912年，袁世凱將總統府和國務院設在這裏。1919年以後，靳雲鵬將這裏改為總理府。1924年段祺瑞就任中華民國臨時執政，這裏遂改為執政府。解放後，原先大門兩側的東西轅門已拆除，門前的馬路拓寬，樓房已改為人民大學校舍。當年曾被槍彈打出累累彈痕的大影壁，現在已被京津包子館遮擋住。大門東側，有一塊由共青團東城區委豎起的紀念碑，上面寫著：「三一八」慘案發生地。

《逸經》雜誌報導紅軍長征

一九三六年十月，舉世聞名的紅軍二萬五千里長征勝利結束，在當年是哪種媒體最先向世人報導和宣傳這個消息的？在國統區的人們是如何瞭解到紅軍長征的詳情？——不是哪家大報，更不會是國民黨政府的宣傳喉舌，令人想不到的是，最先全面披露紅軍長征勝利的是上海一家文史掌故雜誌《逸經》，在1937年7月出版的《逸經》雜誌第33期第34期上以連載形式發表了署名「幽谷」的《紅軍二萬五千里西引記》（2005年11月16日《中華讀書報》劉統文「《紅軍長征記》出版情況及其價值」內稱「上海《逸經》第33，34期合刊上，發表了一篇署名『幽谷』的文章《二萬五千里西印記》。」這裏有二個錯記，33期

《逸經》雜誌的封面。

與34期不是合刊而是分別出版的；「幽谷」的文章應是《紅軍二萬五千里西引記》，劉文漏了「紅軍」二字。這二個字顯示了《逸經》主編的膽識，不該疏漏。）「幽谷」的文章還大膽地刊出了全身軍服的「毛澤東像」及「二萬五千里西引經過路線圖（由江西瑞金縣始至陝西吳起鎮終）」，另刊出圖片「紅軍在江西所發建設公債卷」。這些七十年前事關重大歷史事件的歷史細節，後來的研究者有責任一一核實。

　　《逸經》雜誌，1936年3月在上海創刊，半月刊，簡又文任社長，前22期由謝興堯主編，22期之後由陸丹林主編，1937年8月20日出至第36期後停刊（另有研究者說第37期只出了幾本樣刊，未及面世。），為適應抗戰爆發的新形勢，《逸經》與《宇宙風》，《西風》聯合出版了《宇宙風・逸經・西風非常時期聯合旬刊》，共出7期。再後，這幾個雜誌的骨幹又避聚在香港，辦起了具有鮮明抗戰立場的《大風》雜誌（1938年3月），一直堅持出到香港淪陷（總出101期），之所以列出《逸經》刊史始末，是為了說明簡又文，陸丹林他們在那樣的環境中能夠大膽地刊佈《紅軍二萬五千里西引記》這樣帶有鮮明政治立場的文章，不是偶然的行為，而是有良知有正義感的知識份子的必然作為，當時並不是哪一家刊物都有膽量刊登這樣既有新聞性爆炸性而又特具危險性的文章的。現在我們才知道「幽谷」即是中共地下黨員董健吾，公開身分是上海聖教會牧師，美國著名記者斯諾當年秘密進入陝甘寧邊區採訪，就是經由董健吾安排協助進行的，正是由於董健吾的特殊身分使他有條件先期看到由毛澤東倡議並組織編寫的回憶錄性質的《紅軍長征記》的部分原稿（由於種種原因，《紅軍長征記》遲至1942年11月才在延安排版印刷，印量很少），董健吾利用這些原稿改編成《紅軍二萬五千里西引記》，署「幽谷」之名交給簡又文的《逸經》公開發表，使得紅軍長征勝利的全過程大白於天下，深入於民心。儘管由於為了能夠通過當局的新聞檢查，將「長征記」改為「西引記」，而且在措詞語氣上進行

了一番偽裝，《紅軍二萬五千里西引記》仍舊起到了在國統區宣傳紅軍長征勝利的極不尋常的意義，它比斯諾的中譯本《西行漫記》（1938年在上海出版）早了一年多的時間，從版本學的角度論起，《逸經》雜誌的33期和34期無疑具有彌足珍貴的版本價值與革命文獻價值。

第33期《逸經》在「今代史料」欄目裏安排刊出《紅軍二萬五千里西引記》，「幽谷」在文前寫了一段可堪玩味的話——「余作是篇，因限於篇幅，不能詳盡，惟舉其犖犖大端，以存中國民族近代史跡一頁耳。余既非參與其役，又未列於追剿，何能言之鑿鑿，一若親歷其境者？蓋於雙方對峙之營壘中均有余之友好，各以其所知盡述於余。余乃考其異同，辨其虛實，然後以其可言者言之，以其可記者記之，而成此篇，諒吾友不以余之執中從略而相責也。讀者欲知其詳，將來自可求之於雙方之專書。今得之於本篇者，僅其概要而已。民國廿六年五月十六日幽谷序於上海」這段撲朔迷離故弄虛玄的自白，可看作三十年代文化鬥爭中文字技巧的範例。

由於「幽谷」利用的原始素材基本上來自《紅軍長征記》，為了淡化與遮掩自己的真實的政治立場，他不得不字斟句酌，盡可能地把要表述的真實意圖隱藏在某些冠冕堂皇的辭藻裏，巧妙地編排出一篇主旨上表達了紅軍突破圍剿成功地實現戰略轉移而國民黨軍隊圍追堵截徹底失敗的報告式文章，其實，聰明的讀者自會從作者的敘事角度看出來這篇文章的許多細節只能來自「余之友好」的紅軍一方，如講到紅軍痛飲茅臺酒的趣聞（素材來自《紅軍長征記》中熊伯濤的《茅臺酒》）；講到紅軍在草地斷糧（素材來自《紅軍長征記》中舒同的文章《蘆花運糧》）等等。最重要的一個細節是，《逸經》第34期上刊露的「紅軍第一軍團西引中經過地點及里程一覽表」與《紅軍長征記》書後的附表完全一致，如此詳盡的一覽表只能出自「被

追剿」的紅軍一方，，為了掩飾一下作者過於明顯的傾向，在表後的注釋里加了這麼一句「統計西竄行程為一萬八千零八十八里，號稱二萬五千里，是誇大之詞。」

　　2002年10月16日，英國的兩個青年李愛德，馬普安從江西於都出發，沿著當年紅一方面軍的長征路線重走長征路，經過384天的步行，於2003年11月到達紅軍長征的終點——陝北吳起鎮，他倆根據自己實際走的路程對記者說「長征並不是25000里，而是12000到13000里，所以長征沒有那麼長。」這一說法迅速在國際上引起反響，馬上就有了一百多篇關於這個說法的報導。為了澄清圍繞在事關重大歷史事件的混淆視聽，黨史軍事史的研究者發表了大量考辨文章，論證廓清了幾個焦點的疑問：紅軍「二萬五千里」的里程是怎樣計算出來的？「長征」與「二萬五千里長征」是不是同一個概念？李愛德，馬普安是按照當年紅軍長征的行軍打仗路線走的嗎？（李，馬重走長征路為什麼只走了12000多里？）重播歷史現場，《逸經》雜誌也許能夠提供另一個視角另一個思路另一個旁證。由此又引申出另外的問題就是：《逸經》與簡又文，「幽谷」與簡又文，「幽谷」與斯諾，斯諾與長征，他們之間一環套一環的關聯，還有多少秘聞與趣聞是不為我們所知道的？

施蟄存周煕良合編《活時代》

手中的這本《活時代》創刊號是施蟄存和周煕良主編小雜誌，薄薄的一冊，32開本。僅出一期，既是創刊號，又是終刊號，鮮為人知。《活時代》的出版日期印的是「一九三五年四月十日出版」，這個「一九三五年」出版日期寫錯了，應該是「民國三十五年」或「一九四六年」。這是一本把「百分之八十讓位給譯文」的刊物，——《我在中國獲得了愛》（丹麥）、《從來不穿制服的上將》（美）、《新聞記者帽子裏的玄虛》（美）、《歐洲婦女在做些什麼？》（美）、《我們穿過沙哈拉沙漠》，《誰是蔣主席的承繼人》等。剩下的「百分之二十」有黃裳的《印度小夜曲》和施蟄存的《河內之夜》。

上面這段話是五年前寫的，且已寫進書裏了（《創刊號剪影》）。真是慚愧，「既是創刊號，又是終刊號」，這話當初的依據是什麼啊。後來我收到《活時代》的第二期，自己打了嘴巴。應記取的是，以後碰到吃不準的事，應學阿英《晚清文藝報刊述略》裏常用的「只見到二期」「只見到十冊」「同年十一月出到第十五期，以後未見。」等話，預留半步，不說滿話才能不出笑話。

施蟄存說《活時代》是有意地摹襲美國「Living Age」週刊，我沒看出來，我倒是忽然覺得《活時代》的外形酷似施蟄存一九三五年主編的《文飯小品》，外封紙的手感尤一致。周煕良五十年代在

近來才知道《活時代》還出過第三期。

《文匯報》寫《談初版書》，絮言絮語，珍本畢現。今人偶得尋常本子，動輒大呼小叫，以為善本，莫説古賢，就是三十年代風流人物，也見不到了。

閒話1937年北平第一屆漫畫展

三十年代的漫畫，其實可以說就是上海北平兩個大都市的漫畫，這麼講是因為這兩個城市集中了當時最優秀的漫畫家群，集中了當時最具水準的漫畫刊物，別的地方的漫畫作家也只有將作品寄到由大漫畫家掌握的大漫刊，幸而被賞識發表出來，才得以出人頭地，躋身漫壇。遲至一九三六年，上海才舉辦第一屆全國漫畫展覽會（這也是四九之前唯一的一屆），這從另一角度說明漫畫既使在它最鼎盛時期也沒有風靡到什麼了不得的地步。上海漫展的第二年，北平也舉辦了漫展，然聲勢小，名頭小，沒敢掛出「全國」的旗號。有論家把北平漫展的意義定位在──「由於這次漫畫展恰恰在七七事變前夕，且畫展內容主要是揭露日本帝國主義侵華陰謀，暴露受日本操縱的『冀察政務委員會』漢奸走狗賣國求榮的醜惡嘴臉，因此在當時北平引起很大反響，多家報刊報導了這次漫畫展的情況。」（劉光勳《七七事變前夕的北平漫畫展》）我們該不該僅憑幾張漫畫的主題而將北平漫展的主題拔高──這似乎成為某些人的思維定式了，劉先生舉孫之俊的漫畫《國人速醒》作例，可是孫之俊淪陷後在北平為大量背景「不乾不淨」的刊物畫了大量漫畫，又該作何解釋？最詳盡報導漫展的《實報半月刊》，此刊隸屬實報社，社長管翼賢，此人事變後公開投敵，乃著名漢奸，孫之俊在《北平漫畫展覽會緣起》中稱「承實報管社長答應在實報半月刊出

特輯。」（劉文在引用時似有意漏掉此句）在政治面目尚不清晰之前與政治面目清晰之後，我們是不是應該使自己下的結論更合邏輯一點兒。

說來北平第一屆漫畫展覽會的舉辦，還應算歸一件幾個朋友偶爾閒聊閒聊出來的展會，似乎並無政治宣傳預謀。漫展從醞釀到落實僅用時一個多月，一九三七年七月三日漫展如期開幕，原定是三四五三天，但參觀的人出乎意外的多，大家提出要求延期，這樣延長兩天（六日，七日），由於延期的兩天的展室租金要另付，臨時決定由參展畫家為觀眾現場畫像，每張畫像一元，這些錢用來付了租金。

參展的作品有一百三十多幅，參展作品有：陸志庠《內地婦女》，孫之俊《夏日為炎》，馮棣《仲夏夜之街頭》，王石之《要是大家不打扮也許我比太太還漂亮》，王君異《故都之夜》，王城棣《戰死他鄉不得歸》，王達仁《四年大學──回憶錄》，譚沫子《欲無止境》，席與承《畸形發展》，陳志濃《拔一毛利天下不為也》，陳震《家鄉》，陳封雄《希忒拉理想之國民生產軍火》，張振仕《饞涎》，蘇世《不花錢醫病的候診室內》等。這張「北

三十年代北平漫畫界的骨幹們。

平漫畫展覽會出品人之一部」的照片上的畫家是（自左至右）：梁津，張振仕，孫之俊，王君異，馮棣，王城棣，劉凌滄，張啟仁，王石之，麥金葉，張泰元，劉汝嚴，譚沫子，王青芳，蘇世。而一開始參與此事的葉淺予陸志庠趙望雲都沒來得及出現在照相裏。還有一張夾在《北平第一屆漫畫展覽會特輯》（1937年7月1日《實報半月刊》）的長幅漫畫《我們弟兄的一部》（陳震作），也記錄了北平漫展的參與畫家（由右至左）：陶今也，吳震，陳志濃，譚沫子，周維善，翁傳慶，麥金葉，席與承，王達富，蘇世，孫之俊，竇宗淦，陳震。把照片中的人與漫畫中的人對比著看，很有趣味的，或許還是我們識得畫家真面目的唯一機會，的確，這其中不知名的畫家太多了。王青芳的木刻很有名，他的「木刻漫畫」配以打油詩，別有風格。竇宗淦，張愛玲欣賞他的漫畫。馮棣，就是「朋弟」，他創作的「老夫子」多格連環漫畫，最受讀者喜愛，也是近年「舊人重現」的唯一漫畫家。劉凌滄（1907～1989）是這撥子畫家裏，最著名者，劉凌滄幼年隨民間畫工學畫，1926年入北京中國畫學研究會，師從徐燕孫，管平湖學習工筆重彩人物畫，後入北平藝術專科學校學習，同時從事繪畫創作，並兼任《藝林旬刊》、《藝林月刊》編輯。後任教於北平藝術專科學校和京華美術學院，創作以工筆重彩為主，兼工帶寫，擅長歷史畫和仕女畫。劉凌滄為北平漫展寫了《前進著的中國漫畫》，他説「上面是一段南北漫畫界有功的兩大陣營的拓荒者的略述，至於詳細的介紹，我從前曾在大公報寫過。」現在的讀者只知劉凌滄是國畫大家，很少知道他還是老畫報的收藏家老漫畫的研究者。歷史的事情，混亂與模糊的，又何止老漫畫一件。

《青年界》的兩個特輯

一、《我在青年時代所愛讀的書》特輯

　　過去的雜誌，有出「專號」（亦稱「特輯」）的作法，對於提高讀者的閱讀興趣很起作用。魯迅逝世的當年，就有不少文學雜誌出了悼念魯迅的專號。除了紀念人物的專號，更多的專號是約名家專門談一個話題，譬如《東方雜誌》1933年第一期是《「新年的夢想」專號》，1937年《文學》雜誌的第一期是《新詩專號》，都是份量很重的專號。邵洵美主編《論語》雜誌時期，特別偏好編專號，如《鬼故事專號》，《家的專號》，《癖好專號》，《燈的專號》，連吃，病，睡這種題材，邵洵美也有辦法各出一期專號，《論語》最後一個專號是《逃難專號》。在《論語》的最後一期（第177期），邵洵美還預告將出《懶》專號，未來得及出，刊物就停了。

　　筆者有搜羅專號的癖好，甚至有打算出一本專門談專號的書。前向於舊書肆覓得《青年界》之《我在青年時代所愛讀的書特輯》，厚厚一冊，使得這個專題收藏又添一員猛將。《青年界》為北新書局主辦，應是三十年代一份很重要的文學刊物，由於刊名有「青年」兩個字，誤使人以為檔次偏低，其實名作家的稿子有很多

《我在青年時代愛讀的書特輯》的書面。

是首發於此的，魯迅，周作人，郁達夫，老舍等都給它寫稿。《青年界》的專號尤為出色，譬如《日記特輯》、《暑期生活特輯》、《朱湘紀念專號》《學校生活之一葉特輯》、《我的職業生活特輯》、《青年作文指導特輯》。

《我在青年時代所愛讀的書特輯》收錄了沈從文，胡山源，阿英，盧冀野，錢歌川，黎錦明，鄭慎齋等48位作家的文章。他們愛讀的書多為古典小說，姜亮夫寫道「《紅樓夢》送我出青年時代」；華汝成稱「看到飯都不想吃的書」是義俠和神怪小說，年紀稍長改為紅樓水滸聊齋；謝六逸只舉了一部書《飲冰室全集》；徐蔚南受父親的影響喜歡讀詞集，最愛讀《納蘭詞》；周愣伽愛讀《子夜》，此時他正創作30萬字的長篇《煉獄》；張健與眾不同，他「高興研究算學」，愛讀《算術難問三百題釋解.》和《數理精蘊》；也有喜歡讀期刊的，錢君匋喜歡的十種書排第九的是

《小説月報》（第12卷起），第十是《創造季刊》；許欽文則是「同
《新青年》和《新潮》相類的都愛讀」；沈從文第一次對書發生興
味，卻是5本醫書；萬迪鶴説他是「奉命執筆」──「我並不喜歡讀
書」；陳適喜讀《浮生六記》；羅根則是《莊子》；袁嘉華愛讀外
國文學，他舉了六本，有4本是外文原版書，周作人翻譯的《現代日
本小説集》《現代小説譯叢》啟蒙了袁對於外國文學之興趣；黑嬰
「我愛讀高爾基的小説」。讀書是有時代印記的，如果今天再出這
個題目，恐怕上面那些愛讀的書有一大半要被淘汰。

二、《青年界》之「日記特輯」

　　我記日記的好習慣已保持了四十年。我總覺得寫日記使得「自
己沒有白活」，回憶或懷舊，都有實在的記錄作為旁證，此時你或
可説「我並沒有虛度一生」，儘管你依然過著平凡的生活，但畢竟
有所不同。除了自己記，我還喜歡看別人寫得有意思的日記，搜求
舊日記（發表的和未發表的）成了我的一個小專題。前好多年，在保定
看過一位寇先生收藏日記展，説真話，寇先生只是精神可嘉，收集
的日記卻太平常了，像《雷鋒日記》、《王傑日記》，連我這個那
個時代過來的人，也未引發親切感，閱讀價值與收藏價值哪個也不
粘邊。日記大都是在夜晚記下白天所發生的一切，也有第二天補記
的，像「今晚睡得酣沉」就不可能是當天記的。夜半無人私語時，
長河漸落曉星沉，花上二十分鐘寫寫日記，有事則長，無事則短。
譬如我最短的一則日記只有兩個字「病了」。

　　以「日記」而出「特輯」之雜誌，我只見過兩種，《青年界》
之外，另一種為文載道〈金性堯〉所編《文史》之第二期「日記特
輯」（1945年）。《文史》很薄的刊物，其「日記特輯」也薄得很，
作者僅數人，遠不及《青年界》之聲勢浩蕩。兩種「日記特輯」均

得之不易，比較之下，《青年界》這種來得更驚心動魄。某日遛報國寺舊書店，遛到最後，已是興致闌珊，正在欲返未返之際，信步邁進一店，店主雖是老相熟，彼此卻無一點交情可言，最近從他手裏買東西已是幾年前的事了。見我進來，他拿出一摞舊雜誌，隨手翻翻，都是很稀有的雜誌但我都有存了，正在此時，一同進門的書友說這有本日記特輯，說著就遞給了我，我一時驚得失了魂兒似的，大索多年的「日記特輯」啊。我強忍著驚喜，又拿了一本作掩護，與店主問價，他拿過去翻了翻，開了個比那幾本高一倍的價，我明知道還不下價來的還虛應著還了幾句。淘舊書，一方面要與最喜歡的書打交道，一方面又要與最不喜歡的人打交道。

　　《青年界》第12卷第1號為《日記特輯》，時間是1937年6月，此後由於時局突變，刊物停了十年，於1946年元月以「新第一卷第一號」重張，如再晚一月，這個日記特輯就出不了了。《青年界》以「日記」為徵文題目，有的人原來記日記，摘錄幾則應付徵文是容易的；原來不記的人現記也是很容易的，如不加說明讀者是辨不清哪些是原始日記哪些是創作日記的，這樣的日記不能當歷史看。日記原是沒題目的，一旦發表就必須另起個題目。吳景崧的題目是《沒有日記》「抄，沒有日記可抄，寫，也沒有事好寫。日記於我無緣，生活也差不多是呆板的一套。幾杯水，幾枝煙，幾張稿紙塗塗，幾封信拆拆，到了放工的時間，沒命地逃出那無形的囚籠，如此而已。這可以概括四月十號接到編者徵文以前每天所過的生活，這也可以概括四月十號以後每天所過的生活。這就夠了，再講下去已是多餘的了。」記不記日記是個人自由，記日記更能表明一個人的生活態度。何植三的題目《日記摘抄》，是真實的日記，摘了13則，其一「廿一日　晴，西北風。晨起改著駝絨。午後習自行車一時半。久之來室，盛稱豫興館牛肉湯蔥油餅之美，即偕往嚐之，四時歸校。夜，樹模送來王江涇栗酥，即招芝簃共嚐。話機一開，直

至丙夜始散。」其二「十日　陰。夜來見武兒，憨笑一如往昔，在一不辨面目者之手中，作張手欲就我懷之狀，醒後大痛；午後，寫哭武兒文，酸淚時欲奪眶而出，不勝悲苦而罷。」特輯征的應是這樣的日記，不記日記的人無需借機表達「日記觀」。

《日記特輯》是陳之佛的設計。

　　朱雯在課堂給學生講日記，最是切題「一月十二日──星期六。早晨上了兩課，為學生講日記，頗有興趣。去年我為天馬書店編《中國文人日記抄》，學生曾幫忙不少；當時我一方面搜集古人日記，一方面就請學生幫忙繕寫，所以他們對於日記體制，已甚明瞭；今天為他們講授日記，倍覺有味。」很巧的是，朱雯日記中提到的《中國文人日記抄》，及「為蟄存的《文飯小品》譯法國Andr Mauroia的《告一個到英國去的法國青年》」的《文飯小品》，「收到麗尼編的《小說半月刊》新年特大號。內容很充實，封面更精緻。」的《小說半月刊》，寒舍均有存藏，讀這樣的日記真有親切的感覺。

特輯共收121人日記，不乏名人之作，周作人，老舍，傅惜華，葉靈鳳，顧隨，蘇雪林，曹聚仁，胡適，郁達夫，魯迅，田漢，阿英，凌叔華，臧克家等。名人樹大招風，他們的日記多已收入文集，倒是非著名的作家，這裏的日記或為漏網之魚，年深歲久，本人也許都忘了。陳之佛為特輯作了一張令人過目難忘的封面畫。

《美術生活》向魯迅借了什麼畫

現在可以説，我們這一代在舊書店淘書的模式結束了，此説依據有二，一是沒像樣的舊書了，二是書價的不講理。二十年前，在琉璃廠冷冷清清的舊書店，你一個人一架一架地巡書，旁邊或有一位唐弢説過的「若即若離」的老店員，他可能會問你需要哪方面的書，他可以幫你留意。現在這樣的老店員都不在了，舊書店多為懂得很少的年輕人，他們充滿朝氣，卻一無用處。我的二十幾本《美術生活》就是若即若離的孫師傅賣給我的，孫師傅早就去世了，那間朝西的擺滿舊書的小屋，只有下午才有一點陽光，如今也拆除了。

《美術生活》第二期封面，描繪了戰爭與和平的對峙。

一位搞了幾十年美術研究的出版界資深人，前些天到國圖典藏部調閱早期美術期刊，後來對我講《美術生活》如何如何漂亮，他沒有想到過去的雜誌有如此宏大精美者。

　　《美術生活》1934年4月1日創刊，1937年8月1日出至第41期終刊。印製極為精緻，由上海三一印刷公司承印，三一印刷公司代表當時最高的印刷水準，執上海印刷業之牛耳。廣告上說「三一」———「中國照相製版印刷專家，宣揚中國美術的利器，設備完美東亞獨一」。

　　《美術生活》總編輯鍾山隱，編輯者有時有五、六人，有時是十一、二人，常務編輯是郎靜山、劉旭滄。一些大畫家掛著「特約編輯」的名字：張大千、徐悲鴻、林風眠、黃賓虹、吳湖帆、梁鼎銘、賀天健、方君璧、俞劍華、陳抱一、顏文等，最多時達36人，他們除參與辦刊出主意外也提供畫作。另外不在編委的黃苗子、蔡若虹、錢瘦鐵、齊白石、高奇峰、葉淺予、龐熏琴、萬籟鳴、朱屺瞻等名家作品時有出現，也為畫刊增光出色。能集合當年美術界的精英，一般美術刊物絕無此感召力。

　　《美術生活》收入的有分量的美術論文是：《東周金石文字談》（黃賓虹），《我對國畫之主張》（賀天健），《中國繪畫之變遷及其新趨勢》（王祺），《明清五百年畫派概論》（陳蝶野），《中國畫與畫的工具》（窊父），《民間藝術》（黃苗子），《中國繪畫之近勢與將來》（鍾山隱），《從生活上所發現的新的形態美》（陳抱一）。

　　《美術生活》有多期專號，開列如右：第六期《兒童專號》，第19期《兒童生活特輯》，第20期《第六屆全國運動會紀念特大號》，第22期《漫畫特輯》，第25期《二周年美術專號》，第32期《四川專號》，第34期《浙江文獻美術攝影特輯》，第37期《吳中

文獻特輯》，第38期《第二屆全國美展特大號》。出專號是辦雜誌的必要手段，可多吸引讀者眼光。

多年來對《美術生活》之影蹤頗為關注，除在舊書店舊書攤尋訪，也關注它在書刊拍賣會上的價值體現，前幾年嘉德古籍善本拍賣，難得一整份41期的《美術生活》現身，結果以13200元拍出，比較我當年二十元一冊的價格高出數十倍。查《全國中文期刊聯合目錄》，赫赫國圖、北大圖書館所藏亦非全份，是可證《美術生活》之珍貴程度。

第22期《漫畫特輯》我是去年才收得的，苦思苦尋多少年。特輯中中國漫畫並不多，倒是西洋漫畫佔據大半，通過這些外來的漫畫，可以看到我們的漫畫家當年是學的誰的風格，能一一對上號。漫畫還可以看出生活水準我們與外面的差距，因為雙方想的不是一個現實，這張畫表現的是「百萬富翁的浪曼蒂克」——在高樓頂上划船，而我們尚住不上樓房。

德國漫畫家埃·奧·卜勞恩（E.O.Plauen）創造的《父與子》被人們譽為德國幽默的象徵。「漫畫特輯」選登了《父與子》，第一次將《父與子》介紹到中國來。我記得八十年代文化的第二次啟蒙，《父與子》是非常暢銷的漫畫，大人小孩都愛看。

《美術生活》的美術編輯吳朗西認識魯迅，吳朗西是魯迅晚年很信任的出版家。魯迅通過吳朗西翻印了幾本畫冊，如俄國阿庚畫、培爾納爾特斯基刻，魯迅編選並作「小引」的《死魂靈百圖》。魯迅日記1935年4月3日有記「午得美術生活社借畫費五元。」我一直沒搞清《美術生活》向魯迅借了什麼畫，借的畫用在畫報上了麼。我翻查了自存的二十幾期《美術生活》，沒找到線索，也許線索在另外的十幾期裏，有心人可以找找看。

我與《永安》

整整七十年前，上海「孤
島」時期，上海老牌百貨
公司永安公司出版了一本叫《永
安》的雜誌。以公司的名字命
名雜誌的名稱，這事有先例，
1926年良友圖書公司出版畫報
就叫《良友》，還有北新書局出
版《北新》雜誌，泰東書局出版
《泰東》等等。與其他經濟實體
不同的是，永安公司不是文化公
司而是典型的商業公司，出版雜
誌不那麼對口。但是永安公司辦
雜誌的作法一點也不外行，「經
濟搭台，文化唱戲」，他們明智
地沒有把《永安》定位成公司的
看板，而是以辦常規文化雜誌的
宗旨來辦《永安》，內容有小品
文，散文，隨筆，攝影，漫畫，
美術，風花雪月，柴米油鹽，

《永安》第一百期特大號，特意選了一位
長壽老人上封面。

很是貼近市民讀者的口味。《永安》於1939年5月創刊至1949年3月止，連續不停地出版了118期，跨越了幾個特殊的歷史時段，自有其特別的史料價值。筆者收集有幾十期《永安》，對這本雜誌一直心存好感，尤其是自鄭逸梅加盟《永安》編務以後，《永安》文字部份的可讀性大漲，還儘是筆者所喜讀的文史掌故文字，所以當我知道永安百貨有限公司聯手文匯出版社將推出《永安文叢》（全套五冊）之時，急盼地心情自不同於其他讀者。

永安文叢尚未面世之前，這套書的宣傳已廣為人知，有這麼一段話我記住了「《永安月刊》的每期封面都以當時社會上的熱門明星、名媛『撐市面』。如當年20歲初上話劇舞臺因《甜姐兒》一炮走紅的黃宗英，《永安月刊》即以黃宗英手握馬鞭、一身馬裝的「甜姐兒」劇照亮相，立刻獲得了廣大市民的青睞。《甜姐兒》當時紅遍上海灘，連演100多場，據今年84歲高齡的黃宗英回憶，當時她每次演出結束，總有時髦「小開」開著小車來接她出去「白相」，以示傾慕。《永安月刊》上的許多封面人物後來大都成了全國聞名的大明星，如白楊、上官雲珠、王丹鳳、秦怡、童芷苓、歐陽莎菲、陳雲裳、孫景璐、王熙春、慕容婉兒、蔣天流、胡蓉蓉、黃婉貞等等。」筆者苦等了二百天，終於在人如潮書如海的西單圖書大廈，買到《永安文叢》，一翻之過，並沒有「甜姐兒」黃宗英的這張封面，為何撤去這張廣告王牌（之前的宣傳文章出示過此照片），我猜想是黃本人提出了意見，還是別拿舊照誤導今天的讀者吧，——影響不好。這些昔日明星健在的還有秦怡（住在上海），陳雲裳和王丹風住在香港。還有一點與宣傳的不一樣，五大本的文叢只出示了約九十張封面，並未能「將全部118期封面全部收錄」。

《永安文叢》編纂者稱，《永安》中記述的文化名人的掌故軼事，90％以上未曾被選入各種「文選」、「專集」，因此《永安》中有相當部分的文壇史料頗具文獻性，如陳從周在徐志摩遇難後選

輯的家書、遺作，劉海粟挑選模特兒的趣事等等。雖然《永安》具備全套複製的價值，但是面對多變的圖書市場和多變的讀者口味，出版家只能先選擇風險較小的一條路──出版選本。

　　古舊期刊的使用價值，出版家們是非常清楚的，新中國影印複製稀見的且具歷史價值的古舊期刊的工作，最早可追溯到半個世紀前的1954年，當時的中央領導批准人民出版社影印了《嚮導》等十九種共產黨的機關刊物。1958年4月，上海影印了《北斗》，《前哨》等十三種革命文學期刊；1959年再影印第二批二十一種；1960年11月第三批影印了四十三種，三批共計七十七種。實際上真正出版達於讀者手中的是四十一種，總印數達幾十萬冊，包括「左聯」「文總」，創造社，太陽社的刊物及《抗戰文藝》全套等。這樣一件功德無量的古舊期刊影印工程在浩劫年代被迫下馬，未能延續地進行下去。從另一個視角看當年的這批影印期刊，在品種選擇上受意識形態的影響，比較保守。八十年代萬業復蘇，北京與上海陸續影印了《語絲》，《小說月報》（12卷以後），《太白》，《文藝陣地》，《莽原》，《創造週報》，《新月》，《現代》，《良友畫報》，《北洋畫報》，《禮拜六》，《紅玫瑰》等一大批各種流派的近現代期刊史的名牌刊物。近十多年來，影印古舊期刊的工作的步調有很大程度的放緩，這當然與製作成本過高及讀者面過窄有關，代之而起的是另一種出版形式──老期刊「選本」。

　　《永安》的編者鄭逸梅先生六十年代在《民國舊派文藝期刊叢話》內，專門介紹過《永安》，內雲：「後來鄭逸梅加入為編輯，力主注重文字，且多刊掌故一類作品，風格為之丕變。」我以為《永安》之文史價值多體現在此類掌故文字上，這也是我不遺餘力的搜羅《永安》原版本，還不放過新選本的緣故。

可憐一部《小團圓》，
斷盡幾多蕩子腸

張愛玲的《小團圓》橫空出世，石破天驚，擊碎了所有人（普通讀者和資深張學家）的夢，無人倖免，區別只在於受傷的大小。我還好，只是被輕微晃了一下，原本我就是覺淺的人，五歲以後就沒再做過夢，最後一夢是在石附馬幼稚園午睡時做的，內容是盼著以後頓頓喝棒子麵粥灑芝麻醬，此時張愛玲已到了美國。我出生時張愛玲還在上海，我住愚園路一幢帶大露臺的樓房，她住哪。我還跟周作人住過一條街，跟齊白石也住過，這兩個文化名人的故居門朝哪開有沒有旁門我亦一清二楚，天藍藍，海藍藍，佳人遠行兮，魂歸離恨天。

我以前說過「關於張愛玲，我不大樂意甚而有些厭煩那些個沒完沒了的『評論派』，像評論魯迅那樣掘地三尺地挖出張愛玲的創作思想根源。我喜歡唐文標那樣的『資料派』兼而發點議論。」現在張愛玲親手把資料送上門來了，真令人無以復加般地受鼓舞。已經有張學專家火急火撩地警告張迷，別拿《小團圓》當成自傳來獵奇要當成小說來欣賞。孰不知，當自傳看比之當小說看要難得多，需要的知識更多，不熟悉那段歷史和人物的讀者您們還真用不著警告之，專家們多慮了。能看出《小團圓》為自傳的是最高級別的張迷，時稱「骨灰級」。下面我就說說《小團圓》中幾個人物的「本事」。這裏有個前提，這些事都和我所掌握的材料能夠「驚人地相

圖上：蘇青最紅時代的照相。
圖下：神秘的袁殊在淪陷時期南京
某刊物上的照片。

似」，天下若有這麼多的假設都與事實「一一對應」，這世界就真的瘋掉了。有張愛玲專家稱「《小團圓》對得上人未必對得上事，對得上事未必對得上細節。」我的看法是，對不上是因為你沒有能力對上，還有一種可能是你主觀上不情願對上。金聖歎曾說：「吾最恨人家子弟，凡遇讀書，都不理會文字，只記得若干事蹟，便算讀過一部書了。」對於《小團圓》而言，這倒不失為一種讀法。

我感興趣的是這幾個人，他們在《小團圓》的化名是：盛九莉──張愛玲、荀樺──柯靈、文姬──蘇青、虞克潛──沈啟无、湯孤鶩──周瘦鵑、向璟──邵洵美、邵之雍──胡蘭成、燕山──桑弧。還有不化名的，譬如梅蘭芳，袁殊。抗戰勝利後，張愛玲的寫作謀生一時遇阻，龔之方是她的救星，給她發稿的地方（如《大家》雜誌、《亦報》），給她劇本編掙稿費。可是在《小團圓中》沒有龔之方的事蹟（唯一的一句還未點明「還剩一份改良小報，有時候還登點影劇人的消息。」）。

「袁殊自命為中共地下工作者，戰後大搖大擺帶著廚子等一行十餘人入共區，立即被拘留。」──

　　讀《小團圓》，我特別關注張愛玲與自己的「衣食父母」——刊物編輯之間的關係（也許這也是一種讀法）。《小團圓》漏寫了不少張愛玲與雜誌報紙編輯的交往，已經寫到的也多語焉不詳，讀者很難對上號。按說沒有這些個編輯，張愛玲難有今天這麼大的名聲，像首刊使張名滿天下的《金鎖記》《傾城之戀》的《雜誌》月刊編輯和張是如何交往的，書中未作一字的交待，其他像《紫羅蘭》《萬象》《天地》《苦竹》《古今》張愛玲自己不寫，已有的材料也湊合夠用了，這幾本雜誌的編輯當年或後來都有回憶與張的交往，惟獨最最重要的《雜誌》月刊沒有一點雙方留下的隻言片語，殊為可惜亦令人不解。唯一一句和《雜誌》有關的話還沒寫在書內，而是宋以朗在前言裏透露的「袁殊自命為中共地下工作者，戰後大搖大擺帶著廚子等一行十餘人入共區，立即被拘留。（張愛玲致宋淇 一九七六年四月二十二日）」這件事張愛玲是怎麼知道的如此詳細的，隔了三十年還記的，張愛玲一定還記有許多「秘聞」。因為張愛玲不說的話，這層關係的內情就永遠石沉大海了，當事人都不在世了。另外幾位和張愛玲有交往的編輯，雖然被張愛玲很榮幸地點到了名，卻沒聽來什麼好話，反而名譽掃地。

　　袁殊是打入敵偽內部的中共分子，級別不低，有一時期他的辦公室竟設在蘇州拙政園。他主持的《雜誌》月刊成為張愛玲那一時期最重要的陣地，除了發表小說散文，還有動態的活動如「納涼會」「對談記」也記載於《雜誌》，並登有照片。另外還專門組織張作品的研討會，還為張出單行本，這麼特殊愛戴張愛玲，只有《雜誌》一家。沈鵬年先生早在一九八六年便寫文章說「《雜誌》社使張紅遍上海灘」，沈先生寫道「張愛玲是中國共產黨在上海的地下黨員的慧眼發現，苦心扶持，多方揄揚而成名的。他們就是惲逸群、吳誠之、魯風，袁殊等同志。……袁殊看到《紫羅蘭》發表張愛玲《沉香屑——第一爐香》，頓覺眼睛一亮，像在馬群中發現

了驊騮。他便驅車靜安寺常德路的公寓樓上，向這個可以作他女兒的小姑娘移樽就教。張愛玲當然不會知道，此人竟是共產黨員。張愛玲本來都是自己投稿的，這一次，《雜誌》創辦人卻來上門約稿了。」（《共產黨慧眼識真才──記袁殊與張愛玲的成名》）沈鵬年曾列席1950年7月24日「上海第一屆文代會」，他持的是「旁聽證」，張愛玲則是「正式代表」。沈鵬年雖然提供了資料，但有一處似存疑問，據金性堯當年說張愛玲──「先是，袁殊（學易）先生在《古今》上讀了張愛玲先生《西洋人看京戲及其他》後，覺得頗多人情味的同感。於是寫信給編者周黎庵先生，約周張二位及我到蘇州隨便的玩幾天，看看尚未綻開的鄧尉的梅與靈岩天平之勝。後來在錦江曾跟魯風先生談起這事，他就想多約幾個朋友作一次集團性的旅遊。」（文載道《蘇台散策記》）金性堯說的是《古今》而不是《紫羅蘭》，那次春遊蘇州周黎庵和張愛玲均未赴邀，周曾言，「那時我也絕不想履越出上海舊租界一步的土地。」張愛玲不去的理由卻是「為了住慣香港怕天冷感冒」。

「湯孤鶩大概還像他當年，瘦長，穿長袍，清瘦的臉，不過頭禿了，戴著個薄黑殼子假髮。」──

張愛玲的「不領情」是她最具招牌的脾性，既使為了「整理她的材料」而犧牲的唐文標也不破例。張愛玲但凡對某人沒好感，這個人的容貌便先遭殃，挖苦是免不了的，既使周瘦鵑前輩亦未能倖免。《小團圓》寫到周瘦鵑不足五百字，其中還夾有這樣的話：「湯孤鶩大概還像他當年，瘦長，穿長袍，清瘦的臉，不過頭禿了，戴著個薄黑殼子假髮。」當著禿子不說光，這起碼的人情，張愛玲亦不領，還不必說周瘦鵑是最早稱讚她的編輯。周瘦鵑為何戴假髮，周的老友鄭逸梅說「他原名國賢，六歲喪父，父親為船工，勞瘁而死，家道一貧如洗，母親靠著女紅，撫養了他。讀書上海西門民立中學，中英文冠於全校，這時教師為孫警憎，認為他是可造

之材，校長蘇穎傑也很喜愛他。將近畢業，只差一學期，忽然大病一場，病得死去活來，眉毛頭髮，一齊脫光。既痊癒，他覺得牛山濯濯，太不雅觀，便配上了一頭假髮，又戴著墨晶眼鏡，用以掩飾。蘇校長稱許他為高材生，雖差一學期，為權宜之計，照樣給他畢業證書，並留他任本校教師。奈他為人沒有威儀，課堂秩序，維持不了。他覺得教書這碗飯吃不下去，不得不另找出路。」（《紫羅蘭庵主人周瘦鵑》）張愛玲送《沉香屑》稿給周瘦鵑去，周回訪。「戴著個薄黑殼子假髮。」後面是這段話「他當然意會到請客是要他捧場，他又並不激賞她的文字。因此大家都沒多少話說。」後面是「九莉覺得請他來不但是多餘的，地方也太逼仄，分明是個臥室，就這麼一間房，又不大。一張小圓桌上擠滿了茶具，三人促膝圍坐，不大像樣。」張的住房比不上周的闊綽，她覺得有點窘。「他又並不激賞她的文字」，這也許就是張只給了《紫羅蘭》雜誌一部稿子的緣故，張愛玲是敏感的。《小團圓》寫到這裏突然岔到天上去了，這種東一棒子西一榔錘的寫法，止庵稱為「三條線上的不同片斷交錯拼接在一起，構成整部作品。片斷之間，有時具有因果關係，有時只是有所呼應，或形成對比。不習慣或不接受這種寫法，就會覺得雜亂無章。」（《浮生只合小團圓》）

「荀樺乘著擁擠，忽然用膝蓋夾緊了她兩隻腿」──

柯靈略去不談罷，雖然他的名篇《遙寄張愛玲》情辭並茂，感動了萬千張愛玲迷，可是《小團圓》裏這七個字「漢奸妻，人人可戲」，一下子使得這位文壇長者的仁厚面罩戴不住了，《小團圓》此處真該以「小說家言」視之，不然，本來悲觀的世界就更加悲觀了。張愛玲說「荀樺有點山羊臉」，我正好看到一張柯晚年的照片，覺得張愛玲看人準，落筆就準。

「這人高個子，白淨的方臉，細細的兩撇小鬍子，西裝雖然合身，像借來的，倒像化裝逃命似的，一副避人的神氣，彷彿深恐被人

占了便宜去，儘管前呼後應有人護送，內中還有日本官員與船長之類穿制服的。她不由得注意他，後來才聽見梅蘭芳在船上。」

　　梅蘭芳是張愛玲筆下以真名現身的名人。香港淪陷，張愛玲湊巧和梅蘭芳同船回上海。《小團圓》寫道「她剛回上海的時候寫過劇評。有一次到後臺去，是燕山第一次主演《金碧霞》，看見他下樓梯，低著頭，逼緊了兩臂，疾趨而過，穿著長袍，沒化妝，一臉戒備的神氣，一溜煙走了，使她立刻想起回上海的時候上船，珍珠港後的日本船，很小，在船欄杆邊狹小的過道裏遇見一行人，眾星捧月般的圍著個中年男子迎面走來，這人高個子，白淨的方臉，細細的兩撇小鬍子，西裝雖然合身，像借來的，倒像化裝逃命似的，一副避人的神氣，彷彿深恐被人占了便宜去，儘管前呼後應有人護送，內中還有日本官員與船長之類穿制服的。她不由得注意他，後來才聽見梅蘭芳在船上。」關於梅蘭芳這件事情，《古今》編輯周黎庵（周劭）最有發言權，周認識梅蘭芳是在一九四三年，還差點成了梅蘭芳回憶錄的「執筆人」。周黎庵說「梅蘭芳是一九四二年春被日軍遣送返滬的，同輪有顏惠卿、陳友仁、周作民等人，張愛玲那時尚未成名，也附輪來滬，那時梅蘭芳實齡不過四十八歲。」（「《梅蘭芳》與梅蘭芳」）周黎庵還說了一條線索「我那時正在編輯一本專談掌故書畫的刊物（《古今》），她（張愛玲）經柳存仁（柳雨生）的介紹來看我，並以文稿一篇為贄（《更衣記》）。她生得並不算美，但風度甚佳，衣著卻很奇異，後來才知道她的第二個愛好是衣裳的裁製。」《古今》投稿的介紹人柳雨生，周在上文中講柳也是與梅蘭芳同船返滬「其中還有一位現今蜚聲國際學術界的柳存仁教授，那時也還不到三十歲，是周旋於眾多名人之間的最活躍人物。」柳雨生曾有長文《四年回想錄》記敘他在港滬的經歷。回到上海的柳雨生辦了一份很不錯的《風雨談》雜誌，南北的名作家都有文章在上面發表，挺奇怪的是張愛玲一篇也沒有。

「蕊秋剛回來，所以沒看過燕山的戲，不認識他，但是他能夠引人注目的，瘦長條子，甜淨的方圓臉，濃眉大眼長睫毛，頭髮有個小花尖，」──

濃眉大眼長睫毛，燕山該是個美男子。以前都傳說當時有人撮合張愛玲桑弧，《小團圓》坐實了傳說。雖然張愛玲聽從宋淇的建議「燕山我們猜是桑弧，你都可以拿他從編導改為演員，」（宋淇致張愛玲 一九七六年四月二十八日）將桑弧的身份改成演員，並說「是燕山第一次主演的《金碧霞》，」之類的話岔開讀者的對號入座，可是讀者不上當。沈鵬年說「龔之方曾主動想使桑弧與張愛玲締結秦晉之好。解放後，前輩夏衍同志是上海市的文化主管，把桑弧吸收入上海電影製片廠任導演；把張愛玲吸收入劇本創作所任編劇，我親眼看到『桑弧與張愛玲合影』的彩色照片──這在當時，市場上沒有彩色照片，只有電影廠有此條件。」（《張愛玲論唐大郎的詩文──《大郎小品》中的張愛玲佚文》）

「文姬大概像有些歐美日本女作家，不修邊幅，石像一樣清俊的長長的臉，身材趨向矮胖，旗袍上罩件臃腫的咖啡色絨線衫，織出累累的葡萄串花樣，她那麼浪漫，那次當然不能當回樁事。」──

過去的材料顯示張愛玲與蘇青是挺密切的良好關係，後來起了微妙，是因為胡蘭成插了進來。有人考證這裏有男女私情，《小團圓》似乎亦坐實了此事。魯迅說過「事實總沒有字面來得好看」，還是回到相安無事的那一段──蘇青主辦《天地》雜誌時期。說來都是因緣，胡蘭成是看了《天地》上張愛玲的《封鎖》，很是喜歡，通過蘇青知道張愛玲住哪，找上門去的，這才有了胡張之戀，以後的事誰又能料得如神。《雜誌》之外好像就是《天地》登過張愛玲照像，而這張相片的來歷，《小團圓》也交代清楚了，張愛玲題了一句非常有名的話在相片背面，送給了胡蘭成，這些都是因緣。

蘇青編《天地》，跟張愛玲要文章還要照片，《小團圓》寫道「有一張是文姬要登她的照片，特為到對門一家德國攝影師西坡爾那裏照的，非常貴，所以只印了一張。陰影裏只露出一個臉，看不見頭髮，像阮布然特的畫。光線太暗，雜誌上印得一片模糊，因此原來的一張更獨一無二，他喜歡就送給了他。」張愛玲「因為照相沒帶眼鏡，她覺得是她的本來面目。」這張照片登在《天地》第四期扉頁，正面是周作人先生，周楊淑慧女士（周佛海之妻），樊仲雲先生。背面是五個人照片，五顆星式的佈局，張愛玲居中，左上角是柳雨生，右上角紀果庵，左下周班公，右下譚惟翰。譚惟翰最應付事，拿出的是劇照；柳雨生伏案工作頭都不抬。

現在我們知道張愛玲這張相片是專門去拍照的（《對照記》裏沒有這張），送給了胡蘭成。以前看張愛玲各時期的照片，感覺好的真好差的真差。後來看了《對照記》，張愛玲把一張張照相都做了說明，這說明寫得比照片好，幾張用在派司上的照片尤其好，沒有一張是正臉正面的，沒有一張是兩個耳朵都露出來的，頭都有些偏，像藝術照，風華而不絕代。由此可知照相術或拔高或減色，具體到人，就是上相不上相。胡蘭成說「我在看守所裏看見，也看得出你很高。」只憑頭相就知道張身材很高，當不是凡眼看人。

「他從華北找了虞克潛來，到報社幫忙。虞克潛是當代首席名作家的大弟子。之雍帶他來看九莉。虞克潛學者風度，但是她看見他眼睛在眼鏡框邊緣下斜溜著她，不禁想到『這人心術不正』」。——

《小團圓》這麼講沈啟无「他從華北找了虞克潛來，到報社幫忙。虞克潛是當代首席名作家的大弟子。之雍帶他來看九莉。虞克潛學者風度，但是她看見他眼睛在眼鏡框邊緣下斜溜著她，不禁想到『這人心術不正』」。「首席名作家」是指周作人，當年北平學界均視沈啟无為周的」四大弟子「之一，後周沈交惡，沈跑到

南方投奔胡蘭成。在《周沈交惡》裏，胡蘭成說：「周作人和沈啟无決裂，沒有法子，也只好讓他們決裂吧，我個人，是同情沈啟无的。」胡蘭成評論沈啟无的為人的措詞，使人感覺沈只是個可憐的小人，胡對他僅是在交惡一件事上表示同情，而這種同情有很大成份是不問是非只看強弱的，周作人太過強大了，擠迫得沈啟无無沒法在京城待下去，我們似乎找不出周作人對第二個人有過像對沈啟无這樣痛恨的徹底。據《沈啟无自述》（1968年5月13日）說：「1944年4月間，周作人日公開發表破門聲明，並在各報上登載這個聲明，一連寫了好幾篇文章在報上攻擊我。我並未還手，只想把事實擺清楚，寫了『另一封信』送到北京，上海各報，他們都不刊登。當時只有南京胡蘭成等人，還支持我，『另一封信』才在南京報刊上發表出來。周作人不經過北大評議會，挾其權力，就勒令文學院對我立即停職停薪，舊同事誰也不敢和我接近。由於周作人的封鎖，使我一切生路斷絕，《文學集刊》新民印書館也宣佈停刊。我從5月到10月，靠變賣書物來維持生活。武田熙，柳龍光要拉我到《武德報》去工作，我拒絕沒有接受。北京現待不下去，我就到南京去謀生，胡蘭成約我幫他編《苦竹》雜誌。我在這刊物上發表過兩篇文章，一篇《南來隨筆》，一篇是新詩《十月》。1945年初，我雖胡蘭成到漢口接辦《大楚報》（大約1944年11月間去漢口）。本來我打算在南京中央大學中文系謀一教書位置，胡蘭成說武漢大學有機會，勸我一同到武漢。到了漢口以後，方知武漢大學停辦，只好幫他辦《大楚報》。胡蘭成做社長，我任副社長。」《小團圓》說「報社正副社長為了小康小姐吃醋。」而「小康」即胡蘭成情婦「小周」，書裏還有其他幾處說沈啟无的壞話。「周沈交惡」演變為「胡沈交惡」，這還是因緣，因因相報的因緣。

　　「他也的確是忙累，辦報外又創辦一個文藝月刊，除了少數轉載，一個雜誌全是他一個人化名寫的」──

張愛玲有一段時間在南京幫胡蘭成辦《苦竹》雜誌「他也的確是忙累，辦報外又創辦一個文藝月刊，除了少數轉載，一個雜誌全是他一個人化名寫的」《苦竹》連同人雜誌都算不上，逕直稱胡蘭成的個人雜誌得了，只有周瘦鵑的《紫蘭花片》似乎比此更純個人雜誌──從頭到尾無一不是周的文章。底下是《苦竹》一至三期的目錄，每一篇後面標有●記號者，應即是胡蘭成的文字，其餘張愛玲、炎櫻、路易斯、沈啟无等，當時亦是胡邊人物，第三期完全是胡蘭成包辦。（《苦竹》內胡蘭成所作文章均收入陳子善編《亂世文談》2007年3月香港天地圖書公司出版）

第一期（民國三十三年十月出版）

試談國事	敦　仁●
要求召開國民會議	貝敦煌●
違世之言	王昭午●
談音樂	張愛玲
死歌	炎　櫻
新秋試筆	胡蘭成●
詩四首	路易斯
大世界前	
不唱的歌	
真理	
看雲篇	
貴人的惆悵	韓知遠●
周沈交惡	江　梅●
開往北方的列車（詩）	弘　毅
閱讀啟蒙	夏隴秀●
讀《出發》	南　星

里巷之談　　　　　　　　林　望●

說吵架　　　　　　　　　江崎進●

中國革命外史　　　　　　北一輝著／蔣遇圭譯

編後　　　　　　　　　　編　者●

第二期（民國三十三年十一月出版）

文明的傳統　　　　　　　敦　仁●

給青年　　　　　　　　　胡蘭成●

南來隨筆　　　　　　　　沈啟无

自己的文章　　　　　　　張愛玲

生命的顏色　　　　　　　炎　櫻

十月（詩）　　　　　　　開　元

桂花蒸阿小悲秋　　　　　張愛玲

男歡女愛（民歌）　　　　王昭午●

「土地的綠」　　　　　　夏隴秀●

談論金瓶梅　　　　　　　江崎進●

第三期（民國三十四年三月出版）

獻歲辭　　　　　　　　　敦　仁●

告日本人與中國人　　　　胡蘭成●

中日問題與中日本身問題　夏隴秀●

「中國之命運」與蔣介石　敦　仁●

延安政府又怎樣　　　　　江　梅●

左派趣味　　　　　　　　林　望●

中國文明與世界文藝復興　胡蘭成●

中國與美國　　　　　　　王昭午●

多年以後，胡蘭成説：「南京政府日覺冷落。我亦越發與政府中人斷絕了往來，卻辦了個月刊叫《苦竹》，炎櫻畫的封面，滿幅竹枝竹葉。雖只出了四期，卻有張愛玲的三篇文章，説圖畫，説音樂，及桂花蒸阿小悲秋。是時日本的戰局已入急景凋年，南京政府即令再要翻騰一個局面，也是來不及的了。我辦《苦竹》，心裏有著一種慶幸，因為在日常飲食起居及衣飾器皿，池田給我典型，而愛玲又給了我新意。池田的俠義生於現代，這就使人神旺，而且好處直接到得我身上，愛玲更是我的妻，天下的好事都成了私情，本來如此，無論怎樣的好東西，它若與我不切身，就也不能有這樣的相知的喜氣。其後不久，因時局變幻莫測，便決定飛往武漢。」（案，胡蘭成説錯了兩個地方，一是《苦竹》的期數，二是張愛玲三篇文章的題目。）。《苦竹》封底是四本書的廣告，有胡蘭成的《今生今世》，廣告稱「即將出版　胡蘭成著　今生今世　散文集　內收文藝散文三十餘篇十餘萬字」，《今生今世》當年沒出成，十多年後的1957年在日本出版。幾乎可以肯定的説，現在我們看到的《今生今世》，與1944年的欲出而未出成的《今生今世》不是同一內容的書。還有一個疑問，當年胡蘭成積有「文藝散文三十餘篇」了？有人統計了是不到五十篇，而這裏面沾「文藝散文」邊的還不足二十篇，最初的《今生今世》是何面目，待解。而張愛玲的《流言》如廣告所説「即將出版」，很快於1944年12月面世，《流言》很像是自費出書，那麼《今生今世》當時到底為什麼沒出成，至今無人可解。

　　這些事是既對得上人也對得上事還對得上細節。《小團圓》真實的成分遠遠多於虛構，某些細節對不上，想來也是張愛玲的誤記（或存心誤記），畢竟隔了三十多年，她在美國一個人寫回憶，誰也幫不上她。

我的表哥，
新聞戰線的一名老兵

潘國彥是新聞出版戰線的一名老兵，潘國彥也是我的表哥。表哥在三月二十一日早晨去世了，享年七十五歲。我失去了表哥，新聞出版界失去了一名軍齡五十八年的老兵。老兵是不會死的，老兵只會慢慢凋零。我想起表哥的一生，真可謂「為書籍的一生」，這也是他新書的書名，現在竟成為他的遺作，他沒有來得及看到新書，就永遠離開了為之奮鬥了一生的圖書事業，也離開了他收集的心愛的圖書。一位俄國的詩人（我忘了他的名字），在臨終前深情地對書籍說「永別了，親愛的朋友。」

潘國彥（我們都叫他阿哥）十六歲時隻身從上海來到北京，起先就住在我家，好像是住了兩年。等我記事了，他已經結婚了。我記得上小學時，有一天表哥來我家，對母親說這幾個孩子有什麼愛好，應該早早確立發展的方向。我一直對別人說潘國彥是「個人奮鬥」出來的，從書店學徒工起步，最後位居新聞出版署圖書管理司副司長，真的不容易。

後來，我也喜歡上了寫作，在報刊上發表些小文章，表哥提醒我要注意」政治第一」，不要寫不該寫的東西。我一直把這話牢記在心。記的一九六八年八月我被分配到內蒙插隊，臨走的前一天日記：

8月27日　多雲。離北京前的最後一天。上午到學校分了組，我這組六個女生六個男生。下午和姚加，倪鼎林合影。晚上，國彥阿哥和小建農來，是為送我。最後一次淋浴回來，又叮囑了許多話。國彥講「突出政治，艱苦奮鬥」，要牢牢記住。投入戰鬥，爭取勝利，徹底改變軟弱無能的行為，作一個有益於人民的人。

　　「突出政治，艱苦奮鬥」這八個字也可以看作是潘國彥一生的寫照。

　　插隊時一度我思想消沉，寫信給表哥吐露，他回信一邊是鼓勵我，一邊是批評，叫我目光放遠一些，努力幹些實事，不應甘於現狀：「你生長在知識份子家中，杜甫有詩曰『儒冠多誤身』，此不唯是激憤語，也是過來人的經驗也。就是說讀書人多數沒有什麼作為。這不是鼓吹『讀書無用論』，而是指不注意學習實際本領，以至一事無成。你年紀很輕，來日方長，總希望你能多一些貢獻。」

　　表哥勤勤懇懇地工作，在工作之餘，他的最大愛好就是買書和讀書了。他說「北京真是王者之都，客居京華幾十年，別的好處且不說，光是有舊書可淘就再住十輩子。」五十年代，可以說是舊書業最後的輝煌，表哥他趕上了「剛到北京，我還是一個少不更事的娃娃，曾跟隨研究明史的姑夫去琉璃廠舊書店挑書，但那些夥計們逼視的目光使我如芒刺在背，下次再也不想去了。於是轉而去東安市場。記得有一處叫丹桂商場的，有一批舊書店鱗次櫛比地排列著。在這裏，我看到了魯迅單編本的毛邊本，還見過上百冊胡適親筆在封面上簽名的書，可惜當時我沒有心思（主要是不懂）研究版本學，因此一本也沒有買。在這裏，我買了到北京後的第一本書，那是1948年由讀者書店出版的《魯迅雜感集》。雖然是6號字排印的劣貨本，但這本書幾乎搜集了魯迅十幾本雜文集的精粹，因此毅然買下了。可以說，是這本書決定了我一生的世界觀和文藝觀。這本書現在仍寶藏在我的書櫃中。」

表哥還淘到過珍貴的線裝古書，像康熙年間駿惠堂刻印的《溫李兩家詩集》「刻工精美，令人愛不忍釋。當時索價僅6元，現在大約六百元也買不到了。」可惜這麼珍貴的古書「但當看書與活命發生矛盾時，也只能顧命了。那是在1961年時，因為餓得浮腫，只好挑出幾套值錢的書去換救命糧了。最心愛的《溫李兩家詩集》就這樣隨風飄去了。現在再也用不到為填飽肚子而犯愁了，而那段艱難的日子真是無法忘懷。我也是一個愛書的人，我能想像表哥內心的失書之痛。他說過「他生未卜此生休，看來我要與這幾千書共始終了。我有一個不該有的願望，就想快點退休，好讓我痛痛快快讀點書。」如今，表哥先於這幾千冊的藏書離開了人世，我想起了他在送我的書上題的一段話「走過，遊過，思索過，我記住這繽紛的世界，世界勿忘我！」

1997年春節在表哥家的合影，這也是我和表哥最後的一張合照。

美人兒的殘脂剩粉

世間最令人傷春悲秋事，莫過於美人遲暮，英雄氣短。幾天前在網上得知美國老牌電影明星保羅‧紐曼病逝，83歲，世上最美的藍眼睛永遠地闔上了。八十年代初，啟蒙的時代，羅大佑吟唱《告別的年代》，風輕輕的吹，夜沉沉的醉，我們這尚未開始，但騷動已不可避免，低級別的摩登悄悄出現，褲腿喇叭，眼鏡蛤蟆，連衣裙暢銷，人不分貴賤尊卑皆西服領帶。文化上，我們對外面世界的瞭解多來自雜誌畫報，有本電影雜誌叫《環球銀幕畫刊》，我就是在那上面第一次看到保羅‧紐曼，標緻的臉上鑲著兩顆藍寶石般的美目，其時，他已年過半百，又喜歡上另一項摩

《時代電影》封面上的阮玲玉。

登——賽車。八十年代，電影歡宴的年代，當時的紅星，不管中國的外國的，今天不是看不到了就是不能看了，越是漂亮的越醜老的快。「摩登」具體什麼樣？茅盾在《子夜》裏有一段描寫——「汽車三輛（1930式的雪鐵龍），電燈和電扇、無線電收音機、洋房、沙發、槍（一支勃朗寧）、雪茄、香水、高跟鞋，美容廳、回力球館，Grafton輕綃，法蘭絨套裝，1930年巴黎夏裝，日本和瑞士表，銀煙灰缸，啤酒和蘇打水，跳舞（狐步和探戈），輪盤賭，鹹肉莊，跑馬場，羅曼蒂克的必諾浴，舞女，影星。」上面這些物慾符號的更新換代，電扇被空調取代，無線電收音機，被音響取代，更有上一代享受不到的電話手機，電視電腦，一代有一代的摩登標準與摩登偶像。有那麼幾年，我做的案頭工作，就是打撈正史上故意遺漏的作家和他們的軼聞趣事，如邵洵美、穆時英、劉吶鷗、郭建英、張愛玲、葉靈鳳。他們都不符合有社會良知的「五四」作家的典型，可是，他們確確實實是海上摩登內「文化摩登」的代表人物，打撈上來，浮出水面，讓讀者知道曾經有一種文化叫摩登。我還做了一項工作，將舊雜誌封面人物（女性居多，蓋紅顏多薄命也），——如鄭蘋如，白光，李旦旦，王瑩，楊秀瓊，周璇，阮玲玉，徐來，言慧珠，孫維世，黎莉莉她們的後來命運一一勘明，越是顯赫一時的越是對她的結局有興趣知道，勘探的結果很令人沮喪，——鮮有善終者，美人兒的殘脂剩粉，真真冷落成泥碾作塵，哪兒還有什麼香如故。

每每走過城市的報刊亭，如同走過「美人頭」的展覽窗（也有人稱報刊亭為「狐狸窩」），個個都是傾國傾城的容顏，比畫出來的更加千人一面，更加徹底地沒了個性，揚之水先生說得好：「像生產出來一般標準的微笑蹙眉捂心揚臂；送一樣的秋波，蕩一樣的春光。」真令人夠夠的。老作家包天笑在《釧影樓回憶錄》內揭發——「很久以前的雜誌封面，老闆們為了吸引讀者眼光，多主張

用美人照片。那時的閨閣中人，風氣未開，不肯以色相示人，上哪兒去找美人照片呢？頗費了老闆們一番腦筋，那時候舞廳嬌女還沒問世呢，怎麼辦，只好向風塵煙花女子索取玉照充充封面，好人家的女子是不屑於此的。」老闆們還有一損招，即與照相館聯手「暗箱操作」，用今天的話講就是侵犯肖像權，把留在照相館的底片翻拍下來，移裁到雜誌封面，雜誌的銷路就這樣上去了。著名的《良友畫報》，在紀念100期專號上，把100期的封面濃縮在一起，那真是百分之百的封面女郎大檢閱。封面是女子的領地，換個男性行不行？不行，不行？二十世紀八十年代某一期《大眾電影》封面偶爾用了一位男性，最糟糕的還是一位「夕陽男性」，市場馬上變臉，銷數頓時大減十萬份，嚇得編輯們再不敢做打破清規戒律的嘗試了。封面女郎現象，使我想起賈寶玉的一句名言：「我見了女兒，我便清爽，見了男人，便覺濁臭逼人。」本人對「封面女郎」現象，也無可奈何，估計著買雜誌者多數為男性吧，君子好色，不以美女取悅男人，生意怎麼做？只是感覺，能不能多採用點繪畫技巧來展示女子的花樣年華萬種風情？別老是照片照片的。過去丁悚，周慕橋，杭稚英，張光宇那一撥子畫家畫出的封面，鑲嵌著歲月花邊，留存到今天，還叫人惦記著。

　　本文選了一幅藍蘋三十年代的照片，如果我不說這是誰，怕能猜出是誰的讀者幾無，因為這個女人直接造成了本文幾位主人公的悲慘結局，所以有必要擱一張她當年純真的玉照，以示歷史的詭秘難測。周璇的人生大家太知道了，我就不再寫了，周璇最經典的封面照（請看我的書《夢影集》《蠹魚篇》裏有），這張照片曾被商家改作香煙廣告的招貼畫。原照是彩色的，極具視覺美，可以稱為明星第一照。

一、王瑩死於秦城監獄

我是時斷時續地知道那麼一點王瑩其人其事的，但始終串不成完整的畫面。我在書攤買過她寫的《寶姑》，可買的動機更多是因為書裏面是丁聰精緻的插圖，後來才知道那是王瑩自傳體式小說。上個月託朋友在孔夫子舊書網買到一冊《電通畫報》，對方索價甚昂，買下後書友皆稱我此舉病得不輕。《電通畫報》封面這位打著洋傘的漂亮女子，正是王瑩，此時的她主演了電影《自由神》（夏衍編劇，司徒慧敏導演），這期「電通畫報」又是「自由神特輯」，封底是《自由神》的另三位演員劇照（施超，藍蘋，周伯勳）。王瑩一生只拍過四部電影（《鐵板紅淚錄》，《女性的吶喊》，《同仇》及《自由神》），跨度僅三年，但是她塑造的生動感人的藝術形象卻在中國電影史上留下光彩的一頁。王瑩不同於同時代的其他女演員，她勤奮好學，多才多藝，她以清新秀永的文筆撰寫了許多散文，遊記和影評，素有「文藝明星」「電影作家」之美譽，夏衍曾稱讚王瑩「耽於閱讀，好學深思，文思敏慧，行文細膩，敘事委婉多情」。王瑩原名喻志華，一九一三年生於安徽蕪湖一個知識份子家庭。十歲喪母，被父親許配給人家當童養媳，因不堪凌辱，王瑩逃到長沙，被舅母收養，改名王克勤。一九二八年，王瑩因撰寫公開信痛斥反動軍閥何健的罪行而遭到通輯，逃至上海，改名王瑩。一九二九年，王瑩進上海藝術大學文學系讀書，並參加了上海藝術劇社，曾演出《炭坑夫》，《西線無戰事》等劇碼。一九三　年，王瑩加入中國共產黨。從一九三二年起，王瑩先後參加了辛酉劇社，聯合劇社，四十年代劇社，上海業餘劇人協會等左翼進步戲劇社團，曾與陳凝秋，袁牧之，趙丹，金山等同台演劇出。抗戰爆發後，王瑩又與洪深，金山，田方等參加了「上海救亡演隊」，奔赴十五個省區的山

村和前線，進行抗日宣傳演出。
一九三九年，演劇二隊改組為
「新中國劇團」，王瑩任副團長
兼主演，遠赴香港，南洋一帶
演出，為國內抗戰募集資金。
一九四二年，王瑩受國民黨海外
部的委派，以觀察員的身份到美
國學習藝術。王瑩在白宮演出街
頭劇《放下你的鞭子》，受到羅
斯福總統的接見。1951年，王
瑩和謝和賡在紐約結婚。1955
年元旦，在周總理的親自過問
下，王瑩和謝和賡衝破阻力回到
中國回到北京。在以後的十幾年
歲月裏，王謝夫婦一直患難與
共。一言難盡他們受過的磨難。

《電通畫報》封面上的王瑩。

一九六七年夫婦倆先後被投入監
獄，由於人所共知的原因，王瑩
受到了更加慘無人道地迫害，到
了1970年，王瑩已被折磨拷打
至下肢癱瘓，形銷骨立，不能
說話，其狀甚慘。1974年3月3
日，王瑩死於獄中，死的當天即
被火化。有關方面的死亡證明君
上甚至連姓名都沒有，只有一個
囚徒的編號──6742。1975年
5月15日，謝和賡出獄，這時候

他還幻想著和王瑩團聚。1982年，謝和賡為王瑩刻了一塊漢白玉墓碑，一直放在自己的寢室裏。（一個偶然的機會我讀到一篇也是關於某人蒙冤囚禁在北京秦城監獄的文章，才知道「6742」的含義，這是犯人的編號，表示該犯人是「1967年收監的第42個犯人」。）

二、三十年代「美人魚」楊秀瓊

回首近代中國的體育史，心酸與屈侮多過光榮與強盛。雖然在某些個別竟賽項目，我們也有過讓世界刮目相看的風雲人物，但畢竟遮不住體育弱國的本質。我收集有太多楊秀瓊最紅最風光時的老圖片，我真好奇想看看她老了時候的照片，是什麼樣子，青春留不住，紅顏最易老，但我還是想看到底老成啥樣了。郁達夫的夫人王映霞年輕時是出了名的大美人，我看到過她六十以後的照片，風韻猶存。有的人的美麗可以保持很久，有的美人一下子就不成了，楊秀瓊的老相，始終未能一睹。

三十年代，比基尼尚未發明出來，像楊秀瓊這樣的泳裝已是最暴露最前衛最「傷風敗俗」的封面女郎了。楊秀瓊是游泳比賽運動員，穿泳裝出鏡合該名正言順，其他行業的明星，想學楊秀瓊的穿法，倒顯得做作和不倫不類，實在想顯示一下身材，也輪不到上封面，只有插頁的份，還須是配合夏日炎炎的季節。1933年10月，國民黨主辦的第五屆全國運動會在南京中央體育場揭幕。這次運動會，第一次把女子五項游泳列為正式比賽項目，各地女選手紛紛參賽。楊秀瓊和姐姐楊秀珍一起，作為香港隊選手參加了比賽。由於第一次有女子參賽，因此轟動一時，好些清末遺老遺少亦拄著手杖步人泳池，見到女子運動員穿著泳裝出場，頓時想起「非禮勿近，非禮勿視」的古訓，慌忙離座退場，喃喃自語：「罪孽！罪孽！女子洗澡還招人來看，真是人間不知有羞恥事。」

　　楊秀瓊原籍廣東東莞，6歲開始「下水」，一家人兄弟姐妹皆好游泳，楊秀瓊的弟弟楊昌華奪得過少年游泳錦標賽的冠軍，楊秀瓊則於13歲時便在橫渡香港九龍海峽的比賽中奪魁。真正使楊秀瓊名聲大噪的四次重要比賽是：1933年10月南京的第五屆全國運動會，1934年5月菲律賓馬尼拉的第十屆遠東運動會，1935年10月上海的第六屆全國運動會，1936年8月的德國柏林的第十一屆奧林匹克運動會。

　　南京的第五屆全運會，第一次將女子五項游泳列為正式比賽項目，這次也是楊秀瓊第一次亮相大型運動會。楊秀瓊比賽中拿到五個冠軍：50米自由式（38秒2），100米自由式（1分29秒6），100米仰泳（1分45秒2），200米俯泳（3分41秒1），200米接力（2分49秒）──也是有她參加的香港隊奪冠，而且這五項比賽成績全部刷新了全國紀錄。（以今天的眼光來看，恐怕少年隊的選手也比楊秀瓊游得快。查了一個資料「2006年亞洲女子游泳紀錄」，跟楊秀瓊一

楊秀瓊泳裝照。

樣的幾個專案都是中國選手創的紀錄，具體是：50米自由泳24秒51；100米自由泳54秒01；100米仰泳1分0秒16；200米蛙泳（舊稱俯泳）2分22秒1。）楊秀瓊一鳴驚人，迅速竄紅，成為新聞人物，當年她虛齡15歲，但生得高大壯實，尤其面容秀麗，膚色紅潤，健而又美，「美人魚」的稱譽由此而來。每逢有楊秀瓊出場的比賽，觀眾席上的目光一齊向她注射，連光頭和尚也趕來搶購門券，一睹「美人魚」風采。偉大如魯迅，也評論過「美人魚現象」──「我覺得中國有時是極愛平等的國度。有什麼稍稍顯得特出，就有人拿了長刀來削平它。以人而論，孫桂雲是賽跑的好手，一過上海，不知怎的就萎靡不振，待到到得日本，不能跑了；阮玲玉算是比較的有成績的明星，但「人言可畏」，到底非一口氣吃下三瓶安眠藥片不可。自然，也有例外，是捧了起來。但這捧了起來，卻不過為了接著掉得粉碎。大約還有人記得「美人魚」罷，簡直捧得令觀者發生肉麻之感，連看見姓名也全覺得有些滑稽。契訶夫說過：『被昏蛋所稱讚，不如戰死在他手裏。』真是傷心而且悟道之言。但中國又是極愛中庸的國度，所以極端的昏蛋是沒有的，他不和你來戰，所以決不會爽爽快快的戰死，如果受不住，只好自己吃安眠藥片。」（《且介亭雜文二集·徐懋庸作打雜集＞序》）

　　1934年5月楊秀瓊代表中國隊去馬尼拉參加第十屆遠寺運動會，又奪得四項冠軍，本來可以包攬五個冠軍，俯泳本來也是楊秀瓊第一，但由於犯規（轉彎時單手觸壁）被取消資格。自此次比賽之後，「美人魚」又贏得了國際聲望。回國之後，更是紅極一時，甚至受到蔣介石和林森的接見，南京的記者形容「美人魚」──「風度雍容華貴，雙眸明亮，性格爽朗，穿玉色衣服，赤是跣高跟拖鞋，身軀健壯，遠望如希臘女戰士，言談和藹，含南國風味，十分可親。」當年《良友畫報》有一頁全版刊登當代十大標準女性的照片，楊秀瓊與何香凝，宋美齡，胡蝶，丁玲等一同上榜，成為最時

髻的大畫報之封面女郎，真是達到了「足跡所至，公卿倒屐」之地步。人怕出名豬怕壯，尤其是女人一出名，負面效應接踵而至，甚至上海灘著名的星相家韋千里也來了個《韋千里評楊秀瓊八字》，什麼「以高危滿損為戒」勸她風頭不要出得太足；什麼「或有關睢之兆」說她1937年該嫁人，什麼「危如累卵」晚景不妙。大報小報一轟而上全是楊秀瓊的消息，連她的身材各部位詳細盡寸也公之於眾。民國政界聞人，國民黨元老褚民誼，任職期間，傳聞曾替美人魚楊秀瓊駕車、打扇，事後曾有人寫下兩首嘲笑　民誼的詩。道是：「波光慘澹遠黃昏，游泳場中出麗人，臺上大官涎欲滴，驅車駛進南京城。」「高車大馬黃金鑾，引得行人側眼看，屈節執鞭為何事？官莊別墅鬼門關。」

另有一則資料為美人魚的傳奇增添了更大的傳奇——抗戰期間在大後方，四川軍閥范紹增（1894～1977）依仗蔣介石的勢力，強佔了楊秀瓊，並強迫陶伯齡與楊「離婚」，並在《重慶日報》頭版頭條發佈：「南國美人魚楊秀瓊與川軍司令范紹增將軍結婚」，小標題為：「楊秀瓊與陶伯齡離婚」，旁邊印著他們親自簽署的「離婚書約「楊秀瓊被迫當了范紹增的第18房姨太太，那年，她才19歲。——傳奇還未完結，這位范軍閥後來——1949年12月14日，率所屬官兵二萬餘人在渠縣的三匯鎮通電起義。解放後，歷任中南軍政委員會參事，解放軍四野五十軍高參，河南省體委副主任，省人民政府委員，省人民代表和政協委員等職。1977年3月5日在在鄭州去世，終年83歲。直到了一九四六年，楊秀瓊早已退出泳壇，盛名不再，我還在舊畫報上見到一則消息《楊秀瓊與陶騎師離婚詳情——五年薄情是分離主因，孩子問題成爭執焦點》，只是此時關於美人魚的報導已淪落到報刊不顯眼的旮旯了。

一九八二年十月十日，一代「美人魚」楊秀瓊客死他鄉，在加拿大溫哥華病逝，終年僅62歲，遺體葬於當地的海景公園。楊秀瓊

如果活到今天，也不過八十多的年紀，由她來做北京奧運的嘉賓比那些花瓶強多了。

三、阮玲玉之死成就了小報記者

《電聲》是中國電影期刊史上出版期數最多的影刊，自1932年創刊至1941年終刊，共出九百多期。「四卷十四期」（1935年4月10日）的封面人物是「二次服毒自殺之王慧娟女士」。王是當時的二流演員，本次自殺也未死成，但是由於距阮玲玉自殺身亡（1935年3月8日）僅十數日之隔（王慧娟二次服毒時在3月26日，首次服毒時在1934年1月5日），還是成為媒介求之不得的「猛料」。

刊內的題目也是把二個人拴在一起：「阮玲玉屍骨未寒，王慧娟竟也服毒圖盡」。封面上的標題是：「王慧娟二次服毒真因」，「阮玲玉墓穴淒涼」。這一期的《電聲》可謂愁雲慘霧，悲悲戚戚，所敘王服毒內情十分詳盡：「去年曾吞服鴉片」、「召醫急救得慶更生」，「絕筆留書寥寥數語」，「安神藥水之來源」，「自殺之意蓄在數日以前」。占了三個頁面。對於才死了一個月的阮玲玉，《電聲》亦不惜版面，除了詳細報導張達民兩度獻花於阮玲玉新墓，刊出兩人生前合影之外，又闢「玉碎零聞」一頁，記載阮玲玉生前的月薪數目、阮玲玉之榕傳言為一千七百五十兩（金乎？銀乎？）等。另有言詞記敘阮玲玉之隱私甚下等作賤，實不堪原文抄錄，只抄另一節便可知媒介居心——「是日參觀阮娘豔屍者，俱衣冠楚楚之人，摩登女郎，尤居十七，阮之遺體，橫陳室中，上有玻璃，絕類百貨肆中之蠟制美人，諦視之，朱唇頰頰，髮波青絲，宛然如生。惟嬌靨微腫，視生時為豐，殆毒氛使然耳。」

此節與不便抄錄的那節，頗多輕薄句子，且聽魯迅翁是如何抨擊這些媒介手筆的：上海的有些介乎大報和小報之間的報章，那

社會新聞，幾乎大半是官司已經吃到公安局或工部局去了的案件。但有一點壞習氣，是偏要加上些描寫，對於女性，尤喜歡加上些描寫；這種案件，是不會有名公巨卿在內的，因此也更不妨加上些描寫。案中的男人的年紀和相貌，是大抵寫得老實的，一遇到女人，可就要發揮才藻了，不是「徐娘半老，風韻猶存」，就是「豆蔻年華，玲瓏可愛」。一個女孩兒跑掉了，自奔或被誘還不可知，才子就斷定道，「小姑獨宿，不慣無郎」，你怎麼知道？一個村婦再醮了兩回，原是窮鄉僻壤的常事，一到才子的筆下，就又賜以大字的題目道，「奇淫不減武則天」，這程度你又怎麼知道？這些輕薄句子，加之村姑，大約是並無什麼影響的，她不識字，她的關係人也未必看報。但對於一個智識者，尤其是對於一個出到社會上了的女性，卻足夠使她受傷，更不必說故意張揚，特別渲染的文字了。然而中國的習慣，這些句子是搖筆即來，不假思索的，這時不但不會想到之也是玩弄著女性，並且也不會想到自己乃是人民的喉舌。

四、從電影明星李旦旦到飛行家李霞卿

面前這位身著旗袍，手扶螺旋槳的女子，你不要以為那只是「香車美女」式地擺擺樣子，她就是當年轟動全國的女飛行家李霞卿，巾幗傳奇人物，英姿颯爽不讓鬚眉，李霞卿的事蹟，一般男子聽了也會自愧不如的。

李霞卿原名李旦旦，出生於辛亥革命前夕，父親李應生是位愛國志士，1911年10月25日他炸死了清朝駐廣州軍隊的頭領鳳山將軍，為革命軍攻佔廣州立下頭功。李霞卿幼年隨父留學歐洲，後定居上海。由於受到中西文化的薰陶，李霞卿個性活潑，思想開放，多才多藝，更具一項重要素質——膽識過人。1921年，一個偶然機會，李霞卿參加了電影《玉潔冰清》的拍攝，只是充當一個配角，

李霞卿手扶機翼。

結果一次也沒拍過電影的李霞卿，一點也不暈鏡頭，表演十分成功，導演卜萬蒼，編劇歐陽予倩對她特別滿意。此後，李霞卿連續主演了《和平之神》、《海角詩人》、《天涯歌女》、《五女復仇》、《西廂記》、《木蘭從軍》等影片，被譽為「天天向上的李旦旦」。她的劇照及生活照充斥於報刊雜誌。李霞卿外形漂亮，圓圓的臉龐，適度的身材，動人的體態，還會騎馬、游泳、開汽車，是一位新型摩登女性的典型。

正當人們以為李霞卿將沿著電影明星的路子一直走下去之時，她卻離開影壇，在家中邀請一位英文教師學習英文，不久，李霞卿嫁給了一位在日內瓦「國聯」當秘書的男士，留居法國並在那裏加入航空學校，學習飛行。幾年之後，又轉到美國奧克蘭波音航空學校深造，掌握了各種複雜的飛行技術，並成為美國婦女航空協會會員，加入了卡特安勒飛行俱樂部。1936年，李霞卿乘美國柯立芝總統號油輪回

到上海，頓時又成為新聞人物。同年，「上海市民獻機命名典禮」在龍華機場舉行，觀者如潮，達十五萬人。李霞卿當場與另一駕駛員登機凌空表演，轟動效應可想而知，要明白，那年月女子會開汽車尚有幾人？更沒聽説女子開飛機了，更何況這位女子還是電影明星呢。可是還是有人胡亂猜疑：那天駕機飛行表演的是另外一位飛行員，而並非曾經是那個電影明星的「李旦旦」。

以後，李霞卿駕機飛南京、洛陽、成都、西安、昆明、貴陽、太原、北平等城市，還撰寫了一部20萬字的《改革中國航空的建議》。「八‧一三事變」後李霞卿遷居香港，後又赴美國芝加哥。在美國，她駕駛一架名為「新中國精神號」的單翼型飛機，做了一次極為轟動的環美飛行。在美國，李霞卿又接受派拉蒙影業公司邀請，參加了以中國抗日戰爭為背景的影片《歧路》的演出。1946年，李霞卿在一次飛行表演中，飛機失事，不幸罹難。她像一道燦爛的彩霞，永遠留在長空，完成了以電影明星到飛行家的不尋常的生命歷程。

五、白光這個壞女人？

我先是讀了大量載有白光圖片與資訊的舊畫報，——這女人到底是何身世，會如此多的上版面出鏡頭？意外的在香港的一本雜誌上看到香港專欄作家陶傑對白光的評論（港臺對老一代過氣的歌星影星的鉤沉發潛比之我們起勁的多）——「人雖壞」，歌卻好。其實白光人也不壞，只是「因為白光演的多是妖冶的情婦，浪蕩的風塵女，紅牌的交際花，這些角色可以統稱為狐狸精。雖然是明擺著的『壞女人』，本應和良家婦女正邪兩不立的，偏偏是白光，亦正亦邪，肉慾和情義糅在一個腔調裏，卻又涇渭分明。『烈日肝腸名士膽』，一點也不比男人遜色。跟其他所有女人相比，白光就是豁得出去，

《環球畫報》封面上的白光。

壞也要壞得磊落，笑裏藏刀的伎倆，是白光所不屑的。」

我們這一輩後來人，能知道白光唱歌已算有閱歷了，白光的電影，我們知之甚少。剛知道白光之音，就聽上一輩人說上一輩子的大人就不讓小孩子聽白光的歌說那歌不正經，我們終於糊塗了，一片空白的腦子最怕「先入為主」的印象——白光是個壞女人不正經，「男人夢中只為周璇那種楚楚可憐傾倒。」（陶傑）《萬象》雜誌上有人評介白光——「老上海有歌女叫白光，受過極好的教育。她的歌聲裏有洗盡煙火氣的人間滄桑感，不悲不喜，似悲似喜，非常清靜，少有人企及。不知那個時代的女子，行事是否有這樣的明白處？」

人的心理很奇怪，越說白光是「壞女人」越勾起好奇心，終於自己從塵封的畫報中知道了白光的來歷。下面的文字來自一九四七年畫報上的報導：在北國的土地上（河北滄州），史家門氏的家族裏（白光原名史

永芬），出生了一個女孩，像世界上無數女孩產生一樣，沒有人注意到這女孩子的將來。……她更淘氣，潑辣，幼時，為了要吃西瓜，她會哇哇的哭一整天，直到她父親拿她沒法，把西瓜塞在她嘴裏，讓她吃到肚子痛為止。在學校裏，白光和石揮、張瑞芳演過《日出》，她是現成的「小東西」。她有演戲的天才，人家誇她，她很得意。

白光遇見了一位音樂家的愛人，愛人循循善誘給她在音樂上打好基礎，後來愛人把她拋棄與另外一個女人同居，白光去了日本半工半讀。把「史永芬」的名字改成「白光」，——像天上的一道白光，照耀大地，她的野心相當大。「白光」兩個字開始在人的口中談起，《桃李爭春》上映了，人家説：「瞧！白光！這壞女人」（原來一開始上銀幕就確立了壞名聲）。接著《戀之火》，《紅豆生南國》，《為誰辛苦為誰忙》，像原子炸彈似的向銀幕上攻擊，她低而啞的聲，「眼波流，半帶羞」，「伴隨在我身邊，直到天明」，「讓我走吧！這裏是春光蕩漾，我是滿懷悲愴」，這夢樣似的歌聲，迷惑了多少年青人，為她作夢，為她寫詩，影片公司的老闆在説：「白光的片子可以賺錢啊！」

她能生活在任何一種環境裏，燈紅酒綠，揮金如土的場所，與高貴人士共遊樂，她也能住在北平西城一個僻靜的胡同裏，過著被人遺忘了的寂寞日子，與家人鄰舍談家常。「北平西城一個僻靜的胡同」，是哪條胡同？白光應該有一部傳記。1999年8月27日，定居馬來西亞的白光因患腸癌醫治無效去世，遺體落葬在吉隆坡市郊富貴山莊墓地。一年之後，白光陵墓落成，沿著墓旁的石級而上，可以看到一排黑白相間的琴鍵，琴鍵上端刻著《如果沒有你》的五線譜一行，那是白光最喜愛的一首歌。人們每走一階，歌聲就伴你而行。四九之後移居海外的紅星們，她們的結局總是比留下來的要好得多，像胡蝶，像陳雲裳。最倒楣的是已然出去了又回來的像

「標準美人」徐來，多少有些似自投羅網。我讀過一篇文章《申江血淚》，作者在1966年的風暴中痛失才華橫溢的愛女，女兒的藝術生命是鋼琴，作者悔天悔地，悔不該從香港回上海。上海是繁華之都，聚美之地，我這裏寫的十幾位明星，都曾閃耀上海的星空，怪不得上海，要怪就怪命運。

六、三十年代的「標準美人」徐來

封面上這位正在對著鏡子擦口紅的漂亮女子，她是誰？一千個讀者可能有九百九十九個答不上來，唯一的一個讀者還答錯了。上海一位收集老電影資料極為豐富的趙老先生，寫過一篇《徐來的生前和死後——紀念徐來逝世三十周年》（載《大眾電影》第617期），我也是讀後才知道當年享譽上海灘的「標準美人」徐來，後來也遭遇到和王瑩一樣的命運，1973年4月4日，在獄中含冤去世，終年64歲。

我搜集保留了太多的徐來的影像圖片，實在不忍想像她在獄中的模樣。人世間，有極其善良的人，更有極其辣毒的人。標準美人不幸遇到了心如蠍毒的同行。徐來祖籍是浙江紹興，人傑地靈的好地方。十八歲那年，徐來報考了黎錦暉創辦的中華歌舞專修學校習藝，取藝名「徐來」（她的原名是徐潔鳳），逐步走紅演藝界。徐來容貌俏麗，體態婀娜，唱歌舞蹈與演電影，都很受觀眾喜愛，徐來為人隨和，不擺架子，影迷們更覺得她平易親近，由於影迷來信太多，她請一位私人女秘書幫助處理信件，她是早期影星中第一個聘用女秘書的人，後來她有了私人汽車，是繼楊耐梅之後第二個擁有私人汽車的女明星。烏鴉嘴的媒體就給徐來評出了個「標準美人」的雅號，竟叫響叫紅了。是不是夠的上中國人心目中的審美標準？大報小報又刊出了徐來身材的各部位尺寸，推波助瀾，越發紅了。其實，徐來總共只演了8部片子（1932-1935），我似乎一部也沒看

過，電影資料庫放過徐來的舊片子，公開的上映似乎未見。

徐來的第一位丈夫是黎錦暉，離異後與唐生明將軍結婚。唐生明的哥哥即大名鼎鼎的抗日將領唐生智，1937年自告奮勇堅守南京城的國民黨南京衛戍司令。退出影壇後，徐來和丈夫唐生明住在上海，40年代末遷居香港，1956年底他們夫婦攜同子女到北京定居。因從影期間徐來和江青（當時的女演員藍蘋）多有共事，文化大革命爆發，她和丈夫一同被捕，在獄中徐來不幸被折磨致死。唐生明被投下牢獄，並押了8年，挺熬了過來，卻也像王瑩的丈夫謝和賡一個命運。自己的愛妻沒能存活下來。三十年代的當紅影星，誰也不會料到幾十年後她們會是另一種相同的結局。

七、紅顏薄命言慧珠

照片上左上角那位低眉淺笑的美女子，即是當年被評譽為「平劇皇后」的言慧珠。本人對

圖上：《中華畫報》這張對鏡圖的主人是「標準美人」徐來。
圖下：言慧珠四十年代在北平的生活照。

任何劇種都不感興趣，但這並不妨礙我對梨園裏傑出人物的景仰。七十年代基辛格在被邀請觀賞京劇時昏昏欲睡，事後評説那是索然無味的藝術形式。言慧珠大紅大紫大起大落結局異常悲烈的生平，令我唏噓不已，一口氣讀完她的生平，結論是：真刻苦，真天賦，真有錢，真不幸，典型的薄命紅顏──藝術上是非常成功的，婚姻上是非常失敗的。

　　言慧珠結束生命的方式及其背景與傅雷夫婦一個樣，為什麼那麼多人在那個黑白顛倒的時代選擇了苟且偷生，卻還指責自殺是懦弱的表現？我始終對傅雷夫婦之死的方式由衷地敬仰，那是知識份子人格尊嚴的表裏如一，永遠令活著的人羞愧。

　　一九一九年，民國八年深秋，落葉鋪地，寒氣襲人，在北京宣武門外校場小六條胡同的一座四合院裏，降生了一個女孩。這座四合院的主人，姓咸名錫，就是後來紅遍全國的言菊朋，此時已二十九歲了、女主人高逸安，二十五、六年紀，秀外慧中，後來也成了專演老婦人的電影明星。這個剛降生的女嬰是言家二小姐──言慧珠。

　　言慧珠聰慧伶俐，五、六歲年紀，哼起《蘇三起解》已經蠻像個樣子了，十二、三歲的時候學程硯秋的唱腔，也已經很有韻味了，這一切都是偷著學來的，她父親非常反對言慧珠學唱戲，只是女兒越來越大拗不住她，言菊朋索性言傳身教起女兒來了。記得六十年代看過一部香港電影《可憐天下父母心》挺慘的。言菊朋要是當時堅決堵死女兒學戲這條路，言慧珠也就不會大紅大紫，也就不會最後落得個死於非命。言菊朋沒能預想到掌上明珠的悲慘結局，正是應了「可憐天下父母心」。

　　言慧珠後來成了京劇和電影兩棲演員，1947年上海演藝界評選藝界皇后，評劇界的皇冠被言慧珠摘得。言慧珠的電影並無傳世之作，而京劇卻是天賦奇才，曠古少見，言慧珠拜梅蘭芳為師的過程

頗具傳奇色彩，後人評說：梅蘭芳弟子上百，可得梅門真傳的，惟李世芳和言慧珠而已。

言慧珠成名之後很有錢，既便是到了五十年代，她還有演出兩個月就掙了幾萬元的高水準，用8000元買了座花園洋房，花了15000元整修一新。文革中抄家，抄了花園洋房一天一夜，樓上破開屋頂，每個花盆都打碎，把藏在裏面的金條搜出來，連日光燈管也打碎，從裏面搜出金條。文懷沙曾説，言慧珠的首飾，不要説別的，就是一樣就不得了（一隻白金手鐲，上鑲八顆鑽石，每顆七克拉，共五十六克拉）。後來落實政策，僅退賠12萬元。

一九六六年九月十一日凌晨「四時半至五時半之間」，言慧珠在浴室橫杆上吊死，上午十點被保姆發現。臨終前留下四封遺書和五千元人民幣。言慧珠終年僅47歲。人間多少淚如雨，怎堪忍受？在2005年的一次文化人的聚會上，有人提起了言慧珠，長噓短歎，旁人不解，我心裏清楚，卻沒搭腔。言慧珠的哥哥言小朋是六十年代「二十二大明星」之一王曉棠的丈夫。曹汝霖的回憶錄內《勝利後平津形形色色》有云「後來竟鬧了與言慧珠女伶戀愛笑話，傳遍京城，引起人民之刺笑。」

八、李琳原來就是孫維世

我出過兩本專門的書（但不能稱專著），一本是老漫畫的，一本是老電影的。電影這本叫《夢影集──我的電影記憶》，中央新聞電影紀錄片廠看了我這書，覺得用來配合紀念中國電影一百年（1905-2005）能多個微觀的視角，就找上門來，一小隊人馬到寒舍真刀真槍地拍了三十分鐘電影（是電影是膠片，可不是拍電視）。最後紀錄片叫《百年光影》，在人民大會堂首映，黨和國家最高領導人出席，《新聞聯播》裏報導，由於片子裏只有我一個是平民，念我名

字後（稱呼我為「影迷謝其章」），有些前輩問我那是你嗎不會是同名同姓吧。我說這些話沒自我吹噓的意思（雖然盡夠吹噓的資格了），我想說明的就是鬧出了如此大動靜的一本書，也銷售得十分之不好，我所得之稿酬不及我投入購買老影刊的五分之一。真是丟人，三年後出版社退給我139本書，算是折抵稿酬。為了給這139本書找出路，甭提了，動用了所能用的人脈——就差批發給社區門口賣盜版書的了。門口收廢品的用平板車幫我把139本書拉上樓，我說這是我寫的書，送你一本，收廢品的老兄問「是寫愛情的嗎？」這些是閒話，要說的是這本書的一個細節，第一篇文章《「孤島」上的電影明星》裏我寫了八位當時的女影星，其中一句「李琳和藍蘭未能查到即時資料。」出書之後我送給藏書家姜德明一本。過了幾天姜先生在電話中對我講「李琳就是孫維世呀」。當時，我既敬且愧，敬的是姜先生的博識，愧的當然是我的無知。還好，這麼珍稀的孫維世的封面照仍在我手。

有關孫維世的材料太豐富了，當然這些都只能發生在知道李琳是孫維世的曾用名之後。拿這張封面照與孫維世和周恩來鄧穎超的合影對比著看，還是不敢確信是同一個人，然而她就是同一個人。我應該問的是李琳憑什麼與當時一線的紅星並列上得封面，這才回到本題。

孫維世的簡歷：生於1921年，原名孫光英，曾用名李琳。四川南溪人。孫維世的父親孫炳文是周恩來的早年戰友，1927年在大革命中犧牲，當時孫維世才五歲多。抗日戰爭爆發那年，孫維世到武漢的八路軍辦事處申請要去延安，可誰也不認識她，只有16歲的孫維世一個人站在門口哭得很傷心。後來周總理回來了，他不但認了孫維世為乾女兒，後來還一直把她帶到延安。

1936年任天一影片公司演員，在《王先生奇俠傳》等影片中扮演角色。

　　1937年在聯華影業公司主演《鍍金的城》。後赴延安，在抗日軍政大學、馬列主義學院學習。

　　1938年加入中國共產黨。1939年赴蘇聯學習，先後畢業於莫斯科東方大學、莫斯科戲劇學院。

　　1946年回國，在陝西、山西等地參加土地改革。1946年秋回到延安，參加華北聯合大學文工團，隨軍在陝、晉、冀活動，曾導演秧歌劇《一場虛驚》。1950年她擔任中國青年藝術劇院導演，先後執導了《保爾・柯察金》、《欽差大臣》、《萬尼亞舅舅》，均獲成功。

　　解放戰爭時期做宣傳工作。建國後隨毛澤東赴蘇聯訪問，任翻譯組長。

　　1950年後歷任中國青年藝術劇院導演兼副院長，中央戲劇學院導演幹部訓練班主任，中央實驗話劇院總導演、副院長，中國劇協第一屆常務理事、第二屆理事，是第二至四屆全國政協委員。

　　導演的話劇有《保爾・柯察金》、《萬尼亞舅舅》、《西望長安》等。

　　1954～1956年她兼任中央戲劇學院導演幹部訓練班主任，翻譯了大量蘇聯戲劇理論教材，還翻譯了哥爾多尼的名劇《女店主》、《一僕二主》。1956年夏與歐陽予倩合作組建中央實驗話劇院，任副院長兼總導演，導演了《黑奴恨》、《葉爾紹夫兄弟》等。她是新中國的傑出導演之一，曾系統地傳播了斯坦尼斯拉夫斯基演劇理論，並聯繫中國的戲劇實踐，創造了豐富多彩的舞臺藝術。1954年編導童話片《小白兔》。著有話劇劇本《初升的太陽》。「文化大革命」期間遭受迫害，1968年死於獄中。

　　廣西電影製片廠拍攝的故事片《周恩來》中有這樣一組鏡頭：1968年10月，周總理在辦公室裏看閱公安部送來的有關孫維世的死亡報告書，「在押犯孫維世於10月12日晚11時送公安部醫院，診斷

圖上：《展望》畫報上的這位就是孫維世。
圖下：鄭蘋如的照相出現在《北洋畫報》。

系蜘蛛膜下腔出血，經治療無效，於14日下午3時30分死亡。特此報告，王明蘇修特務專案組。」周總理心情特別沉重地在孫維世死亡報告上批示並告訴秘書「馬上送公安部，叮囑他們要保護好孫維世的遺體，準備檢驗。」秘書奉命走後，周總理陷入回憶中……1939年8月，延安。周恩來傷臂纏著繃帶，正在辦公桌前與鄧穎超、孫維世談論去蘇聯莫斯科的事。孫維世說：「爸爸、媽媽，毛主席批准我跟你們一起去蘇聯了，可以見到史達林，去莫斯科紅場，瞻仰列寧墓，還要去莫斯科小劇院，斯坦尼斯拉夫斯基戲劇學校，可看好多好多戲……」周總理拿著孫維世的遺照在沉思著……秘書進來說：「總理，孫維世同志的屍體已經火化了，他們說按反革命處理的，連骨灰也沒留下。」周總理拍案而起：「太不像話了，怎麼能這樣對待一個烈士子女呢！」

在已軍管的北京公安局看守所，孫維世被打得遍體鱗傷。

1968年10月14日，孫維世死在五角樓，死後一付冰冷的手銬依舊鎖著雙手！孫維世的屍體被迅速火化。當孫新世到公安局索要姐姐的骨灰時，得到的回答是：不留反革命的骨灰。金山出獄後知道了孫維世死訊，痛不欲生，10月14日那天正是他們結婚的十八周年紀念日。孫維世死時年僅47歲，一代才女，如流星般隕落歷史的塵埃。

九、紅色刺客鄭蘋如

李安的電影《色戒》所引發的風波，漸有平息之勢，飾演鄭蘋如（麥太太，王佳芝）的湯唯成也《色戒》，敗也《色戒》，好像沒有導演再敢用她，又聽說湯去香港尋求發展（與其說求發展莫如說求出路）。鄭蘋如因《色戒》復喧騰人口，鄭於1937年7月的《良友》畫報榮登封面，說不上絕代佳人，但很上相，拍攝的角度及色彩的調配使之鄭蘋如形象大為增色。

大家都以這張封面照為鄭的標準像了，其實，早在1934年11月，鄭蘋如就登過畫報的封面，那是流行於北方的《北洋畫報》，黑白照，旁邊的文字「滬名閨鄭蘋如女士像」，此時鄭蘋如年僅16歲。我不知這是不是鄭蘋如的第一張封面照，但是比《良友》畫報那張早卻是事實，而《良友》那張只署「鄭女士」，有資料說那是因為鄭「身份特殊」，瞎說，真特殊的話連封面都不該上，將照片公示天下，還搞什麼秘密工作。

下面的資料大都來自摘引，沒有我的立場，只有個別太過於「繪聲繪色」似真似假的描述，我實在看不下去，評說了幾句。

鄭蘋如是浙江蘭溪人，1918年生。父親鄭越原，又名英伯，早年留學日本法政大學，追隨孫中山先生奔走革命，加入了同盟會，可說是國民黨的元老。他在東京時結識了日本名門閨秀木村花子，花子對中國革命頗為同情，兩人結婚後花子隨著丈夫回到中國，改

名為鄭華君。他們先後有二子三女，鄭蘋如是第二個女兒，從小聰明過人，善解人意，又跟著母親學了一口流利的日語。而鄭英伯在回國後，曾任上海復旦大學教授，還擔任過江蘇高院第二分院的首席檢察官。鄭蘋如在明光中學讀書時，丁默村曾當過這個中學的校長，因此兩人有師生之誼。抗戰爆發後，鄭蘋如毅然參加抗日救亡運動。上海淪陷後，她以自身的優越條件（良好的社會關係和卓越的日語能力），擔任抗日的地下工作，她加入了中統，這時她只有19歲。她花樣年華，風姿綽約，是上海灘上有名的美女，當時全中國最為重要、最有影響力的畫報——《良友畫報》，在1937年7月的130期就以她為封面女郎，只是因為她身分特殊，只稱「鄭女士」三個字，而未寫全名。

鄭蘋如是位極優秀的情報員，她憑藉母親的關係，周旋於日寇的高級官佐中，她曾和日本首相近衛文麿派到上海的和談代表早水親重攀上關係，繼而又通過早水的介紹，結識了近衛文麿的兒子近衛文隆、近衛忠麿，以及華中派遣軍副總參謀長今井武夫等人。她曾想綁架日本首相的兒子近衛文隆。那近衛文隆見到鄭蘋如後，一下子墜入情網。「若掌握了近衛文隆，不就能迫使日本首相作出停戰讓步了嗎？」她大約出於這樣的考慮。但上級命令她中止這一危險的遊戲，近衛文隆才不知不覺地逃脫了政治肉票的命運。

鄭蘋如探聽到汪精衛「將有異動」的重要情報，通過秘密電臺上報重慶，可惜當時政府起先並未重視，直到汪精衛離開重慶投敵後，方知鄭蘋如早已掌握此一情報，因此政府對她極為倚重。於是，他們把制裁漢奸丁默村的重要任務交給她。

日偽時期，汪精衛政權在當時上海極司菲爾路（今萬航渡路）76號設立了特工總部，主任丁默村是原軍統第三處處長，在漢奸李士群撮合下投靠日偽，破壞抗戰。為此，中統上海潛伏組織負責人陳

果夫的侄子陳寶驊，決定抓住丁默村好色的弱點，施「美人計」除掉他。

丁默村本是個色中餓鬼，交到如花似玉的鄭蘋如自然是喜出望外，而鄭蘋如佯裝成涉世未深的少女，不時恃寵撒嬌，與丁默村時斷時續，若即若離，逗得丁默村饞涎欲滴，神魂顛倒。中統見時機成熟，佈置下手。第一次行動，由鄭蘋如請丁默村到她家作客，在鄭家附近安排了狙擊人員，然而丁默村詭計多端，他的轎車快到鄭家時，他改變主意掉頭離去，計畫遂告失敗。此時中統上海區的負責人換了張瑞京，他重新策畫第二次「刺丁」，他安排鄭蘋如以購買皮大衣為由，想把丁默村誘殺在西伯利亞皮貨店。豈料就在此時張瑞京被李士群逮捕，張李原有一番交情，當張和盤托出「刺丁」計畫時，正中李士群夫婦的心意，為防事蹟洩漏，他們先把張瑞京保護起來，而中統上海區見沒有任何異狀，於是原計劃照常執行。

1939年12月21日丁默村在滬西一個朋友家吃中飯，他打電話邀鄭蘋如前去參加，鄭便趕到滬西陪丁默村直到傍晚。丁說要去虹口，鄭說要到南京路去，於是兩人同車而行，當汽車駛至靜安路、戈登路（今江寧路）西伯利亞皮貨店時，鄭蘋如突然提出要去買件皮大衣，並嬲著丁默村同她一起下車，幫她挑選。丁默村的職業反應是到一個不是預先約定的地點，停留不超過半小時，照理說是不會有危險的。心想鄭的執意要他同去，不外乎是想乘機敲他一筆竹槓。於是他便隨她下車，但當鄭正在挑選皮衣時，丁默村突然發現，玻璃櫥窗外有兩個短打衣著、形跡可疑的人，正向他打量。丁一看情形不對，便從大衣袋裏摸出一迭鈔票，向玻璃櫃檯上一擱，說：「你自己挑吧，我先走了。」說完就急轉身向外跑。鄭見丁默村突然向外奔跑，起初一愣，本想追蹤出去，但走了兩步，又停住了。

此時徘徊在店外人行道上的中統特務，沒料到丁默村會不等東西挑好，就突然沖出店來，因此稍為躊躇了一下，竟讓他衝過馬路。丁的司機見他狂奔而出時，早已發動引擎，開好車門。等到槍聲響時，他已鑽進車內，拉上了車門，子彈打在防彈車門上，他毫髮無傷，揚長而去。而李士群派出的狙擊人員，因只是「協助」成分，因此也沒有怎麼出力，暗殺行動乃告功敗垂成。但對鄭蘋如而言她不甘心，又心存僥倖，決定深入虎穴，孤身殺敵。於是她繼續與丁默村虛與委蛇，但暗中身藏一支白朗寧手槍，準備伺機下手，但她哪知丁默村早已布下羅網，等她上鉤了。因此在第三天當鄭蘋如驅車到76號要見丁默村時，就被丁的親信林之江給扣住，她被關進76號的囚室。李士群的老婆葉吉卿很快就得知消息，她派了佘愛珍、沈耕梅前來審訊，丁默村自然不好阻攔。鄭蘋如否認她與中統的關係，只承認暗殺丁默村是因為她不甘被玩弄。丁默村雖然惱恨鄭蘋如參與對自己的謀殺，但又著實迷戀她的美色，因此他並沒想要置她於死地，只是想關她一陣子，再把她放出來。但丁默村的老婆趙慧敏卻悄悄找到林之江，並對他面授機宜，於是鄭蘋如被暗中移解到憶定盤路三十七號的「和平救國軍」第四路司令部內，這連丁默村與李士群都不知道。1940年2月在一個星月無光的晚上，林之江從囚室裏請出鄭蘋如，謊稱丁默村找她，汽車七拐八彎，來到滬西中山路旁的一片荒地。鄭蘋如連中三槍倒下了，死時年僅23歲。

　　鄭蘋如之父鄭英伯因不願以出任偽職而保釋女兒，一病不起，於1941年初抱恨而終。鄭蘋如的哥哥鄭海澄在1944年的一次對日空戰中犧牲。一直支持中國人民抗擊日本侵略者的鄭華君（木村花子的中國名字）女士於1966年以八十高齡病逝於臺灣。丁默村在此事件後，被排擠出76號特工總部。抗戰勝利後，丁被南京國民政府逮捕，於1947年2月在南京被槍決。

　　在鄭蘋如被殺後，也有一種說法流傳出來──她對丁默村動了感情，因而在服裝店裏的關鍵時刻情不自禁，暗示丁默村有危險，讓他得以逃脫。這種說法，被張愛玲在《色戒》強化。

　　關於鄭蘋如之死，死是死定了，但傳說的版本依然很多莫衷一是，就是臨死遺言也差了不少。遺言見過兩個版本，一為對劊子手說：乾淨些，不要把我弄得一塌糊塗。另一為：這樣好的天氣，這樣好的地方！白日青天，紅顏薄命，竟這樣的撒手西歸！我請求你，不要毀壞了我自己一向所十分珍惜的容顏。不大有可能有誰在那個時刻能把一個臨死的人說的話記得一字不差，意思不走樣就對得起死者了。兩個版本是一個意思，前一個真實，後一個太文學了。還有一個版本，故事性太強了，卻因事關本文主旨，暫且也一併錄下：

　　「在審訊中，鄭蘋如承認了為重慶工作，而且是奉軍統之命行事。然默村為追查有關線索，發交給原軍統四大金剛之一的林之江看守盤問。拘留的地點，也就是林之江的滬西家裏。鄭蘋如真有本事，她對林之江（林於前數年，在香港病死），眉挑目語，獻盡殷勤，一再誘林相偕私逃。林事後告訴我，以鄭蘋如的煙視媚行，弄得他盪氣迴腸，曾經幾度為之意動。而丁默村最初也餘情未斷，頗有憐香惜玉之心，並不一定欲置之死地。一天在佛海住宅中午飯，我也在座，許多汪系要人的太太們紛紛議論，事前都曾經到她羈押的地方看過，一致批評鄭蘋如生得滿身妖氣，謂此女不殺，無異讓她們的丈夫更敢在外放膽胡為。默村的太太當然是醋海興波，而其餘的貴婦人們尤極盡挑撥之能事，當時我看到這樣的形勢，早知鄭蘋如之將必難倖免。

　　果然，幾天之後，槍殺的命令下來了。由林之江押著她到中山路旁的曠地上執行，上車時告訴她是解往南京，不久即可開釋。車抵中山路，要她下來時，她才知道這已是她的畢命之地。但是

她依然態度從容，下了車，仰著頭，向碧空癡癡地望著，歎一口氣，對之江説：「這樣好的天氣，這樣好的地方！白日青天，紅顏薄命，竟這樣的撒手西歸！之江！我們到底有數日相聚之情，現在要同走，還來得及。要是你真是忍心，那麼，開槍吧！但是！我請求你，不要毀壞了我自己一向所十分珍惜的容顏！」說完，一步又一步地走向林之江，面上還露出一絲微笑。一向殺人不眨眼的林之江，對此一代紅妝，而又表演戲劇化的一幕，竟至手顫心悸，下不了毒手。他背過臉，指揮他的衛兵上去，他急忙走遠了幾丈路，槍聲起處，血濺荒郊，一個如花似玉的美人，就此為國殉身。」

十、黎莉莉，唯一躲過災禍的老福星

本文寫了太多的人間的悲情慘事，最後一位選個長壽的結局美滿的三十年代影星吧。她叫黎莉莉，是2005年才去世的，享年91歲，是少有的壽星級的老影星，崔永元也撰文悼念了她，崔永元寫道；──8月7日中午，我從昏睡中醒來，打開手機，看到了演員潘婕的短信：「我姥姥突然去世了，我好難過」。我隨即致電過去，潘婕正在外景地強忍悲痛，準備化妝拍戲。她説：三天前還和姥姥通電話，聊的海闊天空。她説：姥姥去世前十分鐘，還對醫生説，你們服務態度真好。我不知道如何安慰她，近幾個月來，我的心已經被一次次刺痛，電影百年，老人們好像相約而去，蘇里、蘇雲、王炎、聶士昌……現在是黎莉莉了。每次參加悼念儀式，從老人們身邊走過，總覺得他們走的很安詳，慈眉善目，好像是在淺睡、午休，隱隱能聽到他們心臟怦怦跳動的聲音。我對潘婕説：我們好好工作，好好活著吧，像他們一樣。在今天這個群星閃耀的年代，黎莉莉的名字並不被多少人知道，連同她的父親錢壯飛，弟弟錢江，都很少被人提起。

　　説黎莉莉幸運，是因為她和藍蘋
同時代，也共過事（共同出演《狼山喋血
記》），卻逃脫魔爪，平平安安，最後
的級別也是老影星裏最高的；電影學院
的教授。

　　2004年，黎莉莉九十歲，北京有
家大報以橫跨兩版的圖文組合，介紹黎
莉莉的演藝生涯，超出了以往幾期的規
格，那幾期均為一版一位老影星，如
胡蝶，阮玲玉，陳波兒，金焰都是一個
版，黎莉莉的名聲遠遜這幾位，但她活
得足夠長（僅比1905年誕生的中國電影小十
歲），她是「載入中國電影表演史冊，
默片時期就在國內外享有盛名的女演員
中唯一健在的一位〉」林花謝了春紅，
太匆匆，瞬息風，瞬息雨，一下子帶走
了那麼多的星光燦爛的影星，只剩下這
一位耄耋影星。編輯有意突出歲月的鋒
利刀痕，，將兩張相隔了六十年時光的
照片放在一起，給影迷以天旋地轉般地
審美錯覺。但是編輯不知道我手裏的這
張黎莉莉1938年的封面照，肯定是黎
莉莉的青春代表照，這一年她24歲，
笑容像陽光一樣燦爛，笑容裏別一樣風
致的甜，好得不能再好了。

　　黎莉莉1914年7月12日生於北平，
本名錢蓁蓁。1927年，她移居上海，

圖上：《電影新聞》封面上的是黎
　　　莉莉。
圖下：安安靜靜的藍蘋。

父親送她進黎錦暉主辦的歌舞團學習，後與王人美、蝴蝶被稱為歌舞三傑。黎錦暉也十分喜愛她，認她為乾女兒，改姓黎。1931年，黎莉莉隨團轉入聯華影業公司。1932年，她主演了孫瑜導演的《火山情血》，同年還與王人美合演了《芭蕉葉上詩》，1933年她主演了《天明》，參加了《小玩意》的拍攝。後來孫瑜專為她寫了幾個劇本，由她主演，如《體育皇后》和《大路》，在這兩部影片中，她以活潑、健康、富有時代性的形象征服了觀眾，被公認為典型的「甜姐」，頗受當時學生及青年人的歡迎。抗日戰爭爆發後，她加入了中國電影製片廠，與高占非合演了《熱血忠魂》後，便和該廠當時的技術科長羅靜予結婚。1939年，她由重慶去了香港，出演蔡楚生導演的《孤島天堂》。1940年，她回到重慶，1942年，在「中制」主演了《塞上風雲》，她在片中的表演獲得好評，1946年，她到美國，在華盛頓天主教大學學習表演，到紐約學習語言和聲樂，到加利福尼亞大學暑期班進修化妝，還到好萊塢觀摩實習過，1947年回國。解放後，她到北京電影製片廠當演員，參加了《智取華山》的拍攝，在影片中飾演匪首的老婆，最後一個鏡頭是在華山之巔被解放軍擒獲，這也是黎莉莉銀幕生涯最後一個鏡頭。

我見過谷林老人兩面

　　月十日，星期六，「剛要出門，止庵電話，谷林去世，昨天早上去世的。他後悔晚去了一步，也後悔《周作人傳》老人沒來及看到。」這是我的日記。實際上，我們還說了別的話，我說昨天咱們都幹什麼呢：上午在魯迅博物館開《苦雨齋文叢》發佈會，下午在三聯書店，晚上和南方的一家出版社在一起，而這時候谷林去世了。我一直有這麼個思維，對感興趣的人和感興趣的事，總想著他做這事的時候我在做什麼，他受難的時候我是不是正在享受。

　　前好幾年止庵就對我說過，找時間一起去看看谷林，他經常去，我從沒去過。大前年父親聽我說起谷林，父親沒看過谷林的書，我就把《淡墨痕》借給他看。原來父親和谷林1946年的時候都在重慶，魯迅逝世十周年紀念會他們都參加了，父親說周恩來那天穿白色西裝，就是隨便坐在台下的一桌，發言時才上的主席臺。《淡墨痕》寫的人和事父親都感興趣，他說能不能見見谷林，我說我也沒見過，先寫封信吧，不能打電話，谷林不大願意接電話。此事後來就拖下來了，——我都跟止庵要了谷林的地址，父親說不去了，兩個老人坐在一起交談可能很困難，是的，父親的口音南腔北調我都聽不準。

後來有兩個機會我見到谷林兩回，這時老人已搬到航空學院裏的房子。我的日記記下了這兩回見面。第一回是2007年7月18日星期三「半夜大雨，出門時停了。看好的路牌坐414，誰知只到馬連道南里，一下子懵了，把我擱這麼個亂哄哄的地方。北京，一出內城，還是個亂。終於聯繫上小方，出來接我。一入他住的社區，豁然靜好，儼然世外，又去接徐崞立，同樣不順，此地確不好找。徐帶著她十三歲的閨女，送了我本《素描》。小方的房子不是一般的好，南北通透，佈置的也雅致，連兒子那屋也乾淨的出奇，與陸昕家有一比。參觀了小方的收藏品，中午他請吃飯，飯費聽著是170元，不算貴。盡興之後分手，止庵拉著我去谷林家。家在北航大院的一角，屋甚窄小，與小方屋雲泥之別。谷林才大屋陋，骨瘦如柴，已不能出門，每日只在斗室中走動，腳脫拉掉一隻鞋亦渾然不覺，88歲老人晚境以何堪。據說是暫棲於此將遷新樓。老人說我是『篇篇好』，我以為是揶揄我《你不一定非要讀谷林，谷林不該是張中行第二》裏的那句『不是篇篇好』。告辭，正在話別之際，張打我手機問身份證號發稿費用，谷林說，你能記住這麼多號不簡單。谷林堅持要送到大門口，此第一面也許即最後一面。打的回，正值高峰，西陽大曬，頗不堪也，回家如沒個澡，人算完了。十二點即睡，從未如此早也。」

　　第二回是2008年3月18日星期二「前天就停了暖。今大土風，天極壞，尚未起床，接於曉明電話，中午請飯，董甯文，譚宗遠，止庵等來，在奧體東門印象西湖酒樓（他有口音，我聽成鴛鴦西湖了）。乘653直達。在座的有董，蔡玉洗，荊時光，譚宗遠，止庵，還有於公司的人。吃的是杭州菜，還成。飯後到於的公司參觀，大家合影。自公司出奔谷林家，車坐不下，譚宗遠只好犧牲不去了。谷林比去年見時衣冠整齊，只是佝僂的更厲害了。他說《暮年上娛》是近來看的書，看了還會流淚，書都打包了，沒法看，答應送

給陸灝的周作人的信也找不到了。谷林還問我龍江有聯繫嗎，好久沒來了信也不回，是不是講他『繁簡混用』不高興了。董甯文拿出冊頁請谷林為《開卷》百期題字，找筆找墨一陣忙亂。谷林今年八十九，生活由女兒照顧。自谷林家出，止庵要去買碟，我，董，蔡，司機去魯迅博物館赴約。（下略）」

谷林老人去世，我們難過的程度有所不同，我的感想是「若有所失」。有很多話可說，又不知從何說起。幸而我記日記，雖然日記不能準確表達與谷林老人這兩次見面我的感受，但是如果沒有日記，我也許沒有資格對這麼高的一位文化老人的去世說上一句話。

一九〇〇年，
魯迅只寫了四首詩

　　十多年前，我讀到丁景唐先生寫的《搜集魯迅著作版本的樂趣》，一下子引起了濃厚的興趣，坐言起行，我也開始了「搜集魯迅著作版本」之旅，一走就是二十年。二十年辛苦不尋常，我有一個筆記本是專門記所得魯迅版本書的，這其中，單行本的成績最差，全集的成績最好。《魯迅全集》有五大版系，第一種是1938年由魯迅紀念委員會編、上海複社出版的二十卷本《魯迅全集》。這部《魯迅全集》1948年東北書店有重版。第二種是1956年—1958年由人民文學出版社出版的十卷本《魯迅全集》，亦稱「二十年版「（紀念魯迅逝世二十周年之意）。第三種是1973年由人文社出版的二十卷本《魯迅全集》（此版全集其實是1938版全集的簡體字本）。第四種是1981年由人文社的十六卷本《魯迅全集》，亦稱「百年版」（紀念魯迅誕辰一百周年之意）。第五種是2005年由人文社出版的十八卷本《魯迅全集》。

　　這五個版系中第一和第二個另有若干分支，說來話長，按下不表。前面說的成績最好，是指第二版系的若干分支，我竟然全部收齊了（當然不包括1959年送到萊比錫國際書展並得獎的特製本版魯迅全集））。「二十年版」的分版本有五種，其中最精的是「刷藍本」，開本比一般的32開大，重磅道林紙印，外有硬紙書套。後來的《魯迅全集》均未超越它。這麼算起來，我已收藏了十一套《魯迅全

集》，加上近日新入藏的《魯迅著譯編年全集》（以下簡稱《編年全集》），就是十二套了。

有人會說，十一套全集已盡夠用了，《編年全集》的意義何在，是純為收藏而收藏麼。我說，收藏的意義有，但所占份額極少。《編年文集》不是精裝本而是平裝本，這在我的這項專藏中是唯一的，如果只從收藏的角度來說，《編年全集》的收藏性較弱。《編年全集》的真正意義在於它的實用性。孫郁先生在新書發佈會上說了一句大實話，以前寫文章翻《魯迅全集》，要在桌上同時攤開好幾本《魯迅全集》（如書信卷，日記卷），這回方便了，想寫的問題發生在哪年，就把該年這卷擱在手邊——這一年魯迅的日記、創作、書信盡在其中了。

《編年全集》兩位編者之一止庵先生說「我和王世家先生合編了一部書，叫做《魯迅著譯編年全集》，共二十卷，現已出版。收入書中的作品，均依寫作完成先後排列；同一時間項下，以日記、創作、翻譯、書信為序。能繫日者繫日，無法繫日者繫月，無法繫月者繫年。我在編輯和校訂時，發現藉此能夠提供一種閱讀魯迅的方法，姑且稱之為「縱讀」罷。要點有二：一是按照時間順序來讀；一是將日記、創作、翻譯、書信一併來讀。」

止庵的話，將《編年全集》的意義說的再明白沒有了，即使用編年的方法來「重讀」魯迅。我們過去讀魯迅，基本上是「橫讀」——今天想到讀小說，昨天號召讀雜文，明天也許是日記；很少有人能夠自覺的採用這種「縱讀法」，說起來，還是因為缺少《編年全集》這麼一種思路來指引。止庵說到他的體會——這種讀法，也許更能體會魯迅的生命歷程。即以魯迅為例，他活得並不算長，不過五十五歲。——好幾位同輩人也如此：陳師曾死時四十七歲，劉半農四十三歲，馬隅卿四十二歲，錢玄同五十三歲。但就是這點年頭兒，魯迅做了許多事情，二十卷著譯便是舉舉大端。然而

魯迅又是一個準備期很長的作家。成名作《狂人日記》發表時，已經三十七歲。此前除一九○七年到一九○九年熱情較高，為《河南》雜誌撰文，翻譯《域外小説集》外，無所作為的時候很多。最有名的莫過於在北京抄古碑了，他自己也説「沒有什麼用」、「沒有什麼意思」（《〈吶喊〉自序》）。一個活得不很長的人，居然大段虛度光陰。後來的十八年，尤其是一九二五年以後，卻又如此高產，大概真的「把別人喝咖啡的時間都用到工作上了」。可以説他活的是「加速度」的一生。另一方面，魯迅又有許多計畫因其早逝而落空，無論研究還是寫作；他所做的不少準備，某些方面的才華，未能實現。不能不承認，他畢竟是「未完成的」。

我想驗證止庵的體會，翻看第一卷（一八九八年～一九○九），魯迅1900這一年只寫了四首詩，這年魯迅十九歲。很是巧合，我十九歲的年齡正在農村插隊，時間一久，消極的情緒很重，唯一能讀到是一本注釋魯迅詩的書，正好第一首就是1900年魯迅寫的《別諸弟》「謀生無奈日奔馳，有弟偏教各別離。最是令人淒絕處，孤檠長夜雨來時。」我有兩個弟弟，當時一個在延安插隊，一個在內蒙建設兵團。別的不敢高攀魯迅，但當時思念的情緒是實情，真的很像這首詩。「檠」字不認的，那個時候連本字典村裏也沒有。

《編年全集》的第一卷收了魯迅11年的文字，比之後來一年一卷甚至一年兩卷（1929年、1934年、1935年）的寫作量，真是差了許多。前面止庵先生説魯迅「又是一個準備期很長的作家」，如果魯迅真的有為什麼而準備的話，那就是為新文化運動而準備的。魯迅創作最積極最輝煌的二十年（1917～1936），正好是新文化運動最精彩最繁複的二十年。魯迅逝世之後，新文化運動好像也隨之告一階段。「將有非常之大事，必生稀世之異人」。似乎也只能用這句話來解釋作家魯迅的創作曲線。

「縱讀」的好處還不止這些。由於「是將日記、創作、翻譯、書信一併來讀。」我們還會很方便很直觀的「看到」魯迅是在什麼樣的生活狀態下，在什麼精神狀態下，來寫作的及為什麼寫作的。這樣的閱讀很有趣味，你可以用「前因後果」的方法來觀察魯迅。人們常愛說還原真實的魯迅，《編年魯迅》給了讀者一個特好使的開罐器。

這個開罐器也有不靈的時侯。魯迅日記1935年4月3日有「午得美術生活社借畫費五元」一句，我在《美術生活》裏沒查到哪幅畫是跟魯迅借的，在4月3日之前三個月的日記和書信裏也沒找一點「借畫」的線索，此事只好存疑了。

我還知道一點止庵與王世家編這套全集的辛勞。2005年王世家向止庵提議《編年全集》的時機已經成熟，兩個人即刻動工。其間困難重重，最大的難處是出版。書稿在一家東北的出版社放了三年，後轉至人民出版社始得成書面世。王世家説他與止庵為了討論技術細節——有時甚至就是一個標點符號，互相之間打了不少於一千個的電話。單是上千萬字的看稿量（我這個外行的認為，其中最耗精力的是「對校」了。）就足以嚇退意志薄弱者，王世家説「編年體是個嘗試，我們只管作，是好是壞，是對是錯，任人評説。」止庵只説了一句「樂而忘苦」。

未妨拍桌拾芝麻

止庵先生新著《周作人傳》，起頭便未落舊套，作者使用的是很小的一個倒敘：「一九〇一年八月二十五日，紹興東昌坊口新台門周家收到兩封來信。一封是礦務鐵路學堂學生周樹人寫給弟弟周櫆壽的，通報在江南水師學堂任國文教習兼管輪堂監督的叔叔州椒生已經同意他前去充當額外生。一封是叔祖本人寫給兄弟倆的祖父的，講的也是此事，不過增添一點：他為櫆壽改了新的名字『作人』。」這個倒敘離周作人出生之年一八八五年過去了十六年。而另一部出版於二十年前的同名傳記是這樣開頭的：「光緒甲申年十二月初一，即1885年1月16日，紹興東昌坊口新台門周家，又一個嬰兒呱呱墜地。」這兩種開頭即決定了這是兩種不同風格的傳記。人物傳記的開頭，使用頻率最高的即是「呱呱墜地」，儘管不是所有的嬰兒都是一出娘胎就哇的一聲啼哭，有的稍晚，有的需要醫生拍幾下才哭出來，甚至於竟有不啼而活的特例，可是到了作家筆下卻一律視為「呱呱墜地」。

開篇各異，結尾也有微妙的不同。止庵的結尾：「周作人死後三年，《知堂回想錄》由香港三育圖書文具公司出版，死後十七年，第一本署『周作人著』的散文選本在國內公開發行。生前未能付梓的《如夢記》、《老虎橋雜詩》、《希臘神話》、《浮世理髮館》、《枕草子》、《木片集》、《路吉阿諾斯對話集》和《平

家物語》等，陸續面世。他的全部著作和大部分譯作，均已重新出版。」這樣的結尾似乎告訴人們，一個人的價值不只體現在生前，也許死後持久不息的出版他的著作更能說明這個人的價值和影響力。影響一代人容易，影響幾代人大不容易。君不見，多少風雲人物死後寂寂無聞，除了世人喜新厭舊觀念之外，自身價值不夠是主要的。

止庵是在2005年開始寫作《周作人傳》的，這本是順理成章的事，止庵先期已作了大量工作——編校周作人著61種，其中《周作人自編文集》36種，《苦雨齋譯叢》16種，《周氏兄弟合譯文集》4種，一總約有七八百萬字。似乎只差一本傳記即可稱之功德圓滿了。這情形有點像止庵寫作《老子演義》：「去年偶與朋友談起，擬有關於《老子》之作；朋友說，你寫過《樗下讀莊》，當然該談《老子》了。」（《老子演義》序）寫文章無須征得他人同意，寫書則不妨聽聽別人意見。止庵打算寫《史實與神話》前，「我把這一想法分別告訴給谷林翁和揚之水，回答竟不約而同，說這是中國歷史上他們最不感興趣的兩樁事之一，另一樁則是太平天國。我受到一點打擊，相信他們說的自有道理。」（《史實與神話》後記）止庵接下來說的話「但是卻已經從開始讀的書中覺出一點意思，好有一比是箭在弦上不得不發」，則牽出另一個問題「為什麼寫及為什麼人寫」。我很久以後才明白止庵的寫作多是為使「自己多知道一點」，而不是寫前即存著一個買好讀者的心態。編書也是這個思路，止庵曾說「其實我張羅出版這些書，也有很實在的個人目的，就是希望敝書櫃裏能擺上一套，自己讀著方便。」至於讀者的感受如何不在他考慮之列，我覺得他對，又感到他說的客氣了，如果有現成的令他滿意，又何勞自己動手。像周作人這樣的話題，充斥著爭議，其中不乏佔優勢的平庸之見，作者如不堅持己見力排眾議地

寫下去，滿腦子老想著讀者會有怎樣的反應的話，這事起根就進行不下去。

但也不是工作做多了就可以寫傳記，止庵早早就確立了他的「傳記觀念」，他有一條很管用的快速鑑別傳記（這裏所說均為「他傳」，無關「自傳」）優劣的方法：「凡是帶著不注明出處的對話或『他想……』的，我一律不買，自然也不讀。」他說「傳記好比歷史，寫到的事情要有據可查，寫了之後別人也能夠以此為據；找不到根據的只好付諸闕如，以免貽誤後人。所以作者佔有材料之後，其實只有考訂，剪裁和記錄這幾樣本事可用，雖然真要有這樣本事就已經非常了不起了。」（《談傳記》）《周作人傳》的寫作走的就是這個路數，止庵說這本書，「說到底還是『讀後感』，與我向來那些小文章相彷彿，只是循著傳主一生的線索，所言稍成片段而已。」已有評論稱此書「不熱鬧」、「不好看」；孰不知這部分讀者所企望的正是止庵所極力避免的和極為反對的傳記「文學化」的陋習，他強調的是傳記的真實性「想像最多限於推測，而且還要講明這是推測。如果不取這個斬釘截鐵的態度，那麼真偽乃至是非都給混淆了，茲事體大，隨便不得。」（《談傳記》）谷林在給止庵的信中說：「不久前讀過陸鍵東的名作《陳寅恪的最後二十年》，總覺得作者過於年青，筆鋒太富感情，每一段幾乎皆以詠歎調作結，讀者遂只剩得同聲一哭，不克回環咀嚼矣。」止庵的回信稍嫌刻薄，然亦可見他的反感程度：「讀此書只有一個印象，即在緘默的歷史與緘默的陳氏之間，一個傳記作者在那兒呼天搶地，上下跳踉，真不知何以至於如此。就算感受都是真的，太過亢奮，也都破壞了。」讀者如瞭解止庵一貫的「反浪漫」傾向，再來讀這本《周作人傳》情緒就會安穩得多。還有一點讀此書之前必備的功課，你不可以是對周作人一無所知的人，也不可以是對那段歷史一知半解的人，因為既便是訓練有素的專業研究者，也難免說出些「想當然

耳」之類的話來，這在之前的有關周作人的傳記中及單篇文章中，真可謂俯拾即是。

　　周作人的傳記最適合寫得「義正辭嚴」，一點錯也不犯，這樣既安全又能順應大多數讀者的願望，這其中有一個其他傳記所不具備的客觀條件，──即周作人的傳記等同於半部魯迅傳記，寫此（弟弟）必然牽扯到彼（哥哥），兄弟倆的重要性幾乎不分高下，但得到的評價卻天壤之別，現代文學史上如此微妙如此複雜的情形似僅此一例。由於雙重的左右為難，周作人傳記的寫作難度遠大於魯迅傳記的寫作，只有一種情形可以使難度降低──遇到核心問題譬如「兄弟失和」，「出任偽職」等，繞道走或承襲定評。止庵對於「兄弟失和」的看法，有幾段文字值得我們「迴環咀嚼」：其一：「如果说上述文字顯示周作人曾經深受打擊，那麼從後來所發生的事情來看，真正打擊他的並非兄弟失和，而是造成失和的那個原因──至少對周作人來说，從未懷疑其真實性。」其二：「七月十四日魯迅日記：『是夜始改在自室吃飯，自備一肴，此可記也。』同日周作人日記不見異常跡象，似乎與之無關，他亦無所察覺。」注釋裏另有一句「值得留意的是，母親魯瑞與兩個兒子合住，卻對此事無所干預」，亦值得留心。研究者凡遇「兄弟失和」這節，皆「到此止步」或「點到為止」，止庵先生雖往前進了一小步，但仍是止於「外間議論紛紛，均無確實證據」這個曾堵住眾口的「證據」關前。對此筆者略有不同看法，某些研究者也沒有「確實證據」可據，卻一個勁兒地將「失和」之起因引向更不合邏輯的「日本老婆專權」的方向，使得很多讀者輕信此说。證據固然要緊，然邏輯亦有強大威力，諸如「兄弟失和」這等事放在普通人家就不算回事，換成名人即「非證據不能言」焉，世間拿不出證據的事遠多於拿得出「鐵一樣」證據的事。退一步说，倘若魯迅拿出了「證據」，周作人也拿出了「證據」，我們是相信哥哥的還是相信

弟弟的。周作人事發時說過的「以後請不要再到後邊院子裏來」，及事後四十三年（1966年5月23日）日記所記「由此一語略可推測全事矣」，算得算不得證據。本書作者以前曾說過：「一件事情發生了，先看事實究竟如何；事實或者不能明瞭，可依常識加以估量；常識或者不盡夠用，可據邏輯加以推斷。」（《沽酌集》序）及至寫傳記時略顯躊躇，此或係周傳俗障太多的阻礙，或有作者的謹慎，畢竟傳記撰述終不如平常議論來得隨意。

　　讀此書不宜「一口氣讀完」，要注意讀那些「當頁下注」，這些注釋約占全書篇幅的四分之一，它有助於讀者「多知道一點兒」，雖不見得據此即能「多明白一點兒」。本書「結語」中再度出現的董仲舒「正其誼不謀其利，明其道不計其功」這句話，亦當弄個明白，據此可知「純粹思想者」的不可行與不被理解；站在讀者的立場用這句話來揣摸作者的寫作初衷，好像也不算離譜。

太不是風景了，
太是殺風景了

唐弢去世之後，他的豐富的現代文學專題藏書歸了中國現代文學館（幾乎所有的所謂的「捐獻」「捐贈」「捐送」都不是純粹的無償的捐，尤其是當今社會，只不過「錢少當捐」罷了，不要以為歸了公家的都是白送，這也是我此處用「歸」的意思，也是我對有償和無償的一點看法。）捐書予公，有幾個下場，一種是：一入侯門深似海，深鎖環琅飽蠹魚，當私有藏品供著，想借想用，一個字，難。一種是：前幾年鬧得動靜很大的「巴金藏書流落地攤」事件，巴金名氣太大，捐的書被當廢品處理當然是事而事件了，其實像我們這樣喜歡收藏古舊書的人家，誰手裏沒有幾本某某捐贈的藏書，只是名頭沒巴金大或不願張揚出去才沒成事件。還有一種下場可以鄭振鐸，阿英，唐弢這三位藏書家為例，他們的藏書非常有名，都是捐獻，比較境遇的話，鄭振鐸稍好，畢竟出了《西諦書目》這樣的紀念物，阿英最慘，連這個起碼的紀念也沒得著。唐弢藏書的捐獻趕上了一個社會觀念全新的時期，過去像唐弢所藏的近現代出版物在圖書館方面看來是沒啥地位的，跟宋元精槧擺不到一塊，現在不同了，唐弢藏書的歸屬成了各大圖書館爭奪與關注的大事，當事情塵埃落定，《中華讀書報》用「唐弢藏書落戶中國現代文學館」作題目，表達了當時讀書界圖書館界的心情，巴金說「文學館有了唐弢的藏書，文學

館就有了一半。」（還有一個版本，巴金說「有了唐弢文庫，中國現代文學館的藏書就有了一半。」）

這裏不談鄭振鐸，也不談阿英，不談一是因為沒資格，二是因為內幕瞭解的不多。議論唐弢藏書容易得多，時間離我們近，唐弢的文章讀的較多，我跟與唐弢有過密切來往的人有過接觸——這其中就有唐弢藏書的最初整理者，內部編纂的《唐弢藏書目錄》我是最早的讀者，再加上個人的偏好，使得我對唐弢藏書捐獻以後的研究與利用很是關注，沒想到越關注越失望，到現在竟是十分的不滿強烈的不滿了。我沒有資格對佔有資源的研究者們說應該如何具體地利用與研究唐弢遺留下的這筆珍貴文獻，可是我敢就我看到的《唐弢藏書：簽名本風景》說，這太不是風景了，這太是殺風景了；我還想對寫過此書書評的幾位說，就別再跟著殺風景了，換位想想唐弢的感受——假如有來世的話，別做令死者再死一回的損事罷。

本書的作者是現代文學館的研究員，雖說如今的職稱贋品太多水貨太多，但這麼贋這麼水的研究員，還是使人眼前一亮。「簽名本風景」之前，他還「編著」有一本《唐弢藏書》，於2005年隆重登場，這書的操作過程我略知一二，畢竟是打著唐的旗號，不明就裏的讀者哪裡管作者寫得咋樣，一時間很暢銷，很快就有明眼（白）人出來講話了，現代文學研究專家，北師大中文系教授朱金順最先發難，在《魯迅研究月刊》發表「《唐弢藏書》版本質疑及其它」長文，朱教授乃溫厚恭良之學者，平心靜氣不帶一叮點兒火星，是他文章的一貫風格，可這回，朱教授生氣了——「拜讀《唐弢藏書》之後，於欣賞那些珍稀的封面書影之外，也感到深深的遺憾。請恕我直言，版本著錄上，知識介紹裏，錯誤可真不少，此書編著者撰寫的文字，大有可商榷處。也許因為我近年沉湎於新文學版本，看那些錯誤尤覺刺眼。想想唐弢先生的精於版本考據，我便

忍不住要談談自己的淺見了。」──「編著者看到慧修兩個字像女士，便安在馮（至）先生的女友身上，這種考據法可不足為訓，我實在不敢恭維！」──「……如此對待史料，真是太可怕了。」──「以上約二十處錯漏，是我粗粗讀《唐弢藏書》後發現的；如果再仔細探求，怕還有失誤呢！唐弢先生的藏書，是一筆豐厚的文化遺產，入藏中國現代文學館，我們應當寶藏它，愛護它，並好好使用它。編印《唐弢藏書》出版，這無疑是有利於學術界的。但是我們應該認真對待，不可掉以輕心，更不能粗心大意，不負責。恕我直言，如今這樣編著《唐弢藏書》，太令人失望了。」

專業人士批評此書之後，又有趙國忠先生長文「錯謬甚多的《唐弢藏書》」，指出該書「圖文不符」，「隨意增刪原作」，「文體誤認」，「錯漏字嚴重超標」，「史實錯誤」等幾大類的幾十處謬誤，趙先生的幾十處與朱教授的「約二十處錯漏」無一重迭，顯然趙先生是讀了朱文以後有意避免重複的，如果挑一個錯獎一百元的話，肯定還能挑出不少。除了這些版本著錄，知識介紹上的錯漏百出，編著者還有一個朱趙兩位留了面子沒提的毛病──大量的不注明出處不加引號地「扒」別人寫過的話──扒得最多的竟然是唐弢本人，寫到這，我想到「原湯化原食」這句養生的老話，堂堂研究員出此下策，真使人不由不向芍藥居方向三叩首。

編著者的文筆實在是差，一句通順的句子都寫不來（只會「頗具」「頗具」的；「極其」「極其」的；「珍稀」「珍稀」的；「可見」「可見」的）尤其是當他描述美麗的書衣時，凡是拙劣的都是他自己寫的，凡是優秀的都是抄他人的。且看他描述《南北極》封面的文字──「羅盤的指標一般是指南北兩極，封面上的指標一端指向人的拳頭，一端指向人的大腿。手與腿是人的兩端，人體的兩極，藉以表現社會的兩極。」這都什麼跟什麼啊。再看他筆下的《新大陸遊記》──「封面為一黑竹畫框，頗具古風；中間一圓，似地球。

下半圓為藍色海水，海面上右一大船，左邊海濱有高燈塔及別墅，海面上有一輪欲出朝陽，寓新大陸充滿無限生機。」真是彆扭透了。還有諸如「尋覓找到一本好書。」「怎能不對唐弢先生生傾慕之心。」這樣似通實不通的句子舉不勝舉。拿唐弢藏書作為一本書的寫作主題當然和你寫一篇談天氣談旅遊的文章大不一樣，後者你寫得再差也引不起公憤，寫唐弢的藏書則大不然也，除了起碼的版本知識，高中以上的文字水準之外，自知之明太要緊了（我寫得了嗎？我不會給唐弢添堵佛頭著糞吧？）。

　　兩年之後，這位極度缺乏自知之明的研究員同志，又把手伸向唐弢藏書的「簽名本」部分，這位同志別的不懂，但懂書的賣點在哪，果不然，整出了《唐弢藏書：簽名本風景》，拉來黃裳題寫書名，拉來孫玉石寫序，比上一個出版社更知名的大書局出這書。甭拿大名人大出版社來唬讀者，這只能說明大名人大出版社比小人物小出版社更容易被忽悠更容易掉價，看這書名後的冒號，是非要整出個「唐弢藏書系列」不會罷手的，忍著吧，這才到哪到哪啊。兩年的時間，聰明的人上個「寫作速成班」，就是文盲也有可能成為准作家，可是我們的「簽名本風景」，卻比上一本毫無改進，某些地方更倒退了，上一本寫得差，圖片還可看，這一本寫得仍差，圖片模糊不堪，書價卻不含糊（48元）。也許是看到了上一本招來的讀者批評，編著者這本新作不敢太多自以為是胡亂拽文了，雖仍有不倫不類莫名其妙的句子（如「上有電閃紋，以示受到創傷。」──哪位見過「電閃紋」？如「本書承黃裳老題賜書名，玉石師惠賜序文，中華書局慧眼識珠，才得以順利出版。」──自個兒說自個兒是「珠」？老寫魯迅的人寫著寫著潛意識自己就是魯迅了。）比兩年前還是老實了許多，但是關於簽名本該如何寫，這位是一點門兒也沒摸著，只會抄人名辭典，只會抄作品簡介，簽名本背後的掌故的鉤沉發潛，這才是最考驗作者功力

的，這才是研究員的本色當行，你不能老抄大家都知道的呀，抄不出來，就推給「生平不詳」。

還有幾處，可以看出這書編得亦不在行。因為這是本打著「簽名本」旗號的書，又因為只有作者才有條件零距離地接觸原書，看清楚題簽的小字，那他就有責任把所選的所有簽名本的題簽內容全部一一抄錄，而不該是現在這個樣子，很隨意地有所抄有所不抄。再者，因為作者握有唐弢藏書中六百餘冊簽名本何者入選本書的「選擇權」，所以本該「好中選好，精中選精」，而不該是現在這個樣子，很普通的底本，意義不大的底本，都混了進來（《呼喊》不應該算為「簽名本」，這是出版社給葉聖陶的樣書。）占了寶貴的名額。尤其不該一人多選，像周黎庵選了三本，周作人選了三本，，阿英三本，施蟄存兩本，黃裳兩本，巴金兩本，華鈴兩本，柯靈兩本，周而復兩本，李白英兩本，茅盾兩本，餘不備舉。

說了這麼多不中聽的壞話，沒別的意思，只是覺得這件好事沒辦好，非常地令人不爽，雖然沒辦好，我也認為比私藏捐公的第一種下場：一入侯門深似海，深鎖環琅飽蠹魚，要強多了，有人做事，沒做好，後人接著做就是了。唐弢除了藏書厲害，他收集的一千多種一萬五千多冊舊期刊更為珍罕，唐弢原來是設想利用這些期刊著述《中國現代文學期刊史》的，他沒來得及做，希望有人接著做。私藏也好，公藏也好，利用好藏書才是真好。

帖言帖語

自從2004年用電腦寫東西之後，隨之粘上了一毛病，喜歡上了在網上跟帖和發帖子，網言滔滔，儘是廢話，雲山霧罩，不知所云，可是也有碰撞出來的有意思的話，這些話平日裏是說不出口的，在網上話趕話，機鋒對麥芒，很能啟動一些小的機智小的聰明。胡適嘗說「要使你所得印象變成你自己的，最有效的法子是記錄或表現成文章。」（《藏暉室札記》序）帖子算不得文章，勉強算記錄罷，隻言片語，事過境遷，看看還有點兒意思的，就留了底。跟帖沒有辦法挪到這裏，在這，只挪我發過的帖子，每帖都留有日期，時間可精確到分秒，題目都是原來的，文字也不作一丁點兒的刪改，在網上非常容易得罪朋友，我也不做解釋，「朋友就是用來得罪的」，──有位朋友說我這句話說得特別正確，我之上網，是這位朋友攛掇的，──他說網上有人攻擊你呢。三四年間我大約發了五百多帖子，謹錄與書有關的若干則。

忙人有閒心之十：「是寫愛情的嗎」（2008-10-2　12:02:53）

我出過兩本專門的書（但不能稱專著），一本是老漫畫的，一本是老電影的，電影這本叫《夢影集──我的電影記憶》，中央新聞電影紀錄片廠看了我這書，覺得用來配合紀念中國電影一百年（1905～2005）能多個微觀的視角，就找上門來，一小隊人馬到寒舍

真刀真槍地拍了三十分鐘電影（是電影是膠片，可不是拍電視）。最後紀錄片叫《百年光影》，在人民大會堂首映，黨和國家最高領導人出席，《新聞聯播》裏報導，由於片子裏只有我一個是平民，念我名字後，有些前輩問我那是你嗎不會是同名同姓吧。我說這些話沒自我吹噓的意思（雖然盡夠吹噓的資格了），我想說明的就是鬧出了如此大動靜的一本書，也銷售得十分之不好，我所得之稿酬不及我投入購買老影刊的五分之一。真是丟人，三年後出版社退給我139本書，算是折抵稿酬。為了給這139本書找出路，甭提了，動用了所能用的人脈——就差批發給社區門口賣盜版書的了。門口收廢品的用平板車幫我把139本書拉上樓，我說這是我寫的書，送你一本，收廢品的老兄說「是寫愛情的嗎？」

夜讀書之三：《藏書家》與宋版《南嶽稿》收購和上拍的故事（2008-07-10　10:25:54）

夜讀書，一燈如豆，一己如鬼，正好可以將白天讀的馬虎的書再讀一趟，昨日說《藏書家》第14輯，漏了陳東的大文「宋刻本《南嶽稿》上拍小記」，這不賴我，賴毛邊書，白日心浮，不耐一頁頁裁開，作為賣方的陳東，此文寫得如此坦蕩磊落，沒有遮遮掩掩，不由不贊一個，上拍記，沒幾人寫過，競拍記倒是有不少傻人寫（含我），此文與第12輯《藏書家》程有慶文「《南嶽舊稿》追憶」合為一完整宋版故事，此亦《藏書家》復刊以來所發表之最有價值的文章，空前的也是絕後的，蓋宋版沒了，有了也不上拍，拍了也沒人寫，寫了也登不上這適合的刊物。

夜讀書之二：文言中不避俚語，白話中多放之乎
（2008-06-13　1:13:16）

讀某三十年代舊雜誌，有周劭短札，請教林語堂「語錄體」之具體作法，林回曰「大約『文言中不避俚語，白話中多放之乎』二語可以了之。」

夜讀書之一：《牛骨集》

與上回到報國寺，整隔了半年，那次是冬之初，今天可算夏之初，取了天津書友捎來的書，然後就慢慢地遛，此時已是晌午，擺攤的有點兒蔫，餓的或曬的，我想這就是害得胡同們四點鐘就尋死尋活要來的聖地麼，只有老孫的午飯吸引我，一張折疊桌就擺在櫃檯邊，幾把凳子，老孫自己燒的肉及豆皮，還有就是買現成的吃食，七七八八碼了一桌，當然少不了酒，四五條漢子一圍，沒人讓我，我也不尷尬，老孫招呼她老婆，你燴點米飯吃，老婆，我不餓，我想起十年前，我是在老孫攤上買的《牛骨集》，那時他的書攤還在老潘，老孫長得像日本人，背地裏我們稱他大佐，《牛骨集》是淪陷時上海太平書局出的，作者陶晶孫，有插圖，封世輝的《淪陷區文學大系·史料卷》誤作《牛排骨》，黃惲稱封書為謬誤大全，我反對過，但牛排骨確實可笑性高了點兒，二點鐘了，也沒蹭到飯，只好餓回了家，老報老報，再來待何年。

九竅出血之十九：與止庵訪周作人之八道灣11號
（2008-05-11　1:48:35）

下午在新街口徐悲鴻紀念館開某新書發佈會，會不囉嗦，日未西斜，我提議何不就近看看老周舊居，止庵說好，我說從前公用胡同進，止庵說從趙登禹路進，我說好，止庵不知11號有個西旁門，

我領他進此門，自後院轉到中院，再轉到前門，再從前門按原路轉一圈，跟一個在此院住了四十年的老爺們，一個住了三十年的中婦聊了幾句，兩位的知識夠，知道哪屋是寫阿Q正傳的地方，前年翻蓋的是此屋，苦雨齋未動，確認了周作人手植的一槐一楊。夜歸發短信給止庵，未盡事宜均在此：「《子曰》8圖已發你郵箱，你看看還缺哪些，《子曰》歸我寫吧，也算是個極好的鍛煉，今與先生度過很有意思的時光，只有一點兒不好，天氣到下午變得躁熱，歸後看了八道灣圖，洗澡室好像不是你説的那間，是我説的那間，我傳過一張圖給你吧，我説想住你説蚊子多的那間圖也有顯示，真有意思。」

九竅出血之十四：不是失收，而是不該收
（2008-05-02　00:14:43）

昨天的《中華讀書報》，遲了一天，今天才收到，讀到「眉睫」文章《從故紙堆裏找尋一段失落的文學史》，評説的是黃惲先生新著《蠹痕散輯》，我有興趣，一字不拉的讀了，當讀到這段時，出問題了——「這裏提到的《記張愛玲》一文一般讀者肯定是不知道的，甚至以發現張愛玲佚文著稱於世的陳子善先生在其所編《張愛玲的風氣——1949年以前張愛玲評説》一書中亦未收錄此文。」眉睫先生在上面這番「甚至」之後，跟著發了一番議論，前面的計算是錯的，得數當然對不了，這個道理在算術中如此，在作文中也如此。《記張愛玲》是張愛玲中學國文老師汪宏聲寫的，陳子善是極「甚至」地知道的，但不適合收進《張愛玲的風氣》，什麼原因，很簡單的原因，本書的副題及陳子善的「弁言」已説明白了，一書有一書的體例，《記張愛玲》收1996年上海學林版《永遠的張愛玲——弟弟，丈夫，親友筆下的傳奇》，收2001年中國華僑版《張愛玲評説六十年》，甚至鄙文《張愛玲為什麼和「萬象」鬧

翻》也提到過此文,「以發現張愛玲佚文著稱於世的陳子善先生」豈能拉了空,這種軟傷,好治,讀書細緻一點兒就成,我最擔心的是作者在選擇「甚至」與「著稱於世」這種辭彙時的那種態度,將寫作時的輕浮暴露給讀者,我們都有這毛病。

余秋雨題石頭記(2008-03-08　23:29:05)

今年公款定了《書城》,心存一念,一期有一篇可人意的,就成,今天是灰黃的天,半夜裏京城落了一毫米的黃塵,昨天太陽還晃得明亮,三月號《書城》到了,一篇風雲際會上海話,夠了本,第一篇是余秋雨的「西天梵音」,事由乃:雲崗石窟研究院,決定在二十一窟的坡道上立兩塊巨石,一塊鏤刻「西天梵音」四字,請余秋雨寫,另一塊沒說寫什麼也沒說請了誰(我已寫了推薦信:王寶強,除了他華夏還有誰),無才可去補天,為中華文明一哭,破涕為笑,五百年前不也,看看這月亮,沙夏,看看這盤棋。

春節訪古錄:舊時王謝堂前燕(2008-02-24　21:13:04)

年初二,晴,三度,今訪母校,我母校乃舊時王府,克勤郡府也,後為熊希齡私宅,熊於宅後院設昭慧幼稚園,我於此園三年,前院設小學部,我於此校六年,合計九年,王府歲月真悠悠,恰同學少年,懵懂無知,先於白塔寺下車,一路步行,昔時太平橋大街,今已淪為金融街,套現的套現,擴融的擴容,行至跨車胡同,於齊白石故居默立良久,因齊的後人仍居此屋,故不對外開放,故居形同孤島,前後左右一馬平川,臨近的屯絹胡同也拆了,董橋1984年途經此地,時中英開談,鄧雲鄉當年穿行的小口袋胡同還在,一點沒損,我衝著胡同牌雙手合十,舊志誠中學還在口內,此校為鄧的母校,三十年代此校發生一樁情殺案,知堂老人有文《情書的寫法》記此案,校西南角一紅樓,相傳為京師四大凶宅之一,

再往南行，詞家葉先生的故居察院胡同拆光也，三味書屋還在，門臉好像往前擴了兩尺，私家書店，堅持了二十年，夠耿耿的，當局還算寬待，聽說此店是私房，中國舊書店若有史，不要漏了三味，太陽欲西，才走到母校，門庭依然，只是校名改，歸後購熊希齡傳，欲多知道一點兒這大院的細情，這破傳寫的，只會「熊歸本宅」，熊歸本宅，一點細節也沒比我多瞭解，北平淪陷後，新民報紮營在此宅，我這才找到我對淪陷史比革命史更感興趣的根。

春節訪古錄：與君一醉一陶然（2008-02-24　20:24:54）

過去每到春節，總有一個口號教導我們，過一個革命化的春節，怎麼才算革命，沒有行業標準，鼠年春節，我自認為革命了，一天訪一處古，處處留下革命的足痕，探尋先烈的遺跡，緬懷自己的少年情懷，倒也未虛擲光陰，空空的行囊，裝著春的氣息。大年初一，奔赴陶然亭，尋石評梅墓，上回來是五年前跟蕭老闆，參加京城遺老雅集，此園乃新園，歷史短，去今不過五十五年耳，園內散落的軟硬文物皆集中於慈悲庵，此庵建於高臺之上，四顧茫茫，莫非王土，另收四元門票，中國革命前夜的騷動均於此庵有所表示，李大釗，周恩來，毛澤東站過的地磚如今我也站了一站，賽金花，靈飛集，張次溪集於一室，俞平伯《陶然亭的雪》誠一美文也，讀它千遍也不厭倦，高君宇石評梅墓後，蒼松翠柏，墓前一男子，身長九尺，面若桃花，臂短不及腹，攜其女友，聲如喪鐘：這兩人幹嗎的，沒聽說過，出園，車經虎坊橋，南望人稠若粥，廠甸也，余不逛廠甸已四十年矣。

活他該之一：當年何人不窘（2008-01-01　11:33:52）

近讀《萬象》雜誌11期余斌文章「周作人晚年窘境一斑」。余斌寫過《張愛玲傳》，與其他張傳比較，余斌的這本最好。後

來他自己說對現在的「張愛玲熱」不感興趣，站在讀者這邊聽這話聽出了是反感的味道。「周作人熱」亦非一天半天了，余斌似乎不反感，關於周作人他寫了幾篇短的，這回這篇挺長，題目即事先立了論，──立論有乘現成之嫌。周作人窘了不是一天半天了，也不只是到了晚年才窘的，更何況這窘境又非他一人之窘。窘有兩層面；一精神，二物質。精神上知識份子誰不窘，沈從文不窘，曹禺不窘，不窘才怪呢。物質之窘，這賬算不到個人頭上，余文拿這個說事，境界很低，說什麼「他的尊嚴實在也所剩無幾，」真想問一句，那時候就周一人沒尊嚴麼，所謂有的，浩劫一來，即化有為無了。尊嚴這事，全在於認識。其實，周的尊嚴在於他從未對自己做過的事違背自己意願的檢查過，──還有比這更高的尊嚴嗎，──如果就尊嚴論尊嚴的話。

討奴歡心之四：楊振寧亦吃飯（2007-10-11　15:28:49）

西南聯大，楊振寧在那上過學，他回憶當年的吃飯法「第一碗不可盛太滿，如過滿，待你吃完，欲盛第二碗，飯桶裏已無飯可盛了，正確的吃法是，第一碗盛半碗，速吃，第二碗盛滿滿的。」此法有類上馬中馬下馬法，奴在插隊歲月也使用過，並昇華之，此法只適用米飯，粥，麵條等大鍋飯，碰上窩頭，包子一類論個兒的食物，此法之局限性即不靈光，堂堂之楊翁，與奴何異之有，奴只少他一諾獎耳。

討奴歡心之五：撲空（2007-10-11　13:49:26）

昨老客來電，稱於海淀圖書城中國書店購舊刊數冊，奴說你且報上名來，報上價來，老客如實一一報上，奴一聽心中有數，次晨疾車前往，此地多年未來，最晚一次還是與胡局訪花生文庫，那夜很好的月亮，上得三樓，直奔擱舊刊架，女服務生態度極善，將

舊刊一一搬下又一一放回，其間還被細塵嗆了一聲，令奴生過意不去意，全部盤點過後，驗證了貨之來源，一本不本，女服務生或不知情或無惡意扯謊，奴皆不責怪之，如奴之本色當行家者，萬里無一，討奴歡心，大不易也。

虎尾話書之二：知堂散文有傳人（2007-07-04　12:52:34）

布衣書局剛賣了一本《近代名人逸聞》，這本小冊子實在好，被低估了很多，作者朱魯大也沒人知情，黃裳在《古今》寫文章，朱先生第一個舉報《黃裳火中取栗》，那是1984年寫的，比後寫者早了一代，朱先生還是第一位注意到周作人大公子周豐一的舊文的作者，題為《知堂散文有傳人》，朱先生讀過不少四九前舊刊，膽大心細，鉤沉發潛，藏有所用，藏有所識，雖身懸海外，卻令內地專家現了原形，我在朱先生啟發下用力搜求周豐一散文，四九後的不敢誇口，之前的已大超朱先生，超了也僅是超了，也就是喊喊「我有，我有」，有就有唄，又不是孤本。

虎尾話書之一：從《書影》看上海藏書人（2007-07-02　22:38:26）

第一次瞧見《書影》，是在魯博內蕭老闆書店，只一感覺——驚豔，銅板紙作書影，是輕型紙比不了的，我自拍的書影上過最豪華的雜誌，效果最好的都不是輕型紙，而是重磅紙，《書影》封面很恰當，後來者沒超過的，裏面的圖片有質感，缺點是每幅圖都修過，有的失真，不如全照原樣的好，圖片大小也適合，色調算中上，當時陸昕教授在側，他的反應遠不如我激動，他沒買，後來我又幫姜尋先生（《唐弢藏書》裝幀者）買了一套，他當時正在策劃《唐弢藏書》，再後，《書影》文字上的弱點被專家抓住不放，我的定位是，《書影》非專業書，是玩的書，你要求專業書的標準，它達不到，《書影》是上海藏書人的實力的一個側影，是為藏書熱添的

一把柴，它不完美，也不醜陋，在恰當的時機出的恰當的書，如今多稀罕的書影我們都無動於衷，這原因，有《書衣百影》的作用，也有《書影》的作用，不能因為現在天天吃上麥子了，就忘了窩窩頭也曾是美食。

碼磚錄三：吸我眼球者——「《南嶽舊稿》追憶」
（2007-06-17　21:59:5）

新《藏書家》內的文章好的真好，爛的真爛，雲泥之別不足以喻之，程有慶大作「《南嶽舊稿》追憶」為雲，「舉目《列寧傳》」為泥（此文作者是我上海朋友，原諒我粗口，題目實在不妥），程文題材好，敢寫，敢坦露心跡，為未能為國圖收到宋版書而愧疚難眠，又為宋版書「動了手」（化一冊為四冊）而痛心疾首，為蝴蝶裝披新裝而大聲疾呼，最後竟止不住悲憤——「我們一起為《南嶽舊稿》最後送別」，我身份雖賤，但自忖能理解程的苦痛，畢竟國圖走失了宋版無異於我走失了《紅旗》。

拋磚錄19：周作人生於1895；《域外小說集》並非他的著作
（2007-06-17　18:44:56）

余與北京之外的拍賣行向無交往，偶有所得，也是托朋友買寄，寒舍所藏拍目多來自「過期處理」，關於書的，大體完備，近日忽得上海幾冊拍目，乃拍行逕直快遞，餘乃一人犬均可誅之的雜誌收藏家，本歷年未翻身，豈敢受此寵遇，然臭習成性，膩膩歪歪不改，一通周作人致紹原信札，注解說他生平1884～1967，提前了一年，又說他「著《域外小說集》等書」，似應為「著譯有《域外小說集》等書」，另一拍目（珂羅版文獻專場）注明《美術生活》十四冊上拍，實拍三十四冊，豈不大虧或大佔便宜，謝謝上海朋友，哪能都像某老似的出遠東第一城的醜。

拋磚錄15：狗與走狗（2007-06-11　11:02:55）

插隊在牧區，學會騎馬是生存的第一課，生咯子只有馬倌能馴服，旁人連身都近不了，我們這幫學生只能騎騎最老實不過的馬，某天，我去公社郵局取家裏寄來的包裹（內有《紅旗》雜誌），隊裏特批恩准讓我騎馬去，這馬是得過那達牧獎的，去時慢慢悠悠，回來就變了，歸心似鐵，狂奔，我背著《紅旗》也不管用，看看要摔下來了，我居然用人腿去絆馬腿，後果可知，摔得巨狼狽，路邊有社員幹活一陣哄笑，馬跑了，我只好走著回去，十幾里地呢，還好《紅旗》沒摔壞。回到隊裏，馬在槽頭吃飯呢，老馬識途，馬倌說，這是匹走馬，我說什麼是走馬，走馬就是走，你看它是跑，其實是走——快走，那會兒還不知道有競走這項目，馬倌要用競走跟我比喻，我何至於遲至今日才明白馬與走馬之區別，那匹走馬也許不在世間了，事兒都三十年了，那本《紅旗》現在是我最珍重的藏品。

書根掌故（2007-05-23　11:33:02）

一向對線裝書的書根有興趣，昨天在《藏書報》上讀到一篇專講書根的《古籍的書根》，題目稍不合理，叫《線裝書的書根》似較恰當。會寫書根的人今天可能還有，聽說江南某廠的書根都是印上去的，手工效率低，手工時代不在了，書的趣味也淡了，買過一本老照片，有一張拍的是正在寫書根的夥計，瞧裝束，沒穿西服沒打領帶更沒穿高跟鞋。

窗前無樹白用功（2007-05-10　22:47:02）

前幾年騎車帶人被員警罰了款，自此再沒出過遠門，這天海王台有個研討會，不得不去，屋裏的見我出遠門，默默地烙了三張

糖餅，默默地煮了三個紅皮雞蛋，帶路上吃，又從抽屜裏拿了六塊錢，塞進口袋，路上應個急，怕我晚了，把表上了。倒了四趟車才到了台裏，迎面碰到舊鄰少女，說我瘦了，我明白這就是問我吃了沒有，再往裏走，看到德高望矮的翼翁，初夏，穿著文化衫，前面一大勇字，背後書小心假設大膽偽證生辰八字，挨著翼翁的是南城吳蚊，最新評為宣南四傑，一個勁兒勸我買進00931，勸得人都起了疑心，終於坐下了，左肩被拍，一回頭，孟老，老沒見了，他說你住按院啊，薄熙來騎錳鋼，最近得一知堂成扇，花了這個整這個零，值，我推薦孟買疏林陳葉，談線的，我們一套，飯口，掏出第一張糖餅，剝了雞蛋，就著免費的礦泉水，雷打不動的午睡時間，我想起了遙遠的集體戶自留地，在水一方，無牽掛真作不到。

風蕭蕭兮　豔遇冷兮（2007-04-26　1:55:31）

凌晨四時半多，魯尼一腳低射打破均勢，迪達要夠著這球他的手還要長長一尺半，東方未既白，睡意暫未來，關雲長秉燭讀春秋，我手邊只有董橋的從前，自助讀，挑出《風蕭蕭》，不是荊軻，不是徐訏，是董在倫敦讀書時的偶遇，一張甜甜的臉躲在《十竹齋箋譜初集》背面，居然可以借出去喝咖啡，不必擔心燙了迅翁與老鄭，這友情一直到老董回了香港，依舊你一個竹刻筆筒我一本《書人書語》的往來，董橋資很深，如今英國只有魯尼是英雄。

齊白石1939年為湯爾和作畫（2007-04-18　02:09:14）

《白描》206頁插圖「齊白石1939年為湯爾和畫《紫藤蜜蜂》扇頁」，董橋揣著明白裝糊塗，幹嗎不把1939年年款去掉，或者故意錯寫1929年，他這麼聰明，就是這麼回事，老董從不一邊買人家的字畫一邊念叨人家的人品人家的大節，這事關我老董何干。

鞋盒裏的摺扇（2007-04-17　14:09:16）

　　董橋是掛著散文牌子的收藏家，這點，沒人説，他最近出的書，插圖都是他的藏品，東西稀奇，又會寫，寫得出味來，所以一本一本儘是精裝，意思書也是收藏品。董橋懷舊亦念舊，他的舊不髒不破，別人不及他，是不瞭解他的癖好，他寫藏扇，「我在師山廬裏也看到過四五個皮鞋紙盒裝起來的摺扇」，換成我們寫，至少是檀木盒供著，三十年代琉璃廠舊書鋪自費印過《蕉窗話扇》，還是太當回事。

此時，羽太信子說哪國話:一「其妻向之述我罪狀」二「信子急忙打電話，喚救兵。」（2007-03-04　21:48:54）

　　一九二四年六月十一日魯迅日記：「下午往八道灣宅取書及什器，比進西廂，啟孟及其妻突出罵詈毆打，又以電話招重久及張鳳舉、徐耀辰來，其妻向之述我罪狀，多穢語，凡捏造未圓處，則啟孟救正之，然終取書、器而出。」同日周作人日記則很簡略：「下午L來鬧，張徐二君來。」　此外至少有兩個人，聲稱聽魯迅講過此次衝突之事。一是許壽裳，見所作《亡友魯迅印象記》：「這所小屋既成之後，他就獨自個回到八道灣大宅取書籍去了。據說作人和信子大起恐慌，信子急忙打電話，喚救兵，欲借外力以抗拒；作人則用一本書遠遠地擲入，魯迅置之不理，專心檢書。一忽兒外賓來了，正欲開口説話；魯迅從容辭卻，説這是家裏的事，無煩外賓費心。到者也無話可説，只好退了。」

「苦雨齋」在北屋還是西屋，還是兩屋都曾是過？
（2007-03-03　15:25:41）

　　苦雨齋，苦雨庵，在八道灣11號的中院是確定了（四九後不

算），可是有説在西屋，有説在北屋，還有的論家是籠通的一説並不在意確切位置。説西屋的有很權威的周豐一的「實地介紹」，説北屋的是張鐵錚並畫了一張圖。西屋説，似占上風，鄙意以為，西北兩屋是不是都曾是過？

台版李霖燦《國寶赴美展覽日記》（2007-02-26　13:51:19）

我在布衣書局拍得的好書。這本書沒人爭，一則以喜，一則以懼，我當時的心理，拿到書讀了一遍，確認這是獨一無二的書，再好的作家，沒有這份經歷，縱有天妒之才，也寫不來，知識，趣事佈滿五百三十天日記，故宮的寶物，因了小日本的打仗，轉了半個中國，先前是深藏大內，後來一直待在特製的木箱裏度歲月，最終寶物中的寶物渡海到了寶島，在深山裏收斂光華，只蔣該廝有御覽。老美天生有眼福，我等國民看不著的寶貝，卻不遠萬里送上門不收門票的請人家瞧，就是展品英文説明寫錯了，也僅是插曲，無關主權，黃公望啊老黃，董其昌啊老董，徽宗啊老徽，老美懂法書嗎啊媽，宋瓷明碗，老美説是贋的，混賬，二〇〇八，二〇〇八，我的家在東北牡丹江上，何日能買張通票看看我那異鄉的國寶，

求教此書版本價值（2007-01-28　23:18:08）

明代小説《蔣興哥重會珍珠衫》白紙金鑲玉一冊全，首帶珂羅版人物故事版畫二幅。原書為明天許齋刻本，現藏日本，國人以無從可見，民國36年，商務印書館派人去日本攝照回來以鉛活字排印。郵資10元。鄙人100元自孔網得，無人應價，故心發虛，特求教高明。

十七年文學的希望：《暴風驟雨》紀念館（2007-01-21　21:46:52）

2004年，黑龍江尚志市元寶村（暴風驟雨的原型村）建立了《暴風驟雨》紀念館，韓老六的炕櫃，賣身契，煤油燈，農具，舊衣服都是紀念物，迎門口是周立波的塑像。

與倪墨炎商榷卻指責我「輕率和不負責任的」：有這麼不講理的？（2007-01-14　21:13:24）

某日，偶讀《冬藏老人的文章及其他——與倪墨炎先生商榷》（艾谷　吳東範　載《上海魯迅研究》）。這二位說倪「說的不對」的地方也正是鄙人以前說過的意思，這二位東挪西借（國圖上圖）拿出影本的《越風》用以商榷倪，我還隨隨便便帶到過蠹魚會亮寶。這二位用魯迅日記作為論據卻指責我用魯迅日記作論據是「缺乏說服力的，輕率和不負責任的。」更為可笑的是這二位居然利用我的考證來佐證他們自己個兒的論點，他們沒見過《越風》更沒見過《子曰》，誰輕率？難道是我不是你倆。我不能因為你們一篇文章裏有正確的觀點就放過錯誤的觀點，也不會因為你們的錯誤觀點而不贊同你們正確的觀點，毛病在於：你們自己在那兒拌蒜呢。沒有寫長文章的能耐，就寫短些的，越長越容易忘了自己個兒前面說過啥了。

我是不是「兩三位擁有《紫禁城》全套雜誌者之一。」都無所謂（2007-01-12　11:28:30）

十分鐘前讀報，有「鑒史與鑒藏相得益彰——訪央視《百家講壇》主講人閻崇年」大文，內云：「談到自己的收藏，閻崇年講了兩件事。1981年創刊至2007年1月第一期的《紫禁城》雜誌，閻崇年收集齊了全套，成為國內史學界包括收藏界在內僅有的兩三

位擁有《紫禁城》全套雜誌者之一。」我不知作者如何橫跨史藏二界作的「調查統計」而得出的結論？如其所說，鄙人是哪界的之一（怕是二分之一的之一）？這又使我想起「全世界只存三本初版《女神》！」的類似的笑話，您去緬甸您去贊比亞調查過了？

鯉魚它跳不過龍門，它就是一條鯉魚（2006-12-27　00:36:36）

《陳獨秀先生遺稿》的出版經過，鄙人多少知道一點，雖然這是個曾經是大人物的遺稿，但給予它重見天日的命運的卻是個小人物，大人物不會因為一部遺稿而變為偉大人物，小人物卻會因為遺稿而高大起來。我們手裏或多或少都有類似遺稿的藏品，卻不願花精力花時間去作一點實事，讓更多的人受益。鯉魚在沒跳過龍門之前它就是一條鯉魚，跳過龍門之後它還是一條鯉魚，不同之處在於，它昇華了，變為滿身盡帶黃金鱗的一條鯉魚。

跌跌不休日記（2006-11-24　14:30:15）

誰每天都要上下臺階，碰到尷尬場面，還要給別人個臺階下，自己給自己下臺階更是一門藝術，這方面出過一個藝術大師——胡蘭成。謹以小文給他的一百年（1906～2006）。胡蘭成四十歲以後就無處為家了，盲龜浮木，相見無定，走哪算哪，浪跡天涯。七十年代回了趙臺灣，教書，被學校轟，限時離校。胡蘭成此時已七十老人，老臉皮厚，文才不減，機敏如常，寫一紙回校方領導：「僕明三十日即遷出校園，惟書籍行李須待新居安排後搬運，或尚滯時日，想問題在人，不在室，或不深責也。來示言『廿六日閣下在大成館門口，本人與閣下招呼不理』，僕與院長未有面識之雅，即在公眾會場上亦未見過，又僕途中常不注意到對方招呼，大成館門口人眾，猶為難辨，院長視若花鳥不相識或釋然乎。」

跌跌不休日記（2006-11-18　23:58:55）

都冰如嘗作《刺虎歌》圖載民國某畫報

明崇禎十七年春三月闖賊李自成攻迫京師帝命太監杜勳出城迎戰勳降併入宮說帝禪位帝不從杜勳出宮遇太監王承恩勳誘令承恩從賊恩怒拔劍斬勳再行又遇一監慌忙下階搜之得玉璽蓋懷而趨賊者亦憤而殺之十八日暮帝登煤山望烽火徹天知大勢已去乃還宮遣天子於內戚劍惠長公主趨皇后自縊次晨再登煤山以帛自縊宮人費公貞娥見之奔告承恩承恩大慟亦登煤山自縊於帝側自成入宮登大極下令遍索皇后宮女殉節投河者二百餘人貞娥獨不死並偽飾公主身懷利刃欲得間以刺闖賊自成以副將一支虎李固累戰有功乃以貞娥妻之貞娥自思以為刺死李固亦足以雪國仇而寒賊心遂從之乃於結褵之夕殷勤勸飲迨虎醉遽出刃刺之並以自殺此明亡之際宮中一壯烈事蹟也

跌倒算什麼俺們骨頭硬（2006-10-23　23:16:32）

收《西諦書目》1963年精裝本，自孔網拍來，是人云亦云的館藏書，館藏書不召人待見，這我知道，那也要看是哪家的館藏，北圖的上圖的就另當別論，我歷來不走運，這麼好的書卻是「西南民族學院圖書館藏書章」，借書單是空白，西南，又是民族，誰曉得西諦是幹啥使的家什？書目跟56個民族哪個民族沾親？精裝只印750部，63年人心還古，750就是750，不夠還有線裝本頂著呢，這750本，我知道250分之1的下落，一本在老柯手裏，80元在東安市場中國書店買的，另一本老柯看一傢伙在五道口舊貨攤12元買的，此人如上網請自首，並證所言不虛。西諦書目定價11元，當年最貴書也，這民族圖書採購員當年花錢夠衝啊，北京1963年最低生活費是12元，那年頭真窮，窮怕了。

跌倒儂前博一笑（2006-09-08　23:8:35）

這段日子盡為老太的找保姆忙乎了。忙裏偷閒就看到了周作人的長子周豐一的舊文《我家的僕人》（1936年10月16日），開頭一句「僕人老媽最難用」，便定了豐一對「下人」的態度，是不是也代表他父親的態度，我看差不多可代的。豐一數落了僕人的種種不是，最可笑的一段我且抄下來「他家（按，僕人「老西兒」）一有缺少東西的時候，便從我們這裏拿過去，身邊好帶的便帶了過去，不好帶的便隔牆一扔，好在隔牆就是他家的院子。大的如藤椅，小的如掃帚菠箕等物，都是可以從牆上扔過去的，我卻一次也沒有看見過，可是看拿著個手巾包走出去的時候卻有，那時我並不知道那裏面包著的是米。」

天下之至柔
馳騁天下之至堅

近年，關於中國古建築的書出了不少，在寫法上，有專家式的，也有半專家半通俗式的，但像趙廣超先生《不只中國木建築》式的「閒適」、「平易」化寫法，應該算是極特別的。作者用帶著感性的筆觸，就一般人視為艱澀難解的傳統建築，寫出了平易雋永的古建築小品，相信會吸引不少古建築的門外漢。本書作者趙廣超先生生於香港，早年肄業於法國貝桑松藝術學院及巴黎第一大學。上世紀九十年代回到香港，從事藝術及設計教育，用5年時間完成此書。趙先生在本書「前言」中說：「悠悠乎『天下之至柔，馳騁天下之至堅』。中國人在幾千年來，一直利用遠比石材脆弱得多的木頭來支撐他們的家園，木頭的背後當然是有著另外的故事。」

作者像一位稱職的園藝師，把整部書佈置得如同一座花木扶疏、曲徑通幽、樓臺亭榭、有山有水的江南園林；又像一位出色的導遊，告訴你園林內種種的妙處佳構，每一處動人的傳說。

説到木欄杆，作者言：「設在低處的欄杆是攔著外人（不要闖進來）；設在高處的欄杆則是為了攔著自己（不要掉出去）。」他還引了李白寫楊貴妃的詩句「沉香亭北倚欄杆」，李後主的「雕欄玉砌應猶在」，就連那個殺人百萬、血流千里的黃巢造反不成，也來一句「獨倚危欄看落暉」。

有一種欄杆有個美麗的名字，叫「美人靠」，書中特地配了兩幅圖——「相思閒愁，慵慵懶懶的一靠，那道鵝頸欄杆，就叫做美人靠。」用「鵝頸」二字形容美人靠的造型，極貼切。

作者告訴我們何為名貴木材：「以每一尺見方為準，越重者，越高級。像鐵梨、紫檀等珍貴木材，纖維細密堅硬到媲美金屬，重到遇水即沉，蟲蟻不侵，價值與黃金不遑多讓。」還說：「昌平明長陵　恩殿用了4根直徑達1.17米，高14.3米的整根金絲楠木柱，還有56根10米高的金絲楠木柱，尺寸之巨大是國內罕見的。」明代大量使用大尺度的材料，害得清代以後，缺乏巨材，不得不用小塊木材拼接成柱子和梁，外加鐵箍拼合成材，楠木少了，只好轉而大量使用黃松。據說楠木要在生長500年之後才會散發出沁人心脾的清香，帝王早已腐爛成泥，惟有楠木香如故。

古人植樹為林，截木為材，蓋房子，做傢俱。生活在樹木旁，住在木材裏。在木桌上吃，在木床上睡。五行之中，「木」的位置安放在旭日照耀的東方，是一切生命之源。《康熙字典》裏「木」部的字有1413個，其中有超過400個是與古建築有關的。木建築的防震功能在書中也有解釋：「遇上一般地震，用磚石築建的房屋紛紛倒塌的時候，木材靠著本身特有的韌性和延展力，榫卯就會將地面的震波變成延綿『木浪』般起伏消解，漣漪過後，又恢復原狀。」順之者昌，木頭的「柔性」在地震中得以充分展現。1937年，當中國近代研究傳統建築的先行者梁思成教授，經過長途跋涉，歷經艱辛，在山西五臺山上找到一座造型簡練古樸的廟宇時，這座興建於唐代大中十一年（857年）的佛光寺已經在山野叢林中靜候了一千多年，樑柱間的榫卯結構仍如當初一樣互相緊扣，不離不棄。梁思成到達時，撥開樑柱上「積存幾寸厚，踩上去像棉花一樣的塵土」，驚歎古人鬼斧神工般的建築技巧。

　　「伐木丁丁，構木為巢」。悠悠千載中國古建築，怎一個「木」字了得？一位哲人說「當歌曲和傳說已經緘默的時候，建築還在説話」。

魚飛向北海，可以寄遠書

今年三月，止庵在給友人的信中說道：「新近編一小冊子，系致友人書信選集，包括給老兄的若干通。或謂與《止庵序跋》皆屬出版過早或根本不必出版者，然則此亦如雞肋，食之縱然無味，棄之畢竟可惜。又不妨作筆記之類看也。」作家編自家的書信集，按說要到一定的份兒上，年齡也不能太小，不符合這兩個條件，旁人就有話要講。現在止庵先生的《遠書》出了，大概會有人側目，——年紀太輕麼，份兒也不夠麼。我以前是不知道有這麼個「按說」的，只知道沒有幾個作家夠出「全集」的資格。世間的規矩都是人定的，還要靠人來打破。1933年上海青光書局給周作人出《周作人書信》，這年周作人48歲。儘管周作人在序裏把書信的意義講得再明白不過了，可還是有人當真了。阿英即以此書為題，狠狠地批判了一頓「讀最近出版的周作人短信，宛如置身於深山冰雪之中，大有『無思無為，世緣都盡』之感，……周作人的短信就是如此的產物，但真的可以稱為現代的散文小品，與現代社會生活脈搏相呼應的東西，是決不會這樣的。……作者的理解如斯，這也就無怪乎讀者不能透過他這個人的生活，看到一些社會生活的影像了。……可是，在這裏，也能以使得讀者們看到，歷史的齒輪，是如何的殘酷的在進展。現在的作者，已經不是十三四年前的作者了，然而，被歷史的齒輪毀棄的，並不是作者一個……」（1935年3

月《夜航集》）十幾年以後，在剛剛獲得解放的北京和天津的舊書攤上，阿英一本一本的淘補周氏著作，約得二十種。

《遠書》收信約二百餘封，是作者近十來年寫給六十幾個人的，沒有太早的信。關於這個書名，作者說「素喜賈島《寄遠》之句：『魚飛向北海，可以寄遠書。』今即以此為題云。」此書居然還有插圖，可這裏的插圖不是市面上常見的──「被電腦和網路給『帶壞』了。」的那種作法，而是穿插放置了十餘幅秀美的彩箋，堪謂文圖相得，作者也交代了彩箋的來歷「前此曾請鮑耀明，鮑瑞美，常大麟，張恩和，揚之水，陸灝，王稼句，李福眠，王劉純，張福堂，趙西學，蕭振鳴諸位先生各寫江淹《別賦》一段，本擬用於另一書中，似與這裏的文字更其合拍，因移至此處。」（《遠書‧跋》）現在，有誰還在一撇一捺地寫信麼，寫信通常被電話及伊妹兒取代，信寫的少，會寫一手應規入矩的毛筆字的人更少，──寫出來又能有印在書裏的機會，怕是少之又少了。

編書信集，先得有一個必不可少的條件；──信你得留著，回信去信都得留著，去信一般人不留底，人家回的信失落的也居多。周作人在編自家書信集時就曾說過：「寄出的信每年不在少數，但是怎樣找得回來，有誰保留這種舊信等人去找呢？幸而友人中有二三好事者還收藏著好些，便去借來選抄。」書信不比文章，寫的時候即預知將來會收進書裏，──編書信是一個從無心到有心的過程。止庵能成此書，還應感謝電腦的便利「除致谷林翁信係借回選抄外，其餘均由自家電腦存留者中挑揀，計得二百餘通。」（《遠書‧題記》）今人得電腦之利多矣，過去的人不留信，另有一特別原因，止庵道明：「近擬為《江紹原藏近代名人手札》寫一短文，因想起文獻收集，以書信為最難。上世紀五十至七十年代，中國人不敢寫信，亦不敢存信，多少舊日書札，盡遭毀棄，追根溯源，不能

説與舒蕪交信之舉全無關係。此乃文化浩劫之一大項，然而絕少為論家提起。」（2007年2月10日致谷林）前幾日我寫「《域外小説集》存世小考」，讀到阿英回憶他和魯迅以《域外小説集》事，曾通過數信，而今雙方的信都不在了。

　　書信另具一作用「就中偶有隻言片語，或許能補所作文章之缺。」（《遠書・題記》）此外，知堂老人所云「挑選的標準只取其少少有點感情有點事實，文句無大疵謬的便行，其辦理公務，或雌黃人物者悉不錄。」（《周作人書信・序信》）就不大容易把握尺度，或寬或嚴，均不大容易討好讀者。

　　《遠書》中談的最多最詳盡的是止庵的寫作計畫，這使讀者能多瞭解出書的內情，一書之成，其難如此。我知道止庵有幾件大事是準備要做的，已知做成的有：「我曾以兩年時間校訂了一套『周作人自編文集』，總共三十六種（三十五冊），四百五十萬字，最近也出版了。這是畢生主要事業之一。」（2002年2月2日致考萍萍），再有是：「近來閱讀一本關於魯迅與周作人的書，覺得應該另有道理，因此也有想一寫周作人的意思了，或許明年可以寫一小冊《讀周札記》亦未可知。」（1997年9月4日致谷林）──《讀周札記》正式出版時（2002年3月）的書名是《苦雨齋識小》，有識者評論此書「微言大義」，我以為該書正是止庵想説的「另有道理」。張愛玲是止庵下工夫最多的作家，我今年才勸他應該寫一本張愛玲的書，哪裡知道他早就有此打算：「我這二十年來埋頭讀書，説來只在三個人身上下過些許工夫，即莊子，周作人，張愛玲是也。想各寫一本研究的小冊子。現在莊子或許有些機緣了……餘二種則還是遙遠的夢。」（1996年5月11日致谷林）──「此外還想寫張愛玲論和周作人論，這差不多就是我一生想幹的事了。」（1997年8月3日致谷林）──「關於張愛玲，曾想寫一評傳（只談作品，不涉生平），十萬字左右，

但是久未動筆，把這心思也放淡了。」（2002年2月3日致李君維）現在已知莊周都有了著落，張愛玲或亦為期不遠了，止庵先生正是做學問的年齡。書信中透露的計畫還有「我想寫的書，共有三部，一是《論語》研究；一是現代中國散文史（一九一九──一九四九）；一是唐詩有關感官審美的研究。」（2001年6月18日致尹安貴）

　　庚子國變，亦稱義和團運動，止庵也寫過一本書（《史實與神話──庚子事變百年祭》2000年初版，2005年再版時更名《神奇的現實》），在他，這是計畫外的寫作：「最近寫完一部關於義和團的小冊子，區區十萬字，總共花了九個月時間，光資料就看了四百萬字，還寫過十來萬字的筆記。搞得很累。」（2000年3月29日致黃福群）我注意到，止庵特別重視寫作前的準備，一是找書讀，儘量的讀；一是作筆記。哪怕是一篇書評他也不馬虎從事，「最近為了寫一篇評論谷崎潤一郎的小文章，把他的書看了一百多萬字。」（2000年10月14日致考萍萍）；「前些時寫一篇關於福樓拜的，不過四千字，卻把他的小說全集三冊通讀一過，不然怕是要置諸書櫃俟之來日了。近來有雜誌約寫納博科夫，則家藏十數種又可通看一遍了。」（2003年1月5日致考萍萍）止庵嘗說，一篇書評的作者通讀沒通讀過原書他一眼就能看出來。

　　其實讀者不必費力去知道作者喜歡什麼，只要知道作者反感的是什麼就行了。作者說喜歡往往多有虛言假意，而作者說反感多就可信以為真。這個想法是我讀書的方法之一（窺其所不好）用到《遠書》身上，很是靈驗。於思想方法，止庵稱「輕易接受或否定現成定論，都是思想自由之大礙，思想自由存在於定論之外。或許我的結論與定論一致，但那是我自己經過一番獨立思考得來。」（2002年3月2日致季惟齋）這個意思，止庵一再申說「思想自由，歸根結底，就是不能想當然地按照既定前提立論。前作《插花地冊子》，

歸結為：『我覺得世上有兩句話最危險，一是『想必如此』，一是『理所當然』。前者是將自己的前提加之於人，後者是將既定的前提和盤接受，都忽略了對具體事實的推究，也放棄了一己思考的權利。』（2007年2月6日致其章）我最同意他的這個感慨「我們生活在一個話語氾濫的世界，太容易講現成話了。」

一九七六年日記零抄

這一年，不惟國家屢出大事，我個人之命運亦有兩回重大之轉折，回首三十三年前，國事家事，俱為陳跡耳。李後主嘗歎，故國不堪回首月明中，雕欄玉砌應猶在，只是朱顏改。今欲舊夢重拾，幸有當年日記可為佐證，擇其可錄者錄之，文字稍有修飾，事實並無變動，其應加說明處，別加案語。

1月1日　星期四

元旦。與平日沒有不一樣的地方，只有學生在冷風中演了幾個節目。我們也如此的度過了這一天。（案。此時我人在農村，正在辦「病退」回城）

1月2日　星期五

今天收到小妹26日就發出的信，前景樂觀，稍微得以心鬆：這個病沒問題，二龍路安辦已去人調查，情況屬實，她比我還樂觀，說這不久就可回北京了。23號那天安辦去調查的，方孃證明我確有此病。這算不算新年賀喜呢？

1月3日　星期六

大約兩個月前我是多麼的痛苦，我應該牢記痛苦的來源，記它

一輩子，因為它可以使我在順利時保持清醒。如果我就這麼回北京了，也不算十分艱難，而正式批准我遷回北京是哪一天呢？這一天不會使我欣喜若狂的，不會的。

1月6日

小湯回來辦遷戶口，結束了他在農村的生活，我們也有這一天的。

1月9日　星期五

（案，這天早晨我從半導體收音機裏聽到了周總理逝世的消息，這天的日記在拙作《封面秀》裏有。）

1月10日　星期六

大地滿是悲容，天空儘是哭泣。各國紛紛來電，悼念敬愛的周總理，連敵人也敬佩服他的偉大與才幹。追悼會在15號舉行。

給其文的信由於是按新位址寫的，給退了回來，就不必再寫一封補了，他該回家了。蔣乃昌收到了三封信，反而給他帶來了煩惱，尤其是那封令人費解的電報。

輕輕小雪飄灑在人間，人間多麼不安寧。

1月12日　星期一　雪後初晴

昨天把小東屋拾掇了一下，今天搬了過來。今冬沒有受去年那樣的罪，但無聊仍是如舊。

今夜是如此的寒冷之夜，好不容易捱到天亮。

敬愛的周總理昨天下午4點40分火化了。他的偉大涉及甚廣的方面，在我們活著的這一代人裏找不出第二個這樣的偉人了。

1月16日

今天在《人民日報》上看到了總理的遺容，一顆多麼偉大的心停止了跳動，人民如喪考妣。

去年我所得工分是1254分。

姐從延安來信，説她已調到坐辦公室了。

1月17日　星期六　颱風

昨晚把一隊的兩根頗重的木頭弄了回來，直折騰到今晨兩點，今天引起了波動，想想也沒意思。

也許我一生中只剩兩件令我悲痛至極的事——毛主席離開了我們。父親離開了我們家庭。

聽説去年的分值僅為9毛錢。

1月18日　星期日　颱風

去年與今年的此一時刻都是在清冷的月色下，而且都是在盼望新的起點。

隊上和班上又出現了一年一度的週期性不景氣，晚上開始進行整頓，工作隊劉隊長振振有詞。

今年春節肯定要在下勿蘭（生產隊）過了。

看不到悼念周總理的場面。我只是在1966年的一次歡迎外國首腦的夾道歡迎上看見過周總理，地點是電報大樓西側。願總理知道，我是那麼的崇拜你。

1月19日　星期一　颱風引起的寒冷

蔣乃昌去庫侖開會四天，鬼才曉得為什麼有那麼多的會。

這兩天奇冷，而我們卻免於受苦，待在屋裏。

又聽説今年只能分到八毛錢，工作隊在此的緣故。

盼望明天能看到紀念周總理的文章，我們最起碼落後形勢四五天。如果有書，我願天天一個人這樣獨處。

1月20日　星期二　冷

晚上收到爸爸的來信，他在西寧待了二十幾天。

周總理樂於與美國人交談，沒有什麼外交談判真正考驗了他的技能，基辛格先生是一個極大的例外。這兩個人都對自己的才智，老練，口才和腦筋的靈敏感到自豪。（案，這段話好像是抄《參考消息》的）今天我對索爾茲伯裏回憶總理的文章感到奇異。《參考消息》使我的思路開闊。

小伯伯和奚也大概詳知我正辦病退，一張北京診斷弄得滿城風雨。

1月21日　星期三　稍轉暖

1976年1月21日上午12點以前，我知道自己的命運發生了也許是很有意義的變化。朝夕相盼的這一願望實現之時，我怎麼呆滯了，怎麼沒有手舞足蹈？1月6日的悲傷好像已經消失了。咪著眼睛或者閉上眼睛──人生到底是為什麼？

1月22日　星期四

在只有我與王良模在此的兩天中，我得知上帝向我微笑了，我卻對上帝無言以答。我將在此地發出最後一批信，告訴他們這一階段的結束。我是從北京天安門出發到這的，我一定要到紀念碑前悼念從心底裏崇拜的周總理。

不管心情如何，我應該再去看看教育了我多年的三家子（公社）──寫於22日晚全國聯播前一分鐘。

1月24日　晴

今天結束了與王良模在農村打交道，這幾年我倆深為瞭解對方，可説是同赴苦難的幾年。

小妹今天來信，她是18號收到通知的，幾個月以來我們真可謂同甘共苦了。（案，又找到這天我給小妹的回信，亦彌足珍貴：「小妹，你好。來信收到了。這將是我最後一次從農村給你寫信。你18日接到通知，其實那天通知也到了庫命安辦，可我21日上午才知道，幾年來所期望的，幾個月所為之奮鬥的這一願望終於成功，心中不勝感慨之至。行李先托運回北京，一些豆類來不及這回托了，只能以後交王良模代辦了，他的通知還沒來，今天他回天津給生產隊買零件去了。我正在辦理各種事情，大約春節後才能回北京，有其文在，你春節也不寂寞。天津也可能逗留幾天。總之，一切都謹慎從事，沒有衝昏頭腦，晚幾天回家，你也不必著急。爸已來信，所談病退一事已落後形勢，今我已去信告訴他已成功。誰與你一起分享這快樂呢？也不必弄的家喻戶曉，從今以後再不許我自由散漫了。其他過幾天聊吧。祝：春節快樂。哥哥76年1月24日上午10時）

這一天終於來到，不要為過去的歲月悲傷吧，如果沒有這幾年的磨煉，我比現在的我差勁多了。今後這樣才好：周總理説了「不論是誰，都有自己的一些方面的長處，要抓住這些，拼命努力。」

晚上收到北京西城安辦的通知單，不勝感慨之至——體驗一下「願敵手如虎」這句話的份量吧。

1月26日　晴

王良模的通知也到了，他匆匆返回天津。

今天送楊民到三家子。我辦了遷移戶口手續。

地震的消息又傳的滿城風雨，我們能躲過這一劫嗎？抗戰勝利了，誰不惜命。

希望自己好自為之的度過最後一段的農村生活，而不是掃興的離開這裏。如果順利的話，2月10日離開這裏。

1月30日　除夕

兩個晚上都在謝祥家玩牌。風平浪靜，無先兆表明這裏是大地震（老鄉管地震叫地動）的中心地區。李學家請去吃了一頓，閻春富也將請一頓。

1月31日和2月1日　大年初一，初二

春節是在地震隨時來臨的恐懼中過來的，一到夜晚更是提心吊膽，甚至神經過敏。實在擔心死無葬身之地的地震。

2月3日　星期二　多雲

今天又是獨自一人度過了極端無味的白天和傍晚。多麼孤獨，多麼喜歡孤獨的人。

其文此時已到北京了吧，我拿著遷移證卻遲遲按兵不動。

我好像小廣東阿康一樣，當他給柳金松晝夜守護時，他忘掉了失明的痛苦，而柳的傷寒一好，他又重新深深地陷進了渺茫的境地。（案，當時屋裏有一本艾明之的長篇小說《火種》，我從頭到尾好好看了。幾十年後抄舊日記，在該書382頁找到了這段心理描寫。）

2月4日　晴間多雲

今天去了希里花（生產隊），春節裏踩高蹺很熱鬧，然而我們是餓著肚子，垂頭喪氣，敗興而歸。這幾天等的十分沒意思，尤其是晚上，漫長的黑暗。

黃金財是今天來的，自我們下鄉一直是他送信，多少次人們是如此盼望他的到來——希望與失望的混和物。

地震在太平洋彼岸發生了，據説死了一千多人，這裏並沒有大地震來臨前所必有的徵兆。

2月7日　星期六　陰

華國鋒現在是代理總理。無論怎麼説，我們這一代失去了周總理。

現在在隊上是啥事也沒有，等王良模回來辦妥他的事即可開拔。

2月11日　天氣轉暖

其相從三處來信，現在他不是開汽車，就是開推土機。

該死的王還沒回來。

2月13日　下雪

入冬以來第一場雪，傍晚停了。

又白等了兩天，明天走，不能再癡心等下去了。糧食至此才算全部脱手，蔣600斤，吳450斤，湯300斤，我1050斤，王700斤，合計3100斤，算得上驚人數字。

如果沒有變化的話，我的農村經歷今天是最後一天了——天陰沉沉的，南風不太寒冷地吹著，空氣濕潮，氣氛平緩。二千多天的時光付之東流，好像沒留什麼痕跡。可能的是，今後某些時間，我還會懷念這段生活的自由，孤獨與清閒，那麼我就讓自己好好的讀閱以前的記載吧——是否有值得留戀的地方？我們誰也無法逃出歷史的判斷，儘管我們持有自己的判斷。從某個意義上說，我們不存在或者説不具備任何的選擇之權，我們的南遷北移全是命中註定。

這本日記是從1974年3月5日開始記的，它的結束將在二月底。回到北京的全部意義也許一句話就能概括了，人們另眼相看你了，你的某種地位變了。其他的一切都隸屬於這句話；生活的改善及隨

之而來的一切有趣的事情。我只須記住「昨憐破襖寒，今嫌紫蟒長。」的意思。

2月14日

今天早上毅然前往三家子，天氣並不太冷。只因一回顧，那麼巧就在公社看到了王良模，讓他拉了回來，沒走成。他告訴我吳健死了，是自殺死的。

2月18日

今天走了，很冷，沒人理會我們的走。下午到了庫侖旗，辦好了王的關係，在飯館請吃了一頓。晚上到安辦坐了一會兒，屋裏酒肉剛散，喝多了的白某某亂吹一通。

2月19日

離開庫侖旗，也許是永久的離開。在甘旗卡火車站碰到了田曉森，她是送她父親的，這真有些微妙，我們一同來的，下場卻不一樣，而且這一見面還是在甘旗卡──1968年8月29日我們第一次到的甘旗卡。（案，田同學是與我一起插隊的11個同學之一，是女生中最能幹的，後來嫁給了當地的老鄉。嫁人，似乎是女同學當時唯一的出路。她們是上山下鄉運動最大的受害者。十年前插友聚會，我再見到田同學，境遇的巨大差別，使她說話極少。）

10點半上了412次列車，1點多到新立屯，稍等即跳上一輛去瀋陽的列車。天黑時到了王良模二姐家。

2月21日

住在王良模二姐家，她家有電視，但效果不算什麼好。

逛了瀋陽的中山公園，認定一座小亭是電影《鐵道衛士》裏馬小飛接頭的那個小亭。還逛了繁華市區，比較擁擠，逛的沒意思。火車站的蘇軍紀念碑上的坦克很難看。看來目前又是一場運動，與文化大革命初期的某些跡象很相似，鄧小平不知命運如何。

2月23日

上午離開瀋陽，晚上十點到天津小伯伯家，自74年那次以來，我多次到這個和睦的家庭作客。

2月24日

一早即去找王良模，由他引見認識了小孫。整個下午泡在東站托運行李。中午飯在毛主席58年8月13日視察過的一家飯店吃的。

2月26日

晚飯在小伯伯家吃的。他們三個來送我，禮貌他們是半點兒不差的，但是僅此而已。8點7分火車離開天津，9點35分到北京站，10點半到家，其文和小妹已睡了。

北京，我回來了，再不走了。

3月1日　最高溫度8度

今天逛了西單，各式各樣的人組成了人流，其中的我變成了有戶口的人，將來還會變成有正式職業的人。

鄧小平就差被點名了，現在很明顯，他扯了一個彌天大謊——永不翻案。

3月5日

今天在音樂廳聽音樂會的時候，我想到幾個微妙的巧合。十年前我在中央音樂學院看到對那個「對聯」（案，「老子英雄兒好漢，老子反動兒混蛋」）不滿的碩長的劉詩昆（案，著名鋼琴家）遭到攻擊，今晚他在觀眾的掌聲中保持著理智；在哈拉好收的夜晚我去場院打更時哼的歌，今晚歌星胡松華第一支歌唱的就是它，然而歌詞改多了；《阿瓦人民唱新歌》在賽什克農場禮堂聽時我就覺的好聽，多麼一樣的歌聲卻在多麼不一樣的禮堂裏回想；在下勿蘭那困惑而潮濕的日子裏我聽的小提琴獨奏，今晚盛中國使它更加完善，全然沒了半導體的雜音。

3月11日

晚上在北京體育館看上海隊四川的籃球比賽。主席臺第一排莊則棟赫然在座，地位變了，他再也不能坐在觀眾席了。

3月12日

今天我報上了戶口。

4月4日　春天氣候的特點

今天清明，我去了天安門廣場，追悼周總理的花圈形成了一種不同於1月8日的氣氛，人可真多啊。

下午見到了「第二次世界大戰的英雄」蔣乃昌，他回來了，卓越的度過了不可想像的一個半月。全部人馬——全庫侖旗160名北京知青就差吳了，他身邊躺著癱瘓的父親。

1976年回城後在天安門留影。

4月8日

天安門廣場前幾天發生的事件是反革命事件。昨天撤了鄧小平的職，僅保留黨籍。華國鋒任總理，並任軍委第一副主席。

6月12日

我必須在今天結束以前記下：上午十點鐘我正在鑿眼（案，回京幾個月，我一直熱衷於做木工做傢俱）之時來了兩個人，與我談了工作分配，在東單上班，我沒有一點兒猶豫就答應了。馬克思少年作文中的那段話此時又回想在耳邊，我別無選擇。

我僅存的自由的幾天時間就要全部耗費在這兩個櫃子上了（案，給鄰居做的雜物櫃和碗櫃）。

6月27日　37度

毛主席這次未能接見佛雷澤總理，這是不祥之兆，具體原因不清楚，我想非常可能是健康原因，但願不是，天下百年太平。

7月4日　星期日　陰

下午領了15塊錢，這是我第一份工資。

7月7日　多雲

朱總司令於6日下午3點1分逝世，這使中國最老的革命家又少了一人。

7月8日　星期四　多雲

下午六時在路口看見朱德元帥的靈車靜靜駛過，街道兩邊都是人群。

7月28日　風雲莫測

凌晨四點左右，我被震醒，下意識的感覺是地震了，一下子竄出門外，那聲響異常，既不像風，也不像雷，是我經歷最厲害的動靜。七點又震了一下，晚上七點又震了一下。姐姐今天正巧回北京。

8月9日

這些日子一直吃睡在八中。其相半夜回來了，外地人想著北京已是一片混亂。今天做了五副擔架，以防萬一。

9月9日

下午四點聽重要廣播，偉大領袖毛主席逝世了，讓人覺得永遠不會死的毛主席逝世了，給人以那麼一種不可言狀的感覺，我剛從農村好不容易回來，毛主席卻逝世了，以後怎麼辦？

9月18日

單位選我去天安門參加追悼毛主席逝世大會,這百萬人大會世界上也許是最巨大,莊嚴的追悼會了。華國鋒念悼詞,他翻頁的時候粘了吐沫,晚上的電視給這段刪了。巨大的悲痛籠罩全城,單位也設了弔唁的房間。

今年難道確實是因為人們所說的閏八月的緣故嗎?如此多災多難。

10月12日　天高氣爽

毛主席剛逝世不久,屍骨未寒,有些人就開始耍陰謀詭計了。

10月19日

「四人幫」公開了,連著好幾天慶祝遊行。

10月24日

今天在天安門開粉碎「四人幫」百萬人慶祝大會,現在是搞點兒個人崇拜的時候了。

又讓我參加了,我最近的表現有那麼好嗎?有的人就沒讓參加。

東屋「大餅油條」搬走了。

11月16日

昨晚9點53分又發生了地震,中心在寧河,人們又慌亂的跑到院子裏。

今天發了第五次工資,仍是15塊,煤火費推遲了。

11月25日

其相昨天下午三點的火車離開了北京,這次他住了110天。

地震的傳聞日益猛烈，反正人們多相信即將發生的説法，家家都做了必要的防範措施，我們是把兩個書架上面搭個大床板，睡覺睡在底下。但願地震之害別危及首都，也許託周毛在天之靈，不會重演唐山地震的悲劇。

11月28日

這幾天開始打乒乓球，以昨晚最過癮，我雖技藝一般，可這裏幾乎沒有對手。

補發了80元工資，6張工業券，幾個月工作的收穫，如果算合理收穫的話。

其相順利的話該到烏魯木齊了。

12月6日

其相來信了，28日凌晨才到烏魯木齊，吃馬肉燉蘿蔔，真是可想而知。

下午和商永茂去體育館看冰球，加拿大多倫多大學生對黑龍江隊，是開幕式，結果10：1。

我也算填補了一個空白。

12月31日

今年確實是極不平凡的一年，無論是從祖國或我個人的經歷來説。

這一年我有了正式職業，另一項也忽隱忽現了，從某種意義上講，也已經歷了。

這一年我們失去了兩位偉人，政局發生了決定性的變化——有利於廣大人民的變化。

肯定的説，明年，還會有大的變化，且拭目以待。

止庵二〇〇七年的工作

止庵先生2007年一共出了七本書，我問他是不是太集中了，他回答這事個人是沒法控制的，趕巧了的成分居多。我能理解，一年能出這麼多書來自止庵過去幾年或十幾年的工作積累，最特殊的例子就是書信集《遠書》這本了，止庵說：「除致谷林翁信係借回選抄外，其餘均由自家電腦存留者中挑揀，計得二百餘通。」（《遠書·題記》）一個人不大可能一下子寫那麼多信，就是寫了也不見得有發表的價值和機遇，可是一旦有機會成書，你卻沒留底，──這書十有八九出不成。所謂積累，書信、日記的積存往往不如文稿那麼受重視。我常見某些作家在報上像登「尋人啟事」那樣登「尋信啟事」，──請求人家把自己寫的信或複印或原信「寄還」，──以便作家編個人的書信集，這作法就多少有點累，有點不「順其自然」。書信集還會帶出一個意外的事，──每位受信人你是否都該送一本書。

《雲集》是最晚的一本，版權頁印的是2008年1月出版，作者是年底拿到樣書的，所以也當算做「今年的工作」。止庵起這個書名時問過我，我說字數少筆劃少的書名不大好安置在封面上，用大號字又很傻，再沒有圖案畫作底子，這樣封面會很素不利於吸引讀者。《遠書》的封面就簡捷到不能再簡捷的地步了，如無那一窄條護腰，這書和大街上的「檔膠訂」區別幾無。我們現在的書面裝飾

手段遠不如過去，過去寫一手好字的名人很多，作者本人自寫書名的也很多，而今只有電腦字一途，單調和呆滯遂不可免。

《雲集》裏的文章多作於2007年，少數為2006年。文後署寫作日期，是很小的小事，並沒有硬性的規定，我們讀前人的文章，有些地方很需要知道確切的寫作時間卻無法得知，就是因為作者沒有注明日期，使得本很容易的事變得很費事，某些誤讀即該歸咎寫作日期的不明確。止庵在這個細節上沒讓讀者抓到失誤，年月日俱全。「張愛玲的《色，戒》」這篇的寫作日期是「2007年9月15日」，此時李安的電影《色，戒》還未公映，但已炒作的沸沸揚揚。2007年文化的幾大事件中，《色，戒》當排第一位，它所引發的爭論至今仍未平息。電影公映後，輿論大嘩，什麼樣的聲音都出來了，我跟止庵說，這時候你什麼都不該寫，──儘管你已經把《色，戒》讀了五十遍，寫了也沒用，不管你寫得多麼在理也會淹沒在如此規模的喧囂中──單是報紙還好辦，網路的力量誰敢小看。此時只好以靜制動，有多少看法也得憋著。

現在我們回頭再讀9月15日的這篇，就會看到止庵對電影《色，戒》的擔心幾乎都應驗了，譬如他寫道──電影尚未公映，我本不期待它與原著一模一樣，無須如此，有時大概亦無力如此。可以舉兩個例子。一是在首飾店，王佳芝看見給她買鑽戒的易先生臉上「是一種溫柔憐惜的神氣」，她突然想「這個人是真愛我的」，於是說「快走」。暗殺行動遂告失敗。這個心理活動太重要了，可以說是整篇小說情節與人物命運的轉捩點，我不知道電影如何表現。

看過電影《色，戒》之後，止庵在「李安的〈色，戒〉，不是張愛玲的《色，戒》」裏寫道「單就情節而論，電影為王佳芝放走易先生所安排的情節是明顯不合理的：先是王佳芝拿著裝有易先生的名片的信封到珠寶店，結果是安排她挑選鑽石；以後去取做好的

戒指時，她計畫暗殺、結果卻放走了易先生。但是王佳芝為什麼不在第一次去首飾店時有所觸動，而非得要等到第二次去才有所觸動呢？第一次她已經看到了被她叫做「鴿子蛋」的六克拉的鑽石，而且老闆講明是易先生買給她的，已經付過錢了；第二次再去不過是看到一個成形的戒指，在鑽石周圍鑲了一些碎鑽而已。」

另一個例子是小說中王佳芝的結局，止庵對張愛玲「統統槍斃」的處理大為讚賞「這一筆實在厲害」，跟著就擔心「我不知道電影如何處理。」還是在上文的最後止庵說「類似這種地方，我們看到李安所做的都是要讓情節變得複雜，因為原作只是個短篇小說，改成這麼長的電影內容不夠；然而他反而增加了不合理的因素，結果故事變得不大成立了。中國電影一向是編劇這一環節最為薄弱，沒想到《色，戒》也如此，而且還是把一個本來編得天衣無縫的故事給弄成這樣了。」止庵說的是李安電影的「不合理」；是張愛玲小說的「天衣無縫」，這是止庵文章寫法的一慣的邏輯武器。我讀止庵，吸引我最多的就是邏輯的鋒芒。

除了張愛玲，周作人是止庵用力最多的另一位作家，天道酬勤，周作人的佚著《近代歐洲文學史》發現的光榮給了止庵，──「偶閱某圖書館目錄，周作人名下有《近代歐洲文學史》，而他已面世的作品中並無此種。估計是未出版的遺稿，遂請作者家屬代為查看。系線裝一冊，目錄三頁，正文七十九頁。」（「《近代歐洲文學史》序」）像周作人這麼重要的作家，有那麼多專家在研究他，在如此高密度的關注下，還能有整本佚書被發現「出土」，堪稱奇跡。與此序一同收入《雲集》的，還有另一篇《知堂佚著考》，據止庵講周作人大概還有《秋草閒吟》、《真談虎集》、《桑下談》等14種著譯未曾面世。

我聽別人說止庵是酷愛看書的，他自己說過在公共汽車上也是手不釋卷，我為此求證過他：在公車上通常是有座時才能看書，你

總是在總站上的車嗎——那樣才保證次次有座。止庵回答，有座沒座我都能看書，我說，特別擠的時候你也看？他說我把書舉在車頂板上看，我說你不是最怕把書弄髒嗎，他說我墊著一張報紙看。我沒再問下去，我相信了，——不然他靠什麼在和別人一樣多的時間裏做出幾倍於別人的工作。

《雲集》的扉頁有一行字「獻給我的母親」，我有一點兒知道這行字所含蓄著的情感。止庵的母親去年秋天得了很重的病，住了很長一段時間的醫院，止庵一直侍奉在側，其間仍讀了十幾本外國偵探小說。

初版《馬說陶瓷》的眉批

現在「馬未都談收藏」成了一種文化現像。我是十五年前讀這個人的書,開始關注這個人的一言一行,我極少這樣十五年如一日的關注某個人。現在馬未都火的不得了,我沒新的話可說,就從舊書中和日記裏摘錄一些與馬未都有關的記錄和感想罷,有的就是寫在原書上的「眉批」,有的稍加些說明,揉合在一起,也許可以從中獲得某種啟示。

1993年12月3日。晚上下班,路過解放軍報社旁的「長征書店」,購馬未都著《馬說陶瓷》,價5元。這套書共四本,冠以「文玩收藏生活叢書」之名,另三本是《田說古籍》,《劉說字畫》,《張說木器》。書名很怪,突破了一般的模式。內容也新穎,是對話形式,一問一答,這在15年前是開創性的。我連夜讀完此書,這在我是極少有的。口語化是此書的特色,馬未都的口語又是特色中的特色,他的口語有一種幽默,有人說「幽默是智力過剩的產物。」他的幽默使一本書能夠情緒快樂地讀下去。我看過太多板著面孔說教的書,真令人大生厭惡之心──儘管他說得全對。

1994年4月。將《馬說陶瓷》借給老梁,讀後還我,他對此書沒像我那麼大的反應。1995年9月借給小宇一讀。我極少把自己喜歡的書主動借給別人,相反,向我借書的人極少有不碰壁的。《馬說陶瓷》是個例外,老梁和小宇當年都極熱衷收集瓷器,其實這本

書的內容對他倆的路子，我是愛好舊書刊的，跟瓷器一點不沾邊，收藏理念才是兩者的相通之處。馬未都對收藏界的最大貢獻，即是將收藏理念做到了「放之哪個門類皆准」的地步。

「應該救出有口才的人。——巴頓」（1995年8月22日眉批）我後來親耳領教了馬未都的口才，一度崇拜得五體投地。我一直認為，新時期的公眾人物，如果缺少了口才，損失太大了，電視時代更是如此，馬未都能夠在「百家講壇」一炮走紅，超群的口才幫了他大忙。我曾這樣評論「百家講壇」上的馬先生「端正的台風，適度的語速，恰當的幽默，淺顯的哲理。」

1995年6月13日「今晚21頻道北京台什剎海欄目在《京城收藏熱》中有馬未都談收藏，鏡頭裏有馬家的陳設，傢俱，古書，瓷器。」

1996年6月30日「昨夜今晨又將此書讀了一遍。」

1996年7月13日「今於觀復齋見馬未都真面目，近在咫尺。今夏於中山公園參觀此人所藏清代傢俱，很了不得，可知凡收藏大家主攻一項亦兼顧他項也。」

1996年7月21日「今日訪觀復齋，這裏的服務員管馬未都叫老闆。」

1996年9月7日「今日自書市出來，沿街閒逛，進觀復齋，服務員稱馬未都為馬總，心中竊笑，玩瓷器的也稱總總了。」

1996年10月5日「盼其民間收藏館早日開成，」

1998年8月2日「昨天與胡君柯君參觀觀復藝術館。」

馬未都在古老的琉璃廠開「觀復齋」古玩店，那時他的名聲還只局限在古玩圈。不久，他居然盤下了中華書局在琉璃廠的門市，開啟了「觀復藝術館」，號稱改革時期第一家私人博物館。參觀的門票是20元，比故宮還貴，門票我至今還保存著。我進去過兩趟，一趟和我愛人，一趟和朋友。我在留言簿寫道「京城因有老馬，古

都未成末都。」再後來，馬未都的店和館都撤離了琉璃廠，搬到很偏辟的地方，我當時還想，這下他完了，離開了文化中心證明他經濟上撐不下去了。我想錯了，以後的日子，馬未都找到了更廣闊的平臺——電視，他的高頻率地上鏡，是一筆無可估量的無形資產，那真是比乾守著坐商模式的門店不知有效多少倍的商業宣傳利器。馬未都還在不斷創造新的收藏理念，他很早就說過「我可以影響一筆幾千萬的買賣。」有人問他此話怎講，他說在拍賣場上「我一句話就可以使某位大收藏家買或不買幾千萬的拍品。」如今馬未都的新書起印數即是60萬，再回過頭看那本180頁的小窄開本的《馬說陶瓷》，難說是歷史創造了人，還是人創造了歷史。

春天與臺灣舊香居的書緣

今年初春，五四新文化九十華誕前夕，在北京結識臺灣舊香居書店主人吳雅慧小姐，一起吃了兩頓飯，雖是初次見面，卻無生疏之感，共同的話題使我們一開始就大談書、書、書。飯桌上吳小姐送了我們每人一本《三十年代新文學風華》，只是翻了一翻，這些自視甚高的新文學絕版書收藏家們就叫了起來，「啊，舊香居能拿出這麼多舊書，不會吧。」「以前可從沒聽說過呀，只知道秦賢次多。」一時間，菜也涼了，酒也冷了，風華獨領新文學。席間，吳小姐說到七月份臺北將舉辦一場大規模新文化期刊展覽，以此種方式紀念新文化運動九十周年。

吳小姐回臺北後按約定電傳過來《新文化刊物展覽目錄》，其中新文學期刊175種，晚清報刊25種。看到這份目錄，我做的第一件事，就是看看有多少是我有收藏的，有多少是我失存的，不知有多少人與我同一心理。我做蒐集民國文學期刊二十年了，成績如何，這本目錄倒可看做一次考試，雖不像張愛玲所稱「大考的早晨，那慘澹的心情大概只有軍隊作戰前的黎明可以比擬。」盤點一過，展品175種敝藏約存130種，按學生成績計分，可得八十分也。還有一種考核標準，整份雜誌求之不易，退而求之，就該是創刊號，如果這162種都是創刊號的話，那意義就不一般了。下面分別是吳雅慧的來信、我的交稿及展刊目錄。

謝老師　您好：

　　近來可好？前日在臺北舉辦多場五四活動，我們協辦國
圖、文建會的　五四文學人物展　亦已開幕，想必北京亦有
諸多五四紀念活動，最近接連忙著跟臺北文化護照活動跟國
圖五四文學人物展活動，所以久未回信，請見諒。

　　七月底的展覽圖錄，謝謝您願意為我們撰文，這次聯合
文學雜誌七月號亦會跟我們合作，所以謝老師的大文會刊登
在聯文跟我們的圖錄上，希望老師能幫我們寫3000-4000字
左右的總論，藉由老師生動活潑的筆調讓讀者親近理解這批
文學期刊的魅力與趣味，台灣有很多您的粉絲，若能跟大家
分享一下您的收藏心得與趣聞軼事，相信會讓許多讀者、書
友獲益良多。這次的交稿時間為五月三十一日。如有其他問
題，請再跟我聯絡。謝謝。

敬祝　大安

雅慧敬上

一、「五四」文化運動戰鬥的一翼──新文化期刊

　　「五四」新文化運動像猛烈的旋風，咆哮的雷雨，苦寒的
風雪，席捲著沉睡了幾千年的大地，震撼與蕩滌著億萬炎黃子孫
的心。一場偉大的革命總會帶來新鮮的，出人意料的事物，作為
「五四」文化運動戰鬥的一翼──新文化期刊以全新的面目出場
了，文濤巨響，聲猶在耳，開拓者耕墾的第一畦犁痕，奠基現代雜
誌新面貌的豐碑。

　　如今，這些掙脫了舊思想，舊文化，舊禮教桎梏的新文化期刊
已成為公立圖書館，私人藏書家，甚至海外文博機構重金懸購百計
求之的珍本典籍，它們的文獻性，珍罕性，藝術性已可與古書善本

比肩而立。作為一項寶貴的文化遺產，雖然年代較近，但是對它們的保護和搶救工作，應該是很緊迫了，因為印製現代期刊的紙張其壽命只有大約五十年的期限，許多珍貴的絕版雜誌由於保管不善，風化殘損的很嚴重，這裏面最最令人痛心，也是無法挽回的損失是──一本雜誌的封面的喪失，隨著時間的推移，這種藝術損失的不可彌補性就越凸現出來，逼迫得不少圖書館已將這些印數少，封面精美的新文化期刊納入專室專管，再不像過去那麼輕視了（隨之而來的問題是，借閱比較困難了）。最近有一家「五四」新文化研究的機構，準備出版一本大型的新文化圖書書影圖片的畫冊，以圖為主，配以簡明扼要的文字說明，宗旨是展示上世紀前半葉新文化圖書的風貌，為偉大的五四運動九十周年獻禮。這項工作開展以後，才發現困難重重，雖然動用了公立圖書館及私家藏書的力量，可謂大索天下，但是離既定的目標尚遠，他們碰到的最大困難是入選的圖書的書況不理想，如今是讀圖時代，圖片不好看，效果是要大打折扣的，讀者要看一張美麗書衣，他們要看到新文化運動所帶來的耳目一新的圖書形象。

今年初春，五四新文化九十華誕前夕，在北京結識臺灣舊香居書店主人吳雅慧小姐，一起吃了兩頓飯，雖是初次見面，卻無生疏之感，共同的話題使我們一開始就大談書、書、書。飯桌上吳小姐送了我們每人一本《三十年代新文學風華》，只是翻了一翻，這些自視甚高的新文學絕版書收藏家們就叫了起來，「啊，舊香居能拿出這麼多舊書，不會吧。」「以前可從沒聽說過呀，只知道秦賢次多。」一時間，菜也涼了酒也冷了，風華獨領新文學。席間，吳小姐說到七月份臺北將舉辦一場大規模新文化期刊展覽，以此種方式紀念新文化運動九十周年。

吳小姐回臺北後按約定電傳過來《新文化刊物展覽目錄》，其中新文學期刊175種，晚清報刊25種。看到這份目錄，我做的第

一件事，就是看看有多少是我有收藏的，有多少是我失存的，不知
有多少人與我同一心理。我做蒐集民國文學期刊二十年了，成績
如何，這本目錄倒可看做一次考試，雖不像張愛玲所稱「大考的早
晨，那慘澹的心情大概只有軍隊作戰前的黎明可以比擬。」盤點一
過，展品175種敝藏約存130種，按學生成績計分，可得八十分也。
還有一種考核標準，整份雜誌求之不易，退而求之，就該是創刊
號，如果這162種都是創刊號的話，那意義就不一般了。

　　期刊的特性決定，是孤零零的單本，還是一本不缺的整套，茲
事體大。展覽的要求只是品種多樣，沒必要把一摞一摞的全套雜誌
都搬上陣，而爭取從頭至尾一本不少的大全套，則是私人藏家的終
極絕殺，此情形集郵可以比擬。有的早早期期刊，不能奢望攢齊全
份有個一兩本即足可炫耀耳。譬如號稱「新文化第一刊」的《新青
年》，老一輩的藏家僅聞阿英先生藏有一套，後來者未知誰有此能

量（沒有全份，有第4卷第5號亦夠光榮，蓋此期揭載白話文小說第一篇《狂人日記》，乃歷史座標也）。此回大展驚見《新青年》身影，新文化九十嘉年，少了它，畢竟不完美。《新青年》二十年代即有重印本，現在重印本也是珍稀難覓了。近聞有出版社全份63期重新影印《新青年》，惟只印九十套，令人費解。雖說有暗合新文化九十周年之意，可是奇貨可居之心亦昭然若揭，定價一定低不了，利用歷史紀念的機會撈利益，不妥。說到後印本，有一個版本問題需要說清楚。不少珍罕期刊，後來都有複製本，年深歲久，紙墨老化，竟與原本形同孿生，殊難辨雄雌。舊書賣買，此類糾紛時有，你說是原版，他說是影本。以我之經驗觀察，本展之《我們》、《質文》、《太陽月刊》、《大眾文藝》諸刊為複製本的幾率甚高，好在展覽只是為了說明「歷史上曾經有過這本雜誌」，並無他意。

　　新文化運動的前夜，已經萌芽了封面革命的騷動，只不過這種騷動最初卻是由「蝴蝶鴛鴦派」文人們搞起來的，他們最早地顛覆了一成不變的素面朝天的古書書衣的樣式，他們將才子佳人搬上了封面。上世紀一二十年代的「鴛蝴派」書刊大都是請名畫家專門畫封面畫，不用現成的照片充封面，在攝影技術還沒有大普及之前，手工繪畫仍是封面裝幀最主要的技術手段，尤其是在照相封面氾濫的今日，更加感覺手繪封面的可貴，手繪封面在今天，可稱之為「失憶的影像」了。雖然手繪圖畫千人千面，一式一樣，但也難免掉入題材重複與雷同的老套老框之中。我們今天能很方便的欣賞到著名畫家丁聰畫的封面，可是丁聰的父親丁悚先生才稱得上中國封面畫家的先驅，他為《禮拜六》畫的封面，這個張開雙臂的小怪人像不像今天科幻片裏的外星人？丁聰說他家裏沒有保留下一張他父親的畫作，如今只能在舊書刊上見到了。日本一位裝幀設計家說：「書既可讀，亦應可愛。」這可愛的封面有時候簡直就是裝幀的代

名詞了。許多極罕傳的雜誌，只是由於封面的缺失或殘損，價值便失去一大半，甚至多少錢也無人問津了。

另有一個提問，本展為新文學期刊展覽，展品雖稍可寬泛，可是混雜進來一些與「新文化」毫不粘邊的刊物就應商榷了，甚至還有「新文化」對立面的東西。對立面有一好處，可以窺出當年新文學與舊文學兩軍對壘，鏖戰之口誅筆伐，之腥風血雨，但是另需在文字說明上下一番功夫。還有譬如《文帖》、《風雨談》、《碧流》、《雜誌》、《古今》這些出版於日偽佔領上海時期的刊物，其背景之複雜一句話兩句話是說不清楚的。

許多名作家的成名作，最早是發在雜誌上，我們稱這樣的雜誌叫「首發刊」。譬如張愛玲《天才夢》最先發在《西風》第48期，《西風》是綜合性刊物，時過境遷今天看來已不甚重要，惟這一期因了張愛玲的緣故，自當另眼相待。本展有《西風》（合訂本）上展，惟不知《天才夢》在麼。「生命是一襲華美的袍，爬滿了蚤子。」千古名句，不可或缺。我是「張迷」，搜羅張愛玲初發刊用力最勤，四九之前的初發刊幾乎無一遺漏，《天才夢》僅以五元低價入藏，為本人《張愛玲初發刊大全集》之得意戰例。展品中有兩種《紫羅蘭》，兩種都是周瘦鵑主辦，一種出版於二十年代，另一種四十年代出版，後一種因刊載張愛玲《沉香屑；第一爐香》而格外重要，這裏講講我得到它的艱難歷程：

《紫羅蘭》本來就一鴛蝴派小雜誌，只因有了張愛玲的《沉香屑：第一爐香》而名聲大噪，我曾於北京西單一舊書店見一全份（18期）紫刊，標價竟達6000元，我是此店的老主顧，可享八折待遇，八折的話是4800元，還是貴。在「為了張愛玲而下狠心買」與「嫌這兩爐香太貴而不買」之間猶猶豫豫過了好幾年，這家地處燈紅酒綠鬧市區的舊書店的這套紫刊倒還未售出（於此可知，為了張愛玲而赴湯蹈火如我者，沒有。）但價錢又調高至9000元，哀莫大於心死，

徹底與《紫羅蘭》告別吧。整份《紫羅蘭》買不起（這就是我的不是了——凡有張愛玲文字的雜誌必求整套無闕不可。）還有一路可走，《沉香屑》於紫刊2至6期連載，周瘦鵑大發「深喜之」感慨的「寫在紫羅蘭前頭」在第二期（還沒有哪一位編輯像周瘦鵑這樣為無名的張愛玲說了這麼多美好的話。柯靈的好話是事過境遷以後說的。）搜羅到這幾期的紫刊，也該算收齊了張愛玲的《沉香屑》。思路為之一變，機會隨之而來，我只用了前述價格的八分之一就圓了沉香夢，收書之日，我寫了一張紙條夾在第二期的《紫羅蘭》裏——「含混著上海里弄閣樓霉潮氣味的紫羅蘭已全無一點花的芬芳。」

「五四」運動暴發，一朝驚醒千年夢，革命的浪潮也波及到了書刊裝幀領域，《青年雜誌》的封面，改革後的《小說月報》封面等等一批新文化刊物的封面，完全表現了與舊文化決裂的意向。聞一多先生早就對鴛蝴派不滿了「那些美人怪物的封面，不要說好看，實在一文不值。已有人批評了，我不必講。其餘完全沒有藝術的氣味也不必講了，只把最壞的提一提。」魯迅先生更是衝鋒在最前沿，他身體力行的設計了許多足可傳世的書衣之作，他不遺餘力地引進外來裝幀藝術，他嘔心瀝血地培育新一代書籍裝幀藝術的骨幹力量。魯迅的工作態度是極其認真的，他不僅為一本書設計一張封面，他還將裝幀的全部內容——扉頁，字體，正文排版，版式，紙張，裝訂等一系列工序，仔細推敲直至滿意為止。《莽原》的封面，原來是上面印刊名，下面印目錄，魯迅則認為「目錄既在邊上，容易檢查，又無隔斷本文之弊。」並親自重新畫了樣式。

現在我們如果開列一個彪榜中國期刊史史的書衣名作的名單，下面這些是不能遺漏的：魯迅裝幀的《海燕》、陶元慶裝幀的《語絲》、司徒喬裝幀的《莽原》、豐子愷繪封面的《我們的六月》、葉淺予畫封面的《清明》、丁聰繪封面的《人世間》、張光宇繪製的《萬象》、陳之佛繪製的《東方雜誌》；此外，這些美術家名字

也同樣不該遺漏：錢君匋，曹辛之，莫志恒，葉靈鳳，孫福熙，鄭川谷。大量的書衣並無圖畫，用的是名家題寫的書法，顯示的是中國水墨功夫的另一樣風采。將這些神韻各異的書衣聚攏起來，無疑是一道美麗奇特的藝苑風景線。老舍先生這樣描述理想中的封面——「素的與花的相間，半年素，半年花。素的是淺黃色或乳白色，由有名的書家題字，只題刊名也好，再寫上一首詩或幾句散文也好。一回一換，永不重複。花的是由名畫家繪圖，中西畫都可以，不要圖案畫。一面一換，永不重複。封面外套玻璃紙，以免摸髒了字畫，每期封面能使人至少出神地看上幾分鐘，有的人甚至於專收藏它們，裱起來當冊頁看。」（《理想的文學期刊》）現在我們看到新文化期刊展覽，無疑是一堂可貴的實物觀摩課。

二、新文學期刊展品目錄（標粗體字的是我有存的品種）

序號　刊名

　　1 天地、2 樂群月刊文藝雜誌、3 樂群半月刊文藝雜誌、4 新聲、5 解放與改造、6 文藝雜誌、7 萬歲、8 文萃、9 文藝先鋒、10 文學（重慶文學社）、11 文藝、12 文學月報、13 紅茶文藝半月刊、14 餘興、15 小說日報、16 文選、17 萬象、18 新文化、19 綠洲、20 文綜、21 碧流半月刊、22 文藝、23 莽原（合訂本）、24 文藝雜誌、25 雅典、26 新小說、27 文學譯報、28 新新小說、29 蕭蕭、30 文藝青年、31 六藝、32 新文藝、33 好文章、34 南華文藝、35 戲劇與文學、36 水準、37 新文學、38 文訊、39 文訊（新一號）、40 新文學（半月刊）、41 清明、42 創作月刊、43 現代文藝、44 讀書月報、45 中流半月刊、46 子曰叢刊（合訂本）、47 文藝世界（殘）、48 正言文藝月刊、49 幻州、50 讀書生活（合訂本）、51 小說月刊（合訂本）、52 野草（復刊號）、53 文藝青年半月刊、

54 文學戰線、55 萬象、56 人世間、57 微音、58 青年界、59 新詩歌（合訂本）、60 文藝新潮、61 宇宙、62 文友半月刊、63 紫羅蘭、64 春天的信號、65 純文學、66 文學季刊、67 紅雜誌、68 文學研究、69 文學時代、70 生活學校、71 大眾、72 一般、73 文學創作、74 紫蘭華片、75 詩創作、76 彌灑、77 水星、78 春潮、79 七襄、80 語絲、81 作家、82 談風、83 中流、84 學報、85 文飯小品、86 西風（合訂本）、87 中國文藝、88 文學雜誌、89 遊戲世界、90 詩歌與散文、91 宇宙風乙刊、92 文藝月刊、93 文藝春秋、94 小說世界、95 小說月報、96 小說新報、97 紫羅蘭、98 文藝生活、99 文藝生活副刊、100 文藝生活（海外版）、101 我們、102 大眾文藝、103 文叢、104 現代文學評論、105 讀者、106 當代文藝、107 文潮、108 小說月報（合訂本）、109 文藝月刊、110 文學、111 讀書與出版、112 風雨談、113 快活、114 雜誌、115 中國文化、116 綠茶、117 微音（合訂本）、118 越華報小說彙刊、119 文帖、120 半月、121 新文化、122 中國詩壇復刊號、123 光明、124 舞臺藝術、125 新文藝、126 山雨半月刊、127 讀書月報、128 藝文雜誌（半月刊）、129 文學譯報、130 太陽月刊、131 眉語、132 教育世界、133 西洋文學、134 月月小說、135 讀書生活（合訂本）、136 新世紀、137 質文、138 新潮、139 新文藝、140 雲南、141 繡像小說、142 上海灘、143 四川、144 世界文藝季刊、145 紅葉月刊、146 武漢文藝、147 中國作家、148 古今、149 天下文章、150 文藝青年、151 文藝知識、152 烽火、153 純文藝、154 讀者、155 自由雜誌、156 女子世界、157 創造周報、158 文學年報、159 譯林、160 論語、161 人間世、162 遊戲雜誌、163 禮拜六、164 新青年、165 拓荒者、166 魯迅風、167 淺草、168 萌芽、169 新月、170 創造周報、171 女作家、172 詩、173 文藝畫報、174 詩歌月報、175 宇宙風甲刊

三、清末書報期刊

序號　名稱

　　1 清議報、2 蒙學報、3 時報、4 滬報、5 安徽白話報、6 淺說學報、7 覺民、8 新民叢報、9 點石齋畫報、10 中國白話報、11 小說七日報、12 譯書彙編、13 圖畫旬報、14 月月小說、15 小說月報、16 學報、17 新小說、18 新新小說、19 繡像小說、20 小說林 21（無錫）中國官音白話報、22 辛亥四川官報、23 湘學報 第三期、24 湘學新報 第五期、25 制言 半月刊（注，實際展出時品種有三十多種的增加。）

胡山源的「我的」

胡山源（1897～1988年）是近現代文壇的一位享高壽者，也是半個多世紀風雨文壇的親歷者、見證人。他幾年前出版的回憶錄性質的《文壇管窺──和我有過往來的文人》，頗可一讀。1923年，胡山源創辦彌灑社，出版文學雜誌《彌灑》（Musai），曾得到魯迅的評介──「上海卻還有著為人生的文學的一群，不過也崛起了為文學的文學的一群。這裏應該提起的，是彌灑社……從中最特出的是胡山源，他的一篇《睡》，是實踐宣言，籠罩全群的佳作……」胡山源一生致力於三件事：教書、編輯書刊、寫文章。編過的刊物除了《彌灑》，尚有《申報·自由談》、《紅茶》等，書籍中比較知名的是《幽默筆記》、《古今茶事》，近年都重新影印過。

胡山源的文章，明白如話，不拿腔不作調，更可貴的一點是──細緻入微。細節見真情，這是我偏愛胡山源的原因。手邊的這本《我的寫作生活》正是胡山源坦蕩的自白。看過多少文人的自述，似皆不如胡山源之瑣細。線條太粗的回憶，看不到真實的作者。

本書之瑣細零碎，從篇名中可窺一斑：《我的寫作生活》、《我的字》、《我的書》、《我的錢》、《我的交際》、《我的娛樂》、《我的肢體》、《我的健康》、《我的衣》、《我的食》、《我的住》、《我的行》。

臂如本人，最先看的是《我的錢》這一章，從一個人對錢的態度上可以品出他是哪一類型的人，是人窮志短還是為富不仁。《我的字》這一章亦很有趣，現在的文人多用電腦代筆，字寫得醜一點用不著臉紅，而當年胡山源的字總被譏為「蛛絲」，又細又連，「難為了排字工人」。作為文人，一手應規入矩的館閣體鋼筆字是起碼的要求。胡山源在《我的肢體》中最自豪的一項是牙齒──「我的牙齒，除了健全之外，據陸高誼兄說，也很美觀。」

　　衣、食、住、行，事事關聯寫作狀態。胡山源說：「我的寫稿，大都在夜深時。我不能在熱鬧的時地寫稿，我必須獨處一室，不受什麼纏擾，方才能夠奮筆疾書。因此，我充分享受到了靜趣，尤其是夜間的靜趣。」在對環境的要求上，胡山源與大多數文人一致，他甚至曾經擁有過一間「坐在床上，就可以看錢塘江裏的日出」的好房間。

茫茫九州縮於一張輿圖

把地圖作為專項收藏的人不多，這其中有兩個原因：一是大多數收藏愛好者仍把集藏方向定在熱門藏品上，很少注意到老地圖的文獻價值、收藏價值及藝術價值。其實一張繪製精美的「骨董」地圖本身就是藝術品。二是收集老地圖有一定難度，貨源少，「全品相」的骨董地圖更稀罕，而像軍用地圖等大比例尺精確的專用地圖更是鮮有機會流傳民間。早在幾百年前的歐洲，閱讀和收藏地圖已是上流社會的一種時尚。北京近年也成立了首家「地圖世界讀者俱樂部」，已有會員近千人。收藏中有這麼一個規律：人棄我取，越是大家都忽略的東西，你成為這一領域收藏品的佼佼者就越是來了機會。「上北下南，左西右東」，誰都用過地圖，破了過時了就扔了，但可曾想到，您漫不經心扔的可能就是一張珍貴的老地圖呢？

有關地圖的軼聞趣事很多。清兩廣總督琦善不會看地圖，上奏道光皇帝，昏說香港是「一葉扁舟，孤懸海外，無甚地利，無甚人煙。」成了擅行割讓香港的千古罪人。聞名遐邇的珍郵《全國山河一片紅》的歷史成因，就是因為在疆域的摹劃上出了大紕漏。最著名的地圖故事可追溯到春秋戰國，圖窮而匕見，荊軻刺秦王，千古絕唱，傳頌至今。

中國書店某次書刊資料拍賣會上，有民國25年刊本《實測北平市內外城地形圖》一幀，圖品寬闊，210×180釐米，比雙人床還大，「圖狀」極佳，折痕處無毫髮損傷，氣色如新，以等級論之，堪稱上品。筆者頗為心動，欲以4000元作上限參拍一爭。後來此圖得主為北京市檔案館，私藏不如公藏，更何況其中還有一段不尋常的來歷。1933年10月，北平市公務局呈報市府：因北平無精確地圖，上一次的地圖是十幾年前繪製的，所以計畫重新測量，並制出比例尺為1／2500的詳盡新圖。同年11月，市府批准計畫，1934年公務局開始測繪，1935年5月測繪完成，1936年印刷1000份，作為非賣品發至各局。北京市檔案館保存著關於此圖形成前後的全部檔案，惟獨沒有地圖原件。六十年時光彈指而逝，這張地圖已成珍稀之物，北京市檔案館十幾年來多方尋覓，終於在拍賣場上圓了夢，此樂何極，以後圖狀如此好圖幅如此大的北京城圖再無蹤影，只得寄希望於將來。

　　收藏地圖講究專題，如果您是位旅遊愛好者，每到一地必購一份交通圖，遊名山訪古跡也別忘了買一份遊覽圖，實用與收藏兩相宜，堅持下去，藏品達到一定規模，當能體會收集地圖的快樂。如果您久居一隅，那麼就將所在城市各個時期的老地圖搜羅齊備，以觀滄海桑田是如何一步步演變到今天這個模樣的。隨著市政道路住宅的迅猛改建，老地圖的價值日益凸現出來。老地圖除了豐富的歷史意義，還能如實表現當時刻繪的技巧。木版印刷的地圖線條較粗，一次只能印300張，而18世紀使用鋼版印製，也至多印到1000張，由於印數少，年代遠，彌久愈珍。「茫茫九州縮於一張輿圖」，臺灣詩人余光中，這句詩寫得何其好。

歲歲邊風吹綠野，
朝朝冷月送黃昏

旅行，現在興叫「旅遊」，行者無疆，模山范水，上北下南，新馬泰韓日。旅遊業又被稱作「無煙工業」，一些得天獨厚的國家，如瑞士，旅遊業的收入成了國民收入的支柱產業。這幾年我們一年有了三個「七天長假」，政府鼓勵人們出遊。今年「十一」天安門之夜，我乘了平生最擠的一次地鐵，車廂就是一聽沙丁魚罐頭，如果不坐地鐵地面上根本通不過天安門廣場。我還是懷念不是「遊人如織」的旅行時代，照片背景就是風景而不是串來串去永遠走不乾淨的人群。二十多年前游承德避暑山莊，草叢荒蕪處竄出過蛇；遊蘇州一天能逛八個公園，現在光門票就掏不起。旅遊一旦成了「眼球經濟」就只剩下「擠」和「錢」了。由此上溯到文化大革命初期的「大串連」和「長征」，那算是旅遊嗎？1966年10月8日從北京出發12月14日回北京，轉了大半個中國，成都重慶長沙韶山武漢廣州南京上海杭州一路白吃白喝白玩白坐車。那些個紅衛兵乘車證住宿證出入證我至今都還珍藏著。畸形之旅遊，讓我趕上了。那幫子沒出過遠門的同學才到了四川一二個地方城市就想家了真沒用。而我清楚地記著當年腦子裏明確地意識到這樣的「遊天下」肯定以後絕無再有，堅持說服紅衛兵小頭目帶我們一直玩下去，一開始的十幾個人最後只剩下五個，在雨花臺在西湖在外灘在中山陵五個人的合影本人也一直保留著，如今天各一方，音訊全

圖上：1966年秋串連時在上海外灘的照相。
圖下：1967年冬步行串連時在山海關的留影。

無，不知小遊伴如何了。大串連被廢止以後又提倡「步行串連」。我又動員同院的夥伴兒加上弟弟一行三人從北京步行去山海關（原計劃是延安）。「冷在三九」，一月五日出發二月十九日返城，一步車也沒坐，純走，刺骨的北風，沉重的行李，幼稚的意志，唱著《長征組歌》中的歌曲──「高原寒啊，炊斷糧」（我一直以為是「高原寒啊，吹斷梁」，脊樑的梁，亦通）日行百里，曉行夜宿，秦皇島外打漁船，一片汪洋都不見，知向誰邊，山海關外獵獵寒風，殘陽如血，蒼山如海，蕩滌著少年的心。落日下的血色長城美得令人心痛，「歲歲邊風吹綠野，朝朝冷月送黃昏」，只有到過邊塞烽台的人才做得出這樣的詩句「到此令人思猛士，天高萬裏鷹弓稍。」今天的人，再豪邁的氣慨，也吟不了這麼好，哼哼唧唧下一代。

別矣，我的集郵（外一篇）

我的第一項收藏，不是舊書刊，是集郵。集了大約十五年。其間如癡如狂，投入了太多的精力和太多的錢，換來了一時的快樂。集郵大軍號稱千萬，許多人其實是同一個玩法——僅僅滿足於每月或者乾脆一年去一趟郵票公司或郵市把一個月或一年的新郵票取回家，往本本裏一夾，然後束之高閣，對外宣稱自己是個集郵愛好者。千人一面，萬人一面，如果這也叫集郵，離快樂越來越遠也。一開始我也這麼玩，「你有我也有」，千萬人擁有同一樣東西，只對普及有意義。後來，我斷然中止了這種「趨同性」的集郵，轉向「個性化」集郵，果然，沒花費多少傷筋動骨的生活錢，換取的卻是與眾不同的樂趣。儘管如此，我還是退出了集郵，而且一去不回頭。大部份郵票都賣掉了，只留下些「老紀特」和臺灣郵票。我覺得集郵為何持久不了，究其原因，是我們這種玩法研究性不夠，何止不夠，簡直是一無所有。集了十五年，我只寫了這一篇有點兒研究性的「郵話」。

新中國郵票，是集郵者的首選，看著親切，題材也豐富，時代特徵格外鮮明。除了「片紅」等幾枚珍郵，集全新中國郵票並非高不可攀之事，關鍵是你動手要比別人早，十幾年前花120元就能把「編號票」收齊，我記得「文票」大全套也沒費多大勁就集全了。該有的都有了，往下的集郵之路如何走？我選定了「文字廠銘」。

新中國特種郵票中的大套票：黃山，菊花。

「文字廠銘」是廠銘的一種，印刷郵票的工廠把廠的名稱印在整版郵票的邊紙上，這就是文字廠銘。整版郵票最少只有一個廠銘，再多也不過四個，你購藏的帶有邊紙的郵票很少碰到廠銘，原因即在此。很長一段時間，「文字廠銘」就是「北京郵票廠印製」一家，很是單調，現在多了河南，遼寧，上海幾家，才稍顯多姿多樣。如果你把眼光往前看，你就會發現文字廠銘其實是一片廣闊天地，大有可為。我粗略統計過，北京郵票廠建成之前，新中國郵票的文字廠銘多達十幾種，涉及上百種郵票。它們是：上海商務印書館，上海市印刷一廠，北京人民印刷廠，華東稅務局印刷廠，三一印刷公司印刷，大東書局上海印刷廠印刷，北京中國人民印刷廠，光華印書館，中央信託局印刷處，中華書局永寧印刷廠，上海人民印刷廠，上海大業印刷公司，北京人民印刷廠營業分廠，中國人民銀行印刷廠，中國近代印刷公司等。

越靠前，文字廠銘越豐富，後來「一統天下」倒不那麼好玩了。具有挑戰性的是，越靠前的郵票本來就少，帶廠銘的就更少，搜求工作進展緩慢。有好幾種文字廠銘，連專家也不能確定當年印沒印在邊紙上，必須看過整版郵票以後才好確認，那麼久遠的郵票，上哪兒找整版的去？如「特9－偉大的祖國（第五組）－古代文物」中的第一枚「彩陶罐－新石器時代」，我就始終沒見到過文字廠銘，而這套郵票的另外三枚的文字廠銘都被我搜集到手，請教過專家，專家也不甚了了，被我問住了。進行一項專家都沒注意的「郵趣」，不是非常快樂的集郵嗎？

集過郵的朋友知道，帶廠銘的郵票比不帶廠銘的價錢要貴，起碼貴10％，特別稀珍者還要貴不少。廠銘又分上廠銘，下廠銘，左廠銘。右廠銘，寬邊的，窄邊的。比較貴的是右上廠銘，此外橫聯郵票，豎聯郵票，方聯郵票的廠銘票還要貴一點，為了

新中國特種郵票中的大套票：蝴蝶，金魚。

尋求與眾不同的樂趣，額外的付出是必然的。上述十幾種廠銘，聽著不算多吧，可我三十餘年之光陰流連郵市郵攤，至今仍未集全，有的甚至無緣一識廬山真面目，有識者言：結果不重要，過程才有意思。信哉斯言。

文字廠銘有時正好印得橫跨兩枚郵票，這樣的廠銘有個美麗的名字──「騎縫廠銘」，我對騎縫的廠銘格外偏心，有時候即便買重了，亦在所不惜。早期的新中國郵票騎縫廠銘較多，我是見一收一，見二收二，上癮。騎縫廠銘常常被賣主撕開了賣，弄得「身首異處」，糟蹋了好東西，令人好不憐惜。如「上海市印刷一廠印製」，一撕，變成這張票的廠銘是「上海市印」，那張票是「一廠印製」，中間的「刷」字被分了家。紀17《中國人民解放軍建軍25周年》郵票，四枚一套，第2，3，4枚是騎縫廠銘，第1枚不是，集票時要細心。T99《牡丹亭》是「雙廠銘」，兩個「北京郵票廠印製」上下挨著，買豎雙聯郵票方可得此雙廠銘。

廠銘在一套枚數較多的郵票中，是不太容易湊齊的，好不容易湊齊了，廠銘的位置不對稱還是一件煩心的事。《梅蘭芳舞臺藝術》無齒票是珍貴郵票（8枚一套），經常上拍，有一次是8枚票中7枚帶廠銘1枚沒廠銘，怎麼瞧怎麼彆扭。還有一次廠銘是全的，卻6枚廠銘在左，2枚廠銘在右，不順邊，也是非常遺憾的缺陷。特13《努力完成第一個五年建設計畫》是18枚一套的大套票，著名郵票設計家孫傳哲設計，是「上海市印刷一廠」的騎縫廠銘，極難一求，沉浮郵海十數載，只見到一次，良機焉可錯過，此時我的淘票功夫早已修練到家，當然不會有任何的遲疑。

外一篇：我宣佈退出集郵隊伍了

我宣佈退出集郵隊伍了。我是一個有著30年郵齡的集郵者，做出這個痛苦的決定有四大理由。

理由一：集郵不再帶給我「尋覓」的快樂。最早我買信銷票，買過了發行期的舊票，是去集郵公司門口自發形成的集郵交換市場，後來是去月壇郵市，尋尋覓覓，柳暗花明，鐵鞋踏破，交臂失之，十分享受集郵中「集」的樂趣，一枚票可以帶給我數天的快樂。而如今，集郵成了最容易，最舉手之勞的事，一個預訂證，一月一取，齊活。請問諸位，這種一點沒有「難度係數」的遊戲，玩起來還有什麼意思？

理由二：物不再以稀為貴。集郵與其他門類的收藏一樣，玩的就是「我有你沒有」，大家都有，大家都快樂，看不到別人的痛苦就是自己的痛苦。就拿手機來說吧，當初叫「大哥大」，吃飯的時候往桌上一戳，小姐都對你另眼相看。今天呢，手機臭滿街。

理由三：不增值反貶值。集郵三要素之一便是「儲財」。當初我集郵並非為了增值，後來是市場教育了我，存郵票比存銀行划算。我就拋棄了集郵的本義，開始一版一版地買進。不但自己買還勸親朋好友買，從銀行取出存款買郵票。有一位親戚還把美元換成人民幣托我買郵票，《名樓》、《西廂記》、《扇面》、《徐霞客》、《齊白石》一股腦兒整版地買了回來。去年有一主兒等錢用，又反過來托我賣郵票，我進郵市一詢價，跌一半還拐彎，怎麼向人家交待啊？垃圾郵票跌了也罷，好票也跌，什麼「抗跌性強」──騙人的鬼話。這位仁兄後來報復了我一下，讓我買「中關村」股票，說不翻三跟頭對不起我，33塊一股買的，現在什麼價都沒臉去詢，您自己查。翻三跟頭？跌三跟頭還差不多。

理由四：郵票不好看了。郵票設計直接關係集郵者的熱情。過去的《金魚》、《黃山》、《金絲猴》、《牡丹》、《熊貓》郵票，何其美哉。如今的設計怎麼相比呢？看郵票實際上就是看畫，不如畫好看我乾脆直接買畫冊得了。失去了方寸之美，又印那麼多，不稀罕不廉價，能不招人煩嗎？

　　我退出集郵，是指對最近二十年來的新郵票絕不再染指，過去的老紀特，「文革票」我當然保存著，以此證明我們曾經有過多麼說得過去的過去。

我沒有筆名

現在讓我回想「我與筆名」這個話題，還是要提起四十年代上海的一本叫《古今》的雜誌，正是《古今》上金性堯，周劭，黃裳的文章，使我認識到筆名所造成的「發現」的樂趣，之前，筆名沒怎麼引起我的留心，甚至於不太清楚筆名特指──「作者發表作品時用的別名」。過去老填表，有一欄「曾用名」老叫我腦子裏停一下───我怎麼就沒有個「曾經用過的名字」呢？那時分不清「筆名」與「曾用名」的區別，當然更甭提明白「筆名」裏會藏有這許多「不可告人的彎彎繞」了。我沒有筆名（現在有一個新問題：網名算不算筆名？如果算的話，我就算有），但卻碰到過編輯擅作主張為我起筆名的情形，有時候編輯解釋是不允許一版（期）報紙（雜誌）同時出現你兩篇文章，所以一個用真名，一個給你臨時起了個筆名（起的最差的一筆名叫「老謝」）。上面這個理由還算成立，另一個解釋就滑稽了，我說怎麼我的文章屬了另一個名字（像真名不像筆名），編輯說：「那不顯得我們雜誌作者多嗎？」（該雜誌的某一欄目有一陣兒就我和上海的張偉先生輪著寫）

西方《哈爾刻特字典》的附言中有一段話分析了文人使用筆名的動機，大致地劃為三類：一曰疑，因為作者不知道他的作品是否受讀者歡迎，故使用筆名來試探。二曰畏，因為作者為罪犯之流，恐怕用真名惹出禍來。三曰羞，因為作者攻訐他人，不好意思以

本來面目見人。另有西人史奈得（georg schneider）在《書目提要》（handbuch der bibliographie一九二三）裏，推究作者使用筆名的用意，分出幾類：一，用筆名可以冷諷熱罵，揭人隱私。二，用筆名寫，如不受歡迎，也不丟臉。三，故意捉弄讀者，四，遊戲文章照例不署真名。五，因厭惡本名或欲標新立異。六，女作家喜歡用男人的名字。七，因書名而起筆名。以上所舉各類，多亦符合我們這裏的情形，盡可一一對號入座。筆名與「化名」似乎不是同一個東西，過去受革命傳統教育，那些地下工作者善於利用多變的化名躲避敵人的追捕。總而言之，筆名沒給我好印象，它似乎總試圖隱瞞什麼，又試圖從隱瞞中獲取利益。筆名是個鬼鬼祟祟的傢夥。

讀《古今》，在當時只與我那時的思緒在某一處似有點關係，卻一直與時代閱讀有大的隔閡，不可能把私人閱讀公開化的，這與《古今》的背景不能不扯到一起，總是彆彆扭扭的。那時，黃裳的文章有許多人愛讀，我也愛讀，正讀得熱衷，忽然看到一篇《黃裳火中取栗》（朱魯大《近代名人逸聞》，1987年香港南粵出版社）說黃裳當年用了不少筆名在《古今》上發表文章，有理有據，不由你不信。這一驚吃得非同小可——黃裳在《古今》上寫文章？黃裳怎麼可能會給《古今》寫文章？一直遲至這兩年，黃裳才正面解釋了他當年為什麼「賣文」給《古今》，金性堯，周劭也都相繼把與《古今》的關係向今天的讀者作瞭解釋，似乎也只是到了這樣的年齡又恰好趕上了這樣的年月，他們才在本沒有義務與必要的前提下，向讀者向紛亂的塵世作一個最終的心底告白。

黃裳在《古今》上用的筆名現在都搞清楚了，這些用筆名發表的文章聽說要收入黃裳的佚文集了，而在前多少年六大卷的《黃裳文集》卻拒收這些佚文，這牽扯到二個問題：一，佚文的界定；二，如何面對自己寫過的文字——是顧及自己還是考慮讀者的「知情意願」。由於偏離本題，只點到為止罷。

　　金性堯在《古今》使用的筆名是「文載道」，也是那一時期他用得最多的筆名，在編《魯迅風》時就用（金性堯在「憶《星屋小文》」中說「我的『文載道』筆名，最初就是發表於《文匯報》上記錄斯諾演講時使用的。」）我倒覺得從「始終如一」的筆名使用中，金性堯並沒想到要隱瞞什麼——畢竟這是一個人的人生往下滑的階段——正是需要利用撲朔迷離的筆名來「火中取栗」之時。1945年8月以後，「文載道」這個筆名似乎消失了，它試圖隔斷這個筆名與《古今》的關聯，甚至不惜與光榮的《魯迅風》也一道告別。金性堯還有一個使用率很低的筆名「星屋」，少有人知。此外，抗戰勝利後到上海解放前這幾年裏金性堯是否發表過文章，發表在何處，用的什麼筆名，這也是我所關心的，畢竟有過那段歷史的作家那幾年都採取謹言慎行少說話少拋頭的態度，但文人之積習難改，真的一點兒不沾筆墨了？恐怕未必罷。某日，偶翻《論語》雜誌（1949年4月16日第175期），見到一個叫「辛沃」的作者寫《讀魯迅書簡》，猛地感覺這是金性堯吧，辛沃辛沃不就是「星屋」的諧音嗎？趕緊把《論語》內所有屬「辛沃」的文章集中起來，計有：《關於「睡」的種種》（第156期），《讀海戈書有感》（第157期），《關於暗殺》（第162期），《明清的清算豪門案（上）》（第164期），《明清的清算豪門案（下）》（第165期），《談活埋》（第166期），《今曲別裁－酸餡記》（第167期），《已醜脞識》（第171期），《關於戰犯》（第172期），《古逃難篇》（第173期「逃難專號」），《讀魯迅書簡》（第175期），《閒坐說玉環》（第176期），《古代的性生活資料》（第177期終刊號）共13篇，這最後一期出版沒過幾天，上海就解放了（1949年5月26日）。這些文章篇幅都很長，辛沃說「幸而編者知道我做慣了文抄公。」揣摸字裏行間的味道，大致可以判斷，此「辛沃」應該是金性堯（篇幅所限，不一一舉證了）。很湊巧的是，就在我忙上忙下翻騰《論語》取證時，才發現這13篇有2篇在辛沃

名字下面有原藏刊者的舊筆跡——「金性堯之筆名」與「金性堯筆名」，説明已有高明者考證出辛沃即是金性堯了，但這也不抹殺我在見到《魯迅書簡》與辛沃排在一起時的「第一直覺」，金性堯寫過許多篇魯迅，自有他獨特的寫法，我的感覺告訴我沒錯。還有一個判斷，四九前一兩年從內到外對那段歷史的清算，程度懈怠了下來，有過那段經歷的文人又有了寫作的機會，金性堯大致就是1948年開始重新動筆的，與以往不同的是，這次必須換一個筆名了。還有一本雜誌可以佐證這一判斷，1948年8月上海出現了一本《好文章》雜誌，共出四期，上面的作者大多是具有與金性堯類似經歷的文人，用的大都是新的筆名，如丁鶴生（周作人），吳商（柳雨生），無得（紀果庵），怡然（陶亢德），朱庵（瞿兌之），金性堯用的筆名是「辛奧」，寫的是《民國的最大一部禁書》，內有一句「筆者久有意於《中國筆禍史》（或作文網史）之編寫，唯以學殖，資料，識見種種限制，終至曳白至今。」這些年，金性堯寫作的題裁多與筆禍文網有關，也出了這方面的著作，半個多世紀的宿願終於還是圓了。

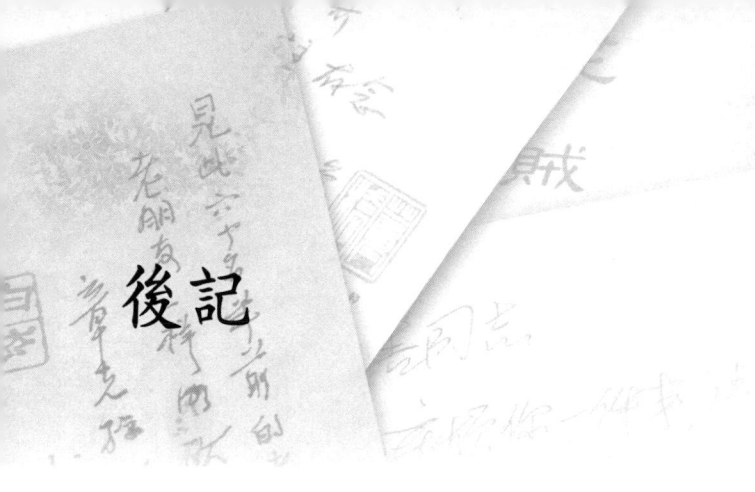

後記

把這些文字安頓好了，我好好地在「斷縑寸紙，皆可珍惜」面前沉思了。前半生積攢了這麼多廢紙片，寶貝似的珍藏著，最終它們一定不會有好下場。世間比我收存的這些東西寶貴多了的古董，在完成了一代或幾代的傳承之後，最終的下場也不過是便宜了一個與物主毫不相干的外人。千奇百怪的收藏品，無論它生前有何光榮的體面的價值，最後的衡量標準只有一個：貨幣。我在三十年代北平《世界日報》看到了兩則廣告，我使勁地想像買賣雙方當時的場景，「古藤二株遮蔽全院」，這古藤不會是紀曉嵐手植，也一定不是本朝隱士所為，千元買宅萬元買藤，越老越值錢。

*大房出售

地點適中房屋寬大設備完美空氣充足

本房屋座落東城錫拉胡同即現在女青年會占地三畝餘房屋五十餘間院落三個前後走廊在外油飾美化屋內地板恭桶澡盆暖氣管一切衛生器具設備俱全清潔華麗後院有古藤二株遮蔽全院凡住宅團體公寓等均極合宜售價低廉合意者請電話南局二〇三四方維新接洽定期領看

*前內司法部後街八號九號

黃宅拍賣啟事

逕啟者本宅主人因離平在邇所有本宅最新式柚木衣櫃鏡臺元桌小椅元寶凳全份硬木傢俱翠鑽珠石戲衣硪末皮衣陳設粗重物品及敝親薄紫檀紅木傢俱書籍字畫等物同時均委託公易商行代為拍賣於十一月四日至八日拍買五天每日上午十時起先期參觀下午二時半至五時半舉行拍賣特此公告黃宅謹啟

　　這兩則廣告的後代也許還生活在古城，他們應該尋根和懷舊，這不難，廣告上都有明確的地址，如果錫拉胡同，司法部後街還存在沒被拆掉，換成我，我是一定要去看看那些祖輩曾經擁有的骨董。

二〇〇九年八月七日於古城老虎尾巴

世紀映像叢書

世紀映像叢書

世紀映像叢書

世紀映像叢書

世紀映像叢書

世紀映像叢書

世紀映像叢書

國家圖書館出版品預行編目

都門讀書記往 / 謝其章作. -- 一版.
　-- 臺北市：秀威資訊科技, 2010.05
　　面；　公分. --（語言文學類；PG0343）
　BOD版
　ISBN 978-986-221-439-8（平裝）

　1.藏書　2.文集

029.808　　　　　　　　　　99005146

語言文學記　PG0343

都門讀書記往

作　　　者 / 謝其章
主　　　編 / 蔡登山
發　行　人 / 宋政坤
執 行 編 輯 / 胡珮蘭
圖 文 排 版 / 鄭維心
封 面 設 計 / 陳佩蓉
數 位 轉 譯 / 徐真玉、沈裕閔
圖 書 銷 售 / 林怡君
法 律 顧 問 / 毛國樑　律師
出 版 印 製 / 秀威資訊科技股份有限公司
　　　　　　　台北市內湖區瑞光路583巷25號1樓
　　　　　　　電話：02-2657-9211　傳真：02-2657-9106
　　　　　　　E-mail：service@showwe.com.tw
經　銷　商 / 紅螞蟻圖書有限公司
　　　　　　　台北市內湖區舊宗路二段121巷28、32號4樓
　　　　　　　電話：02-2795-3656　傳真：02-2795-4100
　　　　　　　http://www.e-redant.com

2010 年 5 月　BOD 一版
定價：400 元

讀　者　回　函　卡

感謝您購買本書，為提升服務品質，煩請填寫以下問卷，收到您的寶貴意見後，我們會仔細收藏記錄並回贈紀念品，謝謝！

1. 您購買的書名：＿＿＿＿＿＿＿＿＿＿＿＿＿＿＿＿＿＿＿＿

2. 您從何得知本書的消息？

　　□網路書店　□部落格　□資料庫搜尋　□書訊　□電子報　□書店

　　□平面媒體　□ 朋友推薦　□網站推薦 □其他＿＿＿＿＿＿＿

3. 您對本書的評價：(請填代號　1.非常滿意 2.滿意 3.尚可 4.再改進)

　　封面設計＿＿＿　版面編排＿＿＿　內容＿＿＿　文/譯筆＿＿＿　價格＿＿＿

4. 讀完書後您覺得：

　　□很有收獲　□有收獲　□收獲不多　□沒收獲

5. 您會推薦本書給朋友嗎？

　　□會　□不會，為什麼？＿＿＿＿＿＿＿＿＿＿＿＿＿＿＿＿＿＿＿

6. 其他寶貴的意見：＿＿＿＿＿＿＿＿＿＿＿＿＿＿＿＿＿＿＿＿＿

　　＿＿＿＿＿＿＿＿＿＿＿＿＿＿＿＿＿＿＿＿＿＿＿＿＿＿＿＿＿

　　＿＿＿＿＿＿＿＿＿＿＿＿＿＿＿＿＿＿＿＿＿＿＿＿＿＿＿＿＿

　　＿＿＿＿＿＿＿＿＿＿＿＿＿＿＿＿＿＿＿＿＿＿＿＿＿＿＿＿＿

讀者基本資料

姓名：＿＿＿＿＿＿＿＿＿　年齡：＿＿＿＿　性別：□女 □男

聯絡電話：＿＿＿＿＿＿＿＿　E-mail：＿＿＿＿＿＿＿＿＿＿＿

地址：＿＿＿＿＿＿＿＿＿＿＿＿＿＿＿＿＿＿＿＿＿＿＿＿

學歷：□高中(含)以下　　□高中　　□專科學校　　□大學

　　　□研究所(含)以上 □其他＿＿＿＿＿＿＿＿

職業：□製造業 □金融業 □資訊業 □軍警　□傳播業 □自由業

　　　□服務業 □公務員 □教職　　□學生 □其他＿＿＿＿＿

To：114

台北市內湖區瑞光路 583 巷 25 號 1 樓

秀威資訊科技股份有限公司　　　收

寄件人姓名：

寄件人地址：□□□

秀威與 BOD

BOD（Books On Demand）是數位出版的大趨勢，秀威資訊率先運用 POD 數位印刷設備來生產書籍，並提供作者全程數位出版服務，致使書籍產銷零庫存，知識傳承不絕版，目前已開闢以下書系：

一、BOD 學術著作—專業論述的閱讀延伸
二、BOD 個人著作—分享生命的心路歷程
三、BOD 旅遊著作—個人深度旅遊文學創作
四、BOD 大陸學者—大陸專業學者學術出版
五、POD 獨家經銷—數位產製的代發行書籍

BOD 秀威網路書店：www.showwe.com.tw
政府出版品網路書店：www.govbooks.com.tw

永不絕版的故事‧自己寫‧永不休止的音符‧自己唱